경극京劇과 중국인

히이즈미 카쓰오樋泉克夫 저 / 정원지鄭元祉 역

신아사

“이 책은 2010년도
전북대학교 저술장려 연구비 지원을 받음”

『패왕별희』의 명장면

화려한 배색의 검보

『십팔나한과 겨루는 손오공』의 한 장면

화려함과 격렬함을 갖춘 경극의 무공

명작 『패왕별희』

『백사전』

경극 8요소의 하나인 검보

한국어판에의 서문

이 책을 구입해 주신 한국 독자분들께 먼저 진심으로 감사를 드리고 싶습니다.

이 책은 반세기 이상이나 오래된 어린시절, 중국에 대하여 관심을 갖게 된 계기가 되었던 경극에 대한 저의 그리움을 써낸 것입니다.

1970년 늦가을, 저는 홍콩의 중문대학 신아서원 신아연구소(中文大学新亜書院新亜研究所)로 유학을 가게 되었습니다만, 유학생활이 시작되고 얼마 지나지 않아 춘추연극학교의 동령(어린이 배우)들이 연기하는 경극을 볼 수 있는 기회를 얻게 되었습니다.

그때까지 관심은 가지고 있었지만, 실제로 보고 귀로 즐길 기회가 없었던 만큼, 그때의 감격은 40여 년이 지난 지금도 잊을 수가 없습니다.

그 이후, 아침에 일어나면 경극, 밤에 잘때도 경극. 중국근대사상 연구라는 본래의 유학 목적은 잊고 경극삼매(三昧)의 '지복(至福)의 나날'을 3년 정도 보내게 되었습니다.

이 책은 경극삼매에 빠져 있던 나날 가운데 마음에 품었던 생각-경극의 즐거움 뿐만 아니라, 경극과 중국문화, 현대중국에 있어서 경극과 중국인이 어떠한 방식으로 진전되어 왔는가를 정리해 보고 싶다-을 실현한 책입니다.

물론 이 책을 출판한 이후에도 경극 감상은 계속 즐기고 있고, 조촐하긴 하지만 경극에 관한 연구 또한 계속하고 있습니다.

요즘은 한 경극 애호가로서의 모택동의 인생을 되돌아보고 있습니다. 더딘 작업이기는 하지만 곧 독자여러분들 앞에 소개할 수 있지 않을까 생각하고 있습니다.

생각해보면, 중국의 국극(国劇)이라고 불리는 경극에 매료된 일본인이 쓴 책을 한국의 독자 여러분들이 읽어주고 있습니다.

동아시아 문화교류 등과 같은 거창한 말은 하고 싶지 않지만 이 또한 상대를 아는 좋은 기회(好機)가 아닐까 싶습니다.

마지막으로, 이러한 귀중한 기회를 주신 도서출판 신아사, 번역을 맡으신 정원지 선생님, 중개를 맡은 게이오대학에 재학 중인 정재환 군에게 심심(甚深)한 감사의 뜻을 표하고 싶습니다.

2013년 6월 6일

히이즈미 가츠오

樋泉克夫

韓国版への「序言」

この本を手にしてくれた韓国の読者の方々に、先ず最初に心から感謝したいと思います。

この本は、半世紀以上も昔の少年時代に中国に対して関心を持つようになったキッカケとなった京劇に対する、私の懐いを綴ったものです。

1970年の晩秋、私は香港の中文大学新亜書院新亜研究所に留学しましたが、留学生活がはじまって程なく、ヒョンなことから春秋戯劇学校の童伶(こども役者)たちが演じている京劇を目にする機会に恵まれました。それまで関心を抱きながらも実際に目にし、耳で楽しむ機会がなかっただけに、その時の感激は40数年が過ぎた今でも忘れられません。

以来、朝起きたら京劇、夜寝ても京劇。中国近代思想研究という本来の留学目的は忘れ、京劇三昧の“至福の日々”を3年ほど送りました。

この本は、京劇三昧の日々のなかで思い抱いた考え——京劇の楽しみのみならず、京劇と中国文化、現代中国において京劇と中国人がどのように歩んだかを纏めてみたい——を実現させたものです。

もちろん、この本を出版して以後も、京劇鑑賞は続けていますし、ささやかではありますが京劇に関する研究も進めています。

いま1人の京劇狂いとして毛沢東の人生を振り返っています。遅々として進まない作業ですが、いずれ読者の方々の前に提示することができるかと思います。

考えて見ますと、中国で国劇と呼ばれている京劇に魅せられた日本人の書いた本を、韓国の読者の方が手にとってくれる。東アジアの文化交流などと大袈裟なことはいいたくありませんが、これもまた相手を知る好機ではないでしょうか。

最後になりましたが、こういった得がたい機会を与えてくださった新雅社、翻訳を担当して戴いた鄭元祉先生、仲介の労をとって戴いた慶応義塾大学在学の鄭在桓さんに深甚なる感謝の意を表したく思います。

平成25年6月6日

樋泉克夫

목차

제이본第二本

변증개희辨證改戲: 희곡개혁을 논함

경극京劇과 중국인

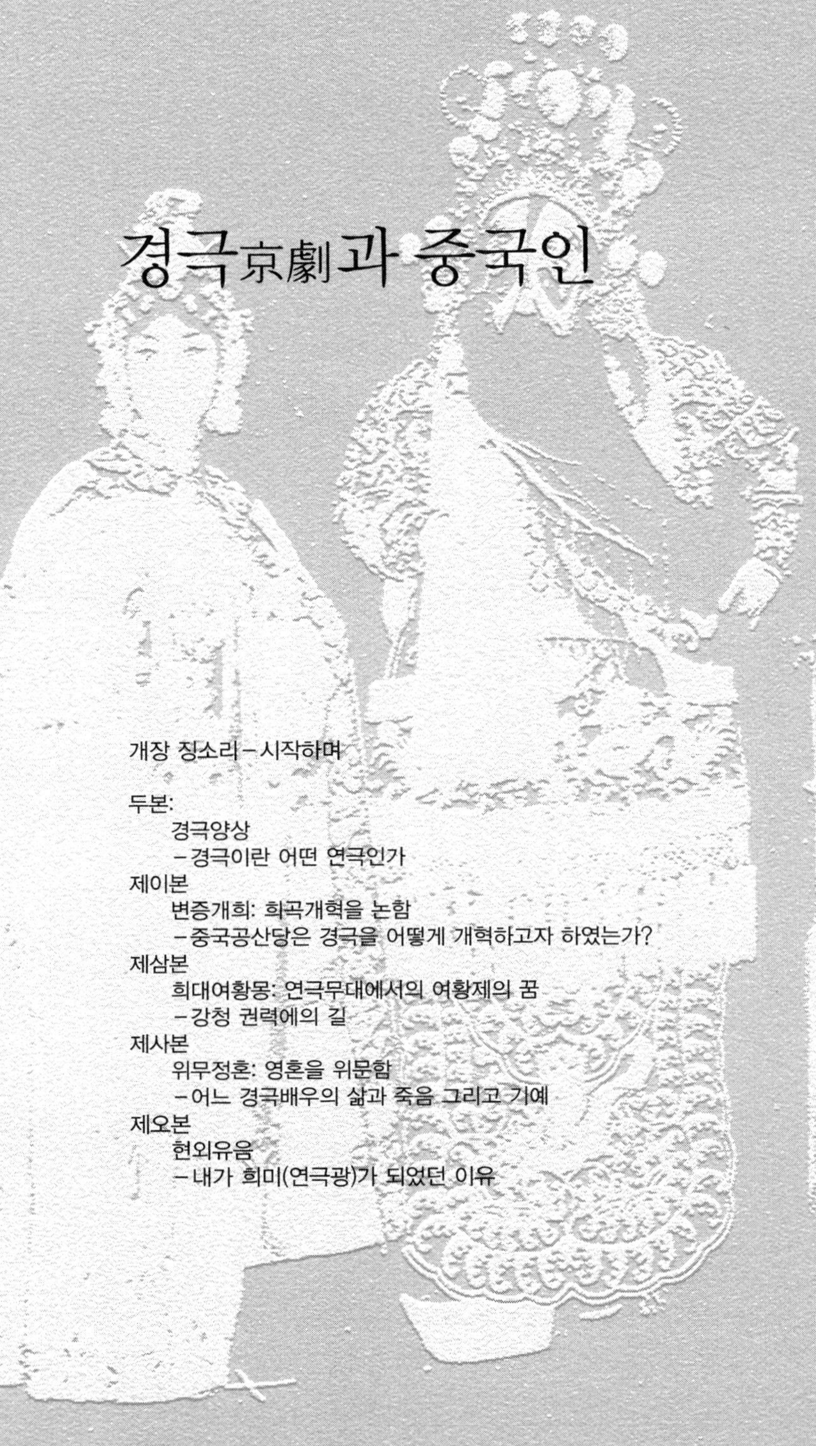

개장 징소리 – 시작하며

중국인 사회에서 연극이 도대체 어떤 역할을 해왔던가? 중국을 대표하는 연극으로 중국의 국극國劇이라고 불리는 경극이 있는데, 중국인은 왜 그것에 강한 흥미를 가졌던 걸까?

'먹고 마시고 계집질하고 도박하고 그리고 연극 감상'을 나타내는 한자 "흘·갈·표·도·거청희吃喝嫖賭去聽戱"라는 일곱 자 속에, 예전 중국인들의 인생 즐거움이 모두 담겨 있다고 한다. '흘吃'은 먹는 것, '갈喝'은 술 마시는 것, '표嫖'는 계집질, '도賭'는 도박, 그리고 마지막 '거청희去聽戱'는 연극 구경. '연극 구경' 대신에 '아편 피우기'를 들기도 한다. 말하자면 예전 중국에 있어서 연극이라는 것은 아편과 같이 육체와 정신에 자극을 주었던 것으로 생각할 수 있다.

어쨌든 연극이 중국사회에서 서민들의 대표적인 즐거움의 하나였다는 것만은 틀림없을 것이다.

하지만 이 즐거움은 서민만의 것은 아니었다.

역대 황제 가운데는 연극을 좋아하는 사람이 드물지 않았다. 배우나 연극의 세계를 뜻하는 이원梨園이라는 말은, 연극을 좋아했던 당나라 현종 황제가 직접 가무歌舞·음곡音曲을 가르쳤던 장소와 관련된 것이다. 훨씬 후대 왕조인 청조 전성기 때 강희제나 건륭제 등은 자주 남순南巡, 즉 남쪽지방 순례차 먼 양자강 일대까지 시찰 나왔는데, 그 때 출장지에서 마음에 드는 지방 극단을 북경으로 데리고 갈 정도였다. 이 배우들이 그대로 북경에 살게 되고, 지방의 연극이 동화·융합·승화되어 중국을 대표하는 경극이라는 새로운 연극이 생겨나게 되었다.

말하자면, 경극은 청조의 전성기 때, 양자강揚子江 중하류中下流 유역 일대의 상업 중심지에서 유행했던 지방극이 황제가 사는 도시이자 동시에 정치와 소비와 오락의 중심지인 북경이라는 대도시로 옮겨와, 왕조라는 최고의 후원의 혜택을 입었을 뿐더러 가장 신랄한 비평가인 서민들의 손에서 길러진 것이었다.

이러한 경극을 사실상 청조의 막후 역할을 하게 됐던 서태후가 대단히 좋아했다. 무대의상을 몸에 걸친 그녀의 사진이 지금도 남아 있다. 그런가하면 평생 동안 그녀의 영향권에서 벗어나지 못하고 그 처절한 권력욕·권세욕의 희생자의 한 사람이었던 광서제에 이르러서는, 연극을 보는 것만으로 만족할 수 없었다. 실제로 배우가 되어 무대에 섰다. 그뿐 아니라 악기 연습에 힘쓰고, 마침내는 경극악대를 의미하는 장면[1] 가운데 가장 중요한 단피고를 습득하여 전문가도 무색케 할 정도의 기술을 몸에 익힌 사람이 되었다.

더구나 광서제의 다음 황제로, 이백 오십년 이상 지속된 청조의 마지막 황제가 된 선통제는 아편의 마력에 빠졌던 일도 있다고 하니까, 이러한 인간의 즐거움에서는 황제도 서민도 같은 것이리라.

과거에 모택동을 필두로 중국공산당의 최고 간부 대부분이 대단한 연극 애호가들이었다. 그러고 보니 만면에 미소를 머금고 있는 모택동이나 주은래의 사진을 보면, 그 대부분이 무대 위에서 경극이나 지방극의 배우들에 둘러싸였을 때 찍은 것임을 생각할 때, '아편 피우기'는 어찌 됐든 간에 '거청희'는 시대뿐 아니라 사상의 차이까지도 초월

1) 장면場面: 경극 악대의 총칭이다. 초기무대는 방형이었다. 그래서 무대 중앙 뒷면 휘장이나 판벽 앞 즉 등장문과 퇴장문 사이에다 탁자와 의자, 악기를 놓고 악사들이 각기 자리를 잡고 앉았고, 고판을 맡는 사람이 중앙에 위치했다. 그리고 왼편에는 현악기와 관악기, 오른 편에는 징과 발을 치는 사람이 위치했다.

하여 중국인의 체질에 물들어있는 것이라고 해도 맞을 것이다.

중국인들이 기껏해야 연극이요 기껏해야 경극이라는 것에 어째서 이렇게까지 열심인 것일까.

중국에는 연극광이라는 뜻의 '희미戱迷'라는 말이 있다. 글자 그대로 연극의 길에 빠져들어 좋아한다는 것을 가리킨다. 희미가 내딛는 막다른 길이란 무대의 즐거움을 잊지 못한 나머지 지위도 명예도 게다가 부까지도 내던지고, 손님을 모을 보증도 수입의 전망도 없는 채 '이원梨園'의 고해에 몸을 던지고 마는 "하해下海[2]"라는 가혹한 운명, 험난한 세상의 길인데 어째서 굳이 이 끝없는 예술의 길에 발을 들여놓고 마는 걸까?

그렇지만 희미라는 말이 중국인에게 결코 나쁘다는 의미를 지니고 있는 것은 아니다. 아니 오히려 호의적으로 사용되기 일쑤다. 지금도 희미로 불리는 것은 결코 부끄러운 일이 아니다. 오히려 명예에 가까운 뉘앙스조차 가지고 있다. 그 정도까지 연극이라는 것이 중국인들의 체질에 맞는 것이다. 이 체질은 지금도 면면히 이어지고 있다.

가령 1993년 말, 당시 중국공산당 총서기 겸 국가 주석이었던 강택민[3]은 북미 태평양 연안의 시애틀에서 개최된 APEC 회의에 참가하고, 그 길로 쿠바·브라질을 방문한 뒤 귀국 길에 오른 전용기에서 그는 천천히 노래방 마이크를 손에 잡고 동행자들에게 서비스로 경극의 한 대목을 노래하기 시작했다고 외신이 전했다. 강택민 자신이 만

---

2) 하해下海: 아마추어 배우나 연극애호가가 전문 배우의 길에 들어서는 것을 가리키는 말.

3) 강택민江澤民(1926-): 강소성 양주揚州 출신. 상해교통대학 졸업. 중국공산당과 중국 국가 중앙 영도체제의 핵심멤버. 중국공산당 중앙위원회 총서기, 중화인민공화국의 주석, 중국공산당 중앙군사위원회주석, 중화인민공화국 중앙군사위원회 주석 역임.

족스러운 외교성과를 거두었기 때문에 기분이 좋아졌던 것일까. 중국의 당과 국가를 대표하는 인물이 기분이 좋아졌을 때 부르기 시작하는 것이 경극이라고 하는 것은 참으로 상징적이지 않는가?

그러고 나서 일 년 뒤인 1994년 말, 대만의 재계를 대표하는 인물로서 이등휘李登輝 총통과도 아주 가깝고 북경과의 민간 교섭의 대만 측 최고 책임자이기도 한 고진보辜振甫[4]는 부인 엄탁운嚴倬雲과 함께 대북臺北 국립희극원國立戲劇院의 무대에 등장했다. 대만의 경극계를 대표하는 명배우들과 『왕소군王昭君』·『이진궁二進宮』 등을 공연하였다.

『왕소군』은 한대漢代가 무대이다. 뇌물을 주지 않았다는 이유로 화가는 왕소군을 추하게 그렸다. 그런데 실물을 본 원제는 왕소군을 귀비로 맞아들인다. 추하게 그렸기 때문에 죽을죄를 짓게 된 화공은 흉노의 왕에게로 도망을 가 왕소군의 초상화를 바친다. 왕소군을 취할 욕심으로 한나라를 공격하는 흉노, 이를 막을 수 없게 된 원제는 사랑하는 귀비 왕소군을 떠나보낸다. 울며불며 흉노의 왕에게 시집가는 왕소군은 마침내 화가를 참수시켜 원한을 씻었던 것이다.

그리고 자신이 명대明代 나이 어린 제왕의 조부라는 이유로 권력을 장악하여 마침내 황제가 되려고 하는 이량李良. 서언소徐彦昭·양파楊

---

4) 고진보辜振甫(1917—2005): 자字가 公亮, 대만臺灣 창화현彰化縣 녹항鹿港 출신. 대만대학 전신인 대북제국대학 졸업. 대만 경제계와 정치권의 영향력 있는 인물로 활약. 집안에 경극을 공연할 수 있는 무대가 설치되어 어릴 때부터 자주 보고 들었다. 북경, 상해, 홍콩 등지에서 선생을 모셔 희곡을 배웠고 여숙암을 선생으로 모신 적도 있다. 대만臺灣해협海峽교류기금회 초대 이사장 역임. 대만의 저명기업가. 1975년 고려대에서 명예 경제학박사 수여. 1992년 미국 펜실베이니아 대학에서 명예법학박사학위를 수여받음.

波라는 두 충신이 나이 어린 황제와 그의 어머니 이염李艶을 옹호하여, 마침내 간신 이량을 주살하는 대목까지 묘사하고 있는 『이진궁』은 남자 둘, 여자 하나 모두 세 사람의 배우가 목소리를 다투는 경극다운 경극의 하나이다.

고진보辜振甫의 실력이 『왕소군』『이진궁』 두 작품을 공연할 정도이니 전문가라고 해야 할 것이다.

그는 "우리 집의 경극 열기는 높아가는 중"이고, "나는 앞으로도 체력이 허락하는 한, 일 년에 한 번의 공연을 계속하고 싶다"고 말하기도 하였다. 또 그는 "저에게는 또 몇 개인가의 꿈이 있습니다. 하나는 아버지를 본받아서 내 자신의 극장을 짓는 것입니다. 천 이 백 명이 들어갈 정도의 대극장과 후진을 양성할 수 있는 소극장을 예정하고 있는데, 대극장은 이르면 내년 봄 쯤 완성될 것입니다"[5]라고 했다.

북경의 정치 정점에 서 있는 인물의 올라간 기분을, 더욱 올라가게 해주는 것이 경극이다. 대만 경제의 중심인물이 의상을 갖추고 화장을 하고 무대에 서게 할 뿐만 아니라, 그에게 대극장이나 소극장을 짓게 만드는 것 또한 경극이다. 북경과 대북. 한 사람은 정치, 또 한 사람은 경제의 대표자가 실은 모두 당당하고 확고한 신념이 있는, 진짜 틀림없이 한 나라를 대표하는 희미戱迷였던 것이다.

그러면, 어째서 경극이 중국인의 체질에 맞는 것일까? 어째서 국가 지도자 집단의 마음을 단단히 사로잡고 있는 것일까? 그렇게 된 이유를 도저히 짐작할 수 없었다. 우연한 동기에서 경극의 포로가 된 그 날을 경계로 해서일까? 줄곧 이런 의문을 지니고 있었을 따름이었다.

---

5) 〈열연熱演발랄·경극건강법京劇健康法 큰소리로 노래 부르면 심신이 강해지고 쾌활해짐·공무 외 공연도〉, 『日本經濟新聞』, 1995년 1월 16일자 〈문화란文化欄〉. (原註)

일본에는 중국을 연구하고 중국을 소개한 저작은 정말 많다. 아니, 양과 질 모두에서 많다는 말로는 형용할 수 없을 정도이다. 그 어딘가에 틀림없이 내 의문을 풀 수 있는 열쇠가 감추어져 있을 것이다. 하지만 그것이 어디에 있는지를 모른다. 전부를 읽으면 좋을지 모르지만, 그럴 능력도 시간도 없다. 하지만 한 번 지닌 의문은 아무래도 그대로 둘 수 없었다. 이러한 의문을 풀고자 약간의 책도 읽어 보았다. 실제 무대도 보았다. 홍콩에 살고 있을 무렵에는 매일 경극 소극장에 갔다.

섣달 그믐날과 같이 계절이 변하는 때를 축하하는 축제일에는 주야로 2회의 공연이 있었다. 그런 때에는 낮과 밤 두 차례, 무대에 붙어 있을 정도였다. 경극의 반주 전문인 호궁胡弓인 경호京胡를 습득하기 위해 대만까지 나갔다 왔고, 어느 경호 전문가에게 단기간 동안 제자로 들어가기도 했었다. 한 때는 경극배우가 되고자 하는 망상을 품기도 했다. 배우가 되는 것이 무리라면, 중국에서는 '검장[6]'이라는 배우의 시중을 드는 사람이라도 될까 생각해 보기도 했다. 검장이라면 정정당당하게 무대 위에서 배우가 의상 갈아입는 것을 도와주고, 도구를 나르며 배우의 연기를 가까이서 유사 체험할 수 있을 터였다. 경솔하다고 하면 참으로 경솔한 생각이었다.

또 홍콩이나 대만에서의 경극체험 뿐만이 아니었다. 인도네시아·싱가포르·말레이시아·타이·라오스 등, 동남아시아 각국의 화교·화인계華人系 주민들이 많이 살고 있는지역에 가서, 신을 모시는 사당을

6) 검장檢場: 무대의 공연 보조자로서 18세기말 곤강 희반에서 검장은 악대가 겸하는 데서 유래하였다. 그 뒤 희반 규모가 커지게 되자 검장의 임무를 전문인이 맡게 되었다. 검장이 하는 일은 커튼을 치고 책상과 탁자를 배치하고 소도구를 건네주는 한편, 배우가 무대에서 옷을 갈아입는 일을 도와주거나 고난도의 동작을 행할 때 배우를 보호하는 일을 맡는다.

탐방, 사당에서 거행되는 수신희[7]를 즐겨 보았다. 동남아시아 각지에서는 월극奧劇(광동성)·조극潮劇(광동성 조주지방)·민극閩劇(복건성)·경극瓊劇(해남성) 등, 화교 화인의 옛 지역인 남중국일대의 지방극을 지금도 볼 수 있다.

중국 이외의 지역에서 볼 수 있는 중국의 여러 가지 지방극은, 화교나 화인들의 조상들이 자신들의 고향에서 가지고 온 신들과 함께 운반해 온 것이었다. 그들은 먼 이역 땅에 사당을 만들고, 고향의 신들에게 제사지내며 수신희를 봉헌하여 신들에게 감사를 드렸다.

> 북을 연주하여 둥둥둥 하고, 우리 조상들을 즐겁게 해 드리네.[8]

이처럼 중국 고대인들이 노래했던 것처럼, 조상의 영령들을 즐겁게 해주면서부터, 곁들여서 자신들도 즐겨 보고자 하는 것 같다.

아니, 신들보다 우선 자신들이 즐긴다. 이러한 객석의 열기 속에 들어가면, 일찍이 남중국 농촌에 성행했었을 마을 연극 분위기를 지금도 충분히 맛볼 수 있다.

아마 그 현장에 있었다면, 19세기 말기 중국 마을 연극에 보여준 마을 사람들의 다음과 같은 뜨거운 고동소리를 들을 수 있을 것이다.

> 어떤 촌락이 극단을 초청했다는 것을 알자마자, 근처 일대의 촌락은 흥분의 도가니 속에 빠져 들었다.[9]

---

7) 수신희酬神戲: 신령에게 드리는 제사의 일환으로 신령에게 감사하여 바치는 연극 공연.

8) 『시경詩經』 〈상송商頌〉 〈나那〉에 나오는 원문은 "주고간간奏鼓簡簡, 간아열조衎我烈祖"이다.

9) 원문은 "As soon as it is certain that a particular village is to have a theatre, the whole surrounding country is thrown into a quiver of excitement."이다. Arthur H.

나는 연극 하나로 촌락 전체가 저렇게 흥분 상태에 빨려 들어간 것은 꿈에도 생각 못했다.[10]

첫 번째 대목은 A·H·스미스[11]가 지적한 감동을 말한 것이며, 두 번째는 어느 일본인이 흥분하는 저들의 모습을 지적하고 있는 것으로 결코 과장이 아니라는 것을 실감할 수 있을 것이다.

'흥분의 도가니' 속에 빠져드는 기분 좋음, 어떻든 나도 또한 어느 틈엔지 절반쯤 연극광이 되어 있었다. 아니, 어느 틈엔가 연극광의 영역을 넘었다고 해야 할 것이다.

마치 미라 찾는 사람이 미라가 되어 버린 자신을 알아차렸을 때와 같이 초심으로 돌아가 다시 한 번 중국인과 연극 관계를 고찰하기로 했다. 그러자 이전의 중국인들에게 받아들여졌던 연극에는 오락을 초월하는 특별한 의미가 있음에 틀림없다고 생각하게 되었다.

그 때, 태평천국[12]이나 신해혁명[13] 등 중국 근대사를 말할 때 빠뜨릴

Smith, 『Village Life in China』, (Edinburgh and London, also New York, 1899), 63쪽.

10) 犬養健 著, 『양자강은 오늘도 흐른다(揚子江は今も流れている)』(文藝春秋, 1960년). (原註)

11) A·H·스미스(Arthur H. Smith, 1845-1932): 중국이름은 명은부明恩溥. 미국 공리회公理會 선교사로서 1872년에 중국에 파견, 천진·산동 등지에 거주. 1905년 선교사직을 사임하고 통주通州에 머물면서 저작활동에 전념. 중국에 50년 가까이 살면서 하층 농민생활을 접하게 되었다. 그의 중국사회에 대한 연구는 일찍이 노신魯迅, 반광단潘光旦 등에 의해 인정을 받았다. 저서로는 『중국인의 기질』 등이 있다.

12) 태평천국太平天國: 청淸나라 말기 홍수전洪秀全과 농민반란군이 세워 14년간 존속한 국가(1851-1864). 1843년 홍수전이 광동성廣東省 화현花縣에 창시한 배상제회拜上帝會에서 비롯되었다. 상제회上帝會는 계속된 기근과 비적의 약탈, 지주와 고리대금업자 등의 압박에 시달리던 광서성廣西省의 산촌 농민과 일부 소지주·광부·실업자 층으로 그 조직을 넓혀 나갔다. 상제회의 우상파괴운동과 신도의 단결로 인하여 전통적인 촌락의 질서가 파괴될 위험성이 있다고 본 향신鄕紳

수 없는 역사적 사건 뒤에서, 연극과 배우가 의외의 역할을 하고 있었던 것을 알 수 있었다.

19세기의 중반 남중국에서, 청조 군대를 차례로 격파하고 결국에는 남경에 수도를 정한 태평천국. 그 태평천국군 중추의 한 사람이었던 영왕英王 진옥성陳玉成은 진중陣中에 동춘반同春班이라는 연극 모임을 결성, 촌락 사람들을 '흥분의 도가니에 던져 넣으면서' 태평천국 사상을 전했다. 강건해 보이는 젊은이들을 무술 전문의 배우로 양성하였다. 이들은 부대와 함께 이동하면서 연극을 공연하는 한편, 몸에 익힌 무술로 전투에도 참가했다. 태평천국이 확대되는 여지를 만들었던 것으로 보이는 양자강 중하류유역 일대 농촌의 반 지주·반 권력운동에서도 운동의 책임자들은, 돈을 모아 극단을 불러서, 연극을 보면서 자신들의 단결을 맹세했다고 한다.

또 마을끼리의 물 다툼 같은 데서, 소송에 진 마을이 비용을 대고 연극 공연을 초청하여 화해를 했다. 혹은 마을 자치 재판에 회부된 도둑이 마을 연극을 초청하는 비용의 반액을 지불함으로써 죄를 용서받았다는 보고도 있다.

과 관헌의 박해가 이들에게 가해지고 이에 대항하는 무장투쟁이 빈발하자 홍수전은 광서성 계평현桂平縣 금전金田에 신도들을 결집시켜 1851년 초 남녀노소 약 1만 명을 거느리고 봉기하여 '태평천국'이라고 내세웠다. 이 '태평천국'이라는 명칭은 상제의 명령과 가호를 받아 평화롭고 평등한 지상천국을 수립한다는 기원祈願을 표시하는 것이다.

13) 신해혁명辛亥革命: 1911년 신해년에 일어난 중국의 민주주의혁명으로 제1혁명·민국혁명民國革命이라고도 한다. 이 혁명에 의해 청나라가 멸망하여 2천 년간 계속된 전제 정치가 종말을 고하고, 중화민국이 탄생하여 민주 공화 정치의 기초가 이루어졌다. 신해혁명은 소수 민족인 만주족이 세운 청나라의 쇠퇴와, 한민족漢民族을 중심으로 한 중국 민중의 이반離反에 연유한다. 이 신해혁명으로 손문孫文을 대총통으로 하는 중화민국이 탄생하였다.

태평천국 군에서는 동춘반同春班은 전선 병사들의 위문도 하였다. 가까운 사례는 한국전쟁 당시에 있었다. 미군과의 싸움에 투입된 인민 의용군 병사를 위문하기 위해 경극의 명배우들은 전선으로 갔다. 흙먼지와 포탄 연기가 자욱이 흩날리는 전장 터에 만들어진 엉성한 무대 위에서 펼쳐지는 화려한 연기에 병사들은 흠뻑 취해, 잠시나마 피비린내 나는 전쟁의 현실을 잊을 수 있었으리라.

19세기 마지막 해에 산동성에 출현하여, 부청멸양扶清滅洋이라는 슬로건을 내걸고 철저하게 배외운동을 전개시킨 의화단도, 저들의 생각이 민중들에게 침투하게 된 배경에는 연극이라는 선전 수단이 있었다. 또 신해혁명에서 상해를 둘러싼 전세戰勢를 좌우했다고 하는 강남제조국江南製造局 공방攻防에 무술 전문의 경극배우들이 다수 참가하여, 자신 있는 무술을 살려 전공을 세워서 손문으로부터 칭찬을 받은 일도 있었다.

이렇게 되면 연극이라는 것은 사상 선전의 수단이자, 민중운동의 핵이요, 마을과 마을의 화해의 상징이며, 병사들을 위문하는 것이기도 하며, 무술을 행사하는 배우들 그 자체가 귀중한 전력이라고 할 수 있다. 어떻든 중국에서 연극이란 정치적·사상적 의미를 지닌 것이라고 말할 수 있다.

신해혁명辛亥革命 후의 중국의 대표적 사상가 중 한 사람인 진독수[14]

---

14) 진독수陳獨秀(1880-1942): 중국의 사상가, 혁명가, 정치가. 자는 중보仲甫, 호는 실암實庵. 안휘성安徽省 회녕懷寧 출생. 부유한 집안에서 태어나 일본 및 프랑스에 유학하고, 1916년 상해上海에서 『신청년』 잡지를 발간, 문학혁명을 주창하여 '5·4운동'의 사상적 근거를 마련하였다. 1917년 북경北京대학 문과대학장으로 호적胡適과 함께 백화문白話文을 제창하는 한편, 『신청년』을 통하여 유교사상을 비판하는 글을 발표하였다. 1921년 중국공산당 제 1차 전국대회가 개최되어, 중앙서기에 피선되었다. 코민테른의 지시를 따라 중국국민당과 합작했으나 1927년 국공합작이 깨지자 총서기직에서 축출 당했다. 1933년 상하이에서 당 조직을 획책하

는 〈논희곡〉[15]이라는 논문 속에서 다음과 같이 말했다.

> 연극을 공연하는 작은 건물 그곳은 누구나 쉽게 배울 수 있는 대학이요, 연극이란 민중을 계몽시키고 조국의 정신을 일깨우려는 것이며, 배우는 누구나가 배울 수 있는 위대한 교사이다.[16]

그래서 "'음희淫戱'라고 불리는 비도덕적 내용을 지닌 연극을 배제하고, 무대를 민주와 애국 사상을 선전·교육하는 장소로 해야 하고, 민중 교화에 발맞춘 연극을 창작하고; 민족 교육에 도움이 되도록 연극 가운데 정치적 주장을 해야 한다"고 논하였다.

이 주장에 의하면, 그에게 있어 연극은 오락도 예술도 아니고, 실로 민중교화, 민족 교육의 수단이 된다.

또 개혁·개방에 매진하는 현재의 중국에서는 '대 후퇴의 10년'으로 단죄된 사안이 되었지만, 1960년대 중반부터 10년간 중국에 정치적 광란의 시대를 초래케 한 문화대혁명[17]이란 것을 추진하며 그 선두에

다가 체포·구금되어 1939년 출옥하였다. 만년에는 사상적인 전환을 가져와 영미식 민주주의를 찬성하고 공산주의를 반대하였다. 1942년 병사하였다.

15) 〈논희곡論戱曲〉: 〈논희곡〉은 1904년에 진독수가 삼애三愛라는 필명으로 쓴 것으로 『安徽俗話報』 1904년 제11기에 최초로 발표하였다. 이듬해 다시 문언文言으로 『新小說』 第2卷 第2期에 발표하였다. 모두 『晩淸文學叢鈔小說戱曲硏究卷』에 수록됨.

16) 관련 원문을 찾아보면 다음과 같은 문장이 보인다. "依我說起來, 戱館子是衆人的大學堂, 戱子是衆人的大敎師, 世上人都是他們敎訓出來的." 『陳獨秀文章選編』上 (生活讀書新知 三聯書店, 1984) 57쪽.

17) 문화대혁명文化大革命: 무산계급문화대혁명無産階級文化大革命의 약칭으로 1966년 5월부터 1976년 10월에 이르기까지 모택동이 선도하고 강청 등 4인방에 의해 감행된 중국에 심각한 재난을 가져왔던 정치운동. 문화대혁명은 사실상 직접적으로 유소기를 정점으로 하는 당의 기성 관료조직과 관료기구를 수정주의와 반인민집단이라는 이름하에 타도하고자 하는 운동이었다고 평가되기도 한다.

서서 경극혁명의 기치를 떨친 강청江靑[18]은, '극장은 인민들에게 혁명 교육을 실시하는 장소이다'라고 역설하였다. 그녀에게 극장은 혁명을 실천하는 공간이고, 연극이란 혁명의 수단이며 최종적으로는 권력 쟁취라는 정치 목적을 달성하기 위한 만능의 병기였다.

분명 진독수나 강청에게, 연극은 오락 같은 것이 아니라 어디까지나 자신의 사상을 표현하고, 정치 목적을 달성하기 위한 수단이자 동시에 무지해서 자각하지 못한 민중을 정치적으로 각성시키기 위한 수단이었다고 하겠다. 이러한 사고의 연원을 따지면, 아마도 음악이 정치에 도움이 된 점을 역설한 몇 개인가의 중국 고전의 세계에 다다를 수 있을 것이다. 이렇게 보면 혁신적·혁명적이었던 진독수나 강청의 핏속에는 『논어』[19]나 『예기』[20]와 같은 중국 고전이 묘사하는 세계와 연결되는 것이 흐르고 있었는지 모른다.

---

18) 江靑(1915-1991): 남빈藍蘋. 본명은 이청운李靑雲. 산동성山東省 출생. 가난한 가정에서 태어나 15세 때부터 연극공부를 시작하여 1929년 제남濟南의 실험극원에 들어가 연극단원이 되었다. 1939년 모택동毛澤東과 결혼한 후 연안延安 노신魯迅 예술학원 연극예술과 교수를 지냈다. 1966년 중국공산당 중앙문화혁명소조 제1조장·중국공산군 문화공작 고문, 1969년 당 제9기 중앙위원·중앙정치국 위원이 되었다. 1973년 당 제10기 중앙위원·중앙정치국 위원으로 활동하였으나, 1976년 '4인방四人幫사건'으로 체포되었다. 1980년 '임표林彪, 강청江靑 반혁명집단'의 주범으로 재판에 회부, 1981년 사형선고를 받았으나 형 집행이 2년간 유예되었고 1983년 무기형으로 감형되어 복역 중 옥사하였다.

19) 『논어論語』: 공자의 말을 어록의 형식으로 기록한 유학의 경전으로 유가儒家의 성전聖典이라고도 할 수 있다. 사서四書의 하나로, 고대 중국의 사상가 공자(孔子)의 가르침을 전하는 가장 확실한 옛 문헌이다. 공자와 그 제자와의 문답을 주로 하고, 공자의 발언과 행적, 그리고 고제高弟의 발언 등 인생의 교훈이 되는 말들이 간결하고도 함축성 있게 기재하고 있다. 『논어』에 음악을 정치와 교육의 근본으로 삼은 공자의 입장이 잘 드러나 있다.

20) 『예기禮記』: 오경五經의 하나로 일컬어진다. 예경禮經이라 하지 않고 『예기』라고 한 것은 예禮에 대한 기록 또는 주석註釋의 뜻을 나타내고 있다. 그래서 때로는

여기서 또 하나의 의문이 솟구친다.

중국에서는 과연 연극이라는 게 오락인가? 민중 교화의 수단인가? 그 양쪽을 모두 갖춘 것인가? 다양하게 생각해 보면 어쩐지 이것만으로 끝날 수 없을 것 같다.

청조의 중기, 치세가 오래 이어진 건륭황제[21] 뒤에 등장한 가경제嘉慶帝[22](1796-1820)의 시대의 일이다. 융성과 반석을 자랑하고 있던 청조의 통치에도 차츰 이완과 알력이 생기기 시작했다. 중앙부에서는 백련교[23]가, 서쪽 밖인 귀주에서는 묘족苗族이, 그리고 동남 해안에서

『의례』가 예의 경문經文이라면 『예기』는 그 설명서에 해당한다고 이야기되기도 했다. 49편으로 이루어진 유가의 경전이다. 오경五經의 하나로, 『주례(周禮)』·『의례儀禮』와 함께 삼례三禮라고 한다. 『예기』에서는 의례의 해설뿐 아니라 음악·정치·학문 등 일상생활의 사소한 영역까지 예의 근본정신에 대하여 다방면으로 서술하고 있다.

21) 건륭황제乾隆皇帝: 중국 청나라 제6대 황제(재위 1735-95). 묘호는 고종高宗. 옹정제雍正帝의 제4남. 강희제의 손자. 이름은 홍력弘曆. 조부의 사랑을 받고 아버지의 사후 1736년에 즉위, 조부와 아버지에 의해 확립된 국위를 확대하는 데 전력했다. 조부 강희제에 이어 정치·경제·문화적으로 '강희·건륭 시대'라는 청나라 최성기를 이룩하였으며, 이 시기에 중국 문화가 유럽 사회에도 널리 알려졌다. 또한 그는 1773년부터 10년의 세월을 들여 고금의 도서를 수집 망라한 『사고전서四庫全書』의 대사업을 완성하여 유명하다.

22) 가경제嘉慶帝: 중국 청조 제7대 황제. 인제仁帝라고도 부른다. 1796년 고종의 양위로 즉위, 1797년에 가경으로 개원改元했다. 1799년 고종 건륭제의 사망과 동시에 그 총애를 이용하여 전횡하던 화곤和坤을 주살하고 강기를 숙청하였다. 또한 백련교도白蓮教徒의 난과 천리교도天理教徒의 난을 진압했다.

23) 백련교白蓮教: 중국 송·원·명·청에 걸친 민간종교의 일파. 그 기원은 12세기, 남송의 모자원茅子元의 백련종으로 거슬러 올라간다. 모자원의 백련종은 오계를 받들고, 아미타불을 염해서 정토에 태어날 것을 기원하는 염불결사였다. 그 교단은 지도층이 반승반속半僧半俗의 가정을 가진 특징이 있으며, 또한 채식주의를 신봉했기 때문에 백련채白蓮菜라고도 불렸다. 청대에 들어와서도 지제持齊·염송念誦·계탐戒貪·계음戒淫 등의 수행에 의해서 부처가 되고 선인이 되는 것을 추구한 백련교도의 활동은 활발했으며, 가경조(1796-1820)에는 혼원교混元教의 유송

는 해적이 각각 반란을 일으켰다. 그러한 시대, 청조 황제가 있는 수도 북경에서는 명대明代 의상을 걸친 배우가 비분·강개의 가락으로 『삼국연의三國演義』·『수호전水滸傳』 연극을 공연, 청조에 멸망당한 명조에 대한 향수를 느낀 관객은 그 슬픔에 눈물을 흘렸다고 한다.

한민족에게 청조는 어디까지나 이민족 정권에 불과하다. 한민족 정권이었던 명조의 의상을 몸에 걸치고 비분강개의 연극을 연출하는 것은, 틀림없이 명조를 그리워하고, 이민족 정권인 청조에 대한 저항의 의지를 나타내는 것에 다름 아니다.

시대는 내려와 중일전쟁이 한창일 때였다. 상해에 있던 다케다武田泰淳는 일본에 유학하고 나서 청조 타도를 외치다 처형된 여성 테러리스트 추근秋瑾[24]을 주인공으로 한 연극을 보고 있었다. 그리고 "이 연극은 분명히 청국정부의 권력에 목숨을 걸고 반역하였던 추근의 모습을 빌려서 일본군국주의에 대한 반항을 호소한 것이다. 그 때 (1945년 봄) 상해에서는 이밖에도 신해혁명에 관련된 연극을 상연하

의 제자 유지협이 중심이 되어, 명의 후예라는 우팔牛八을 세워서 유사아劉四兒를 미륵불 전생으로서 우팔을 보좌시키고, 혼원교를 고쳐서 삼양교三陽敎로 하여 대규모 반란을 일으켰다.

24) 추근秋瑾(1875-1907): 청나라 말의 여성혁명가로 본명은 추규근秋閨瑾이다. 복건 복주에서 태어났다. 1904년 일본 유학 도중 이름에서 규를 빼고 '가을의 미인'이란 뜻의 추근으로 바꾸었다. 노신과 같은 고향인 절강성 소흥 사람으로 아명은 옥고玉姑, 자는 선경璿卿, 호는 단오旦吾이다. 봉건예교에 반대하고 남녀평등을 주장하며 자신을 화목란花木蘭에 비유하는 데서 성격이 호협했음을 알 수 있다. 무력으로 청나라 타도를 주장하였다. 적극적으로 혁명에 투신하여 삼합회三合會, 광복회光復會, 동맹회同盟會 등과 같은 혁명조직에 참여하였다. 1907년 그녀는 서석린徐錫麟 등과 광복군光復軍을 조직, 1907년 절강과 안휘에서 동시에 기의하려다 사전에 발각돼 체포되어 그해 7월 15일 소흥에서 31세 나이에 처형당하였다. 여성의 몸으로 혁명가로 활동했던 추근의 처형은 당시 청나라 당국이 상상도 하지 못할 만큼의 반향을 불러왔고, 그 후 추근은 중국 혁명운동의 정신적인 지주가 되었다.

고 있었지만, 일본 점령군은 그 의도를 눈치채지 못했을지 모른다"[25] 라고 느낌을 적고 있다.

경극의 명배우의 한 사람인 주신방周信芳[26] 같은 사람은 중일전쟁 당시, 원나라의 침입에 최후까지 저항하여 송 왕조를 지키려했던 문천상文天祥[27]을 주인공으로 하는 경극을 계속 공연하였다고 한다. 주신방이 분장한 문천상은 무대에서 "조국을 수호해라", "침략군을 격파시켜라"라고 절규한다. 분명, 주신방은 송대의 구국 영웅인 문천상을 연기함으로써 '항일'을 호소하였던 것이다. 주신방은 경극을 통해 당시 중국인들의 심정을 대변하려고 했음에 틀림없다.

중국어로 소위 "차고풍금借古諷今"이다. 즉, 옛것을 무대로 삼은 연극을 연출함으로써 현재의 정치나 세상의 움직임을 통렬하게 비판·풍자하는 것이다. 중국에 있어서 연극의 역할에 또 하나의 다른

---

25) 『황하는 바다로 들어가 흐른다黃河海に入りて流る』 (原註)

26) 주신방周信芳(1895-1975): 중국 경극의 노생 배우. 절강성浙江省 출생. 원명은 주사초周士楚. 자가 신방信芳, 예명은 기린동麒麟童. 부모가 모두 춘선반春仙班의 배우였다. 7세 때 처음으로 무대에 섰고, 11세 때는 기린동麒麟童이라는 예명으로 공연하였고, 경극의 남자주인공역으로 '기파麒派'라는 독특한 유파를 창시하였다. 배역을 소화하는 정교함과 격조로서 높게 평가 받았다. 전한田漢이 주재하는 극단 남국사에 가입하여 활동했다. 『문천상』 등의 작품에 출연하였고, 1956년 상해경극원을 인솔하고 소련에 가서 〈사진사〉 〈타어살가〉 〈십오관〉 등의 작품을 공연하였다. 1959년의 자작 연출 작품인 『해서상소海瑞上疏』가 문화대혁명 중 반당수정주의 작품이라는 이유로 고발당하여 당에서 제명되었다. 중국희곡연구원(현 중국예술연구원 희곡연구소) 부원장·상해 경극원원장·중국희극가협회부주석 등을 역임하였다.

27) 문천상文天祥(1236-1283): 중국 송나라 말의 충신. 자는 송서宋瑞, 호는 문산文山. 강서江西 출생. 1276년 수도 임안臨安이 함락되자 단종端宗(1276-1277 재위)을 받들고 근왕군勤王軍을 편성, 원에 대항 하였으나 성공하지 못하고 포로가 되어(1278) 대도大都의 토굴에 감금당한 뒤 참수斬首되었다. 옥중에서 쓴 후세의 충신과 의사들을 고무시킨 『정기가正氣歌』로 유명하다.

요소가 덧붙여지게 된 것이다.

그런데 이 '차고풍금借古諷今'이 생각지도 못한 곳에서 생각지도 못할 정치적 단죄의 증거가 되니 틀림없는 골칫덩어리이다.

모택동은 50년대 말기부터 60년대 초기에 걸쳐 극단적이고 성급한 사회주의화를 추진하여, 결과적으로 중국 국민들에게 커다란 희생을 강요하였다. 그래서 그의 정치적 영향력이 크게 후퇴한 시대에,『해서파관海瑞罷官』[28]이란 경극이 새로 만들어져 성황리에 공연되었다. 명대에 실재하였던 청렴결백한 관리인 해서를 묘사하고 있는 것으로서, 그 안에 '차고풍금'借古諷今의 의도가 있었다고는 생각되지 않는다. 그러나 그로부터 5년 뒤쯤, 정치권력이 다시 모택동의 손에 들어오자, 그의 주변에서 "새로 창작된 경극인『해서파관』에서 '해서'는 모택동을 적대했던 장군이며 이것은 그의 명예획복을 기도하는 반 모택동세력의 음모"라는 소리가 나왔다. 그래서『해서파관』을 공연했던 경극배우 몇 사람은 해서를 연기했다는 이유만으로, 반 모택동분자로 단죄되고 문화대혁명의 와중에 불우하게 죽임을 당했다.

다시 말하지만, 연극은 배우를 죽일 수도 있다. 이 연극을 '차고풍금借古諷今'으로 단죄함으로써, 자신들의 정치적 색채를 내걸고 정적政敵을 공격할 수 있다는 점에서 중국에서는 연극이라는 것이 정말로 복잡하고 기묘한 정치적 역할도 맡고 있는 것 같다.

그러나 정치적 의미에 맞는 것만 나열하여 일방적으로 강조하는

---

28)『해서파관海瑞罷官』: 중국 명대사明代史 전문가인 오함吳晗이 모택동毛澤東의 요청으로 쓴 신편 역사극이다. '해서파관'은 '명나라 관리 해서가 황제에 의해 면직당하다'는 의미이다. 1966년 4월 강청 등이 모택동의 동의 아래『해서파관』을 본격적으로 문제삼자 오함이 쓴 해서의 문장과 여산회의의 팽덕회彭德懷 파직이 서로 연결되었다. 결국 오함 비판은 강청 등이 반대파인 유소기劉少奇 등을 비판하는 수단으로 활용함으로써 문화대혁명의 계기가 되었다.

것은 연극 본래의 취지가 될 수 없을 것이다. 사실 연극은 관례·혼례·상례·제례(관혼상제冠婚喪祭) 즉 인생의 출생을 축하하고, 생일이라는 인생의 순간을 축하하며 그리고 장례식이라는 인생의 종말을 장식한다든지, 단오절이나 중양절 같은 천지자연의 순환에 감사하는 중요한 무대장치였다.

예를 들면 청대 말의 황제였던 부의溥儀[29]의 결혼식이 있었다. 당시 청조 왕실에서 벼슬하였던 환관 손요정孫耀庭은 이렇게 회상하고 있다.

> 결혼식 축하 행사 일환으로 연일 궁중에서 경극이 공연되었다. 초청된 배우들은 진덕림陳德林[30]·전계봉田桂鳳[31]·왕요경王瑤卿[32]·매란방梅蘭芳[33]·양

---

29) 부의溥儀(1906-1967): 중국 청淸의 마지막 황제인 선통제宣統帝. 1908년 3살의 나이로 청淸의 12대 황제가 되었지만 1912년 신해혁명으로 퇴위하였다. 1934년 일본에 의해 만주국의 황제가 되었으나 일본의 패전으로 소련에 체포되었다가 중국으로 송환되었다. 항전시기에 일본이 세운 만주국 황제가 되었다는 이유로 전범으로 체포되었다가 모택동에 의해 특별 사면되어 중국 공민이 되었다. 제4기 중국 인민정치협상회의 전국위원회 위원을 역임했다.

30) 진덕림陳德林(1862-1930): 청의靑衣배우. 원명은 진윤장陳鋆璋 자는 녹경麓耕, 호는 수운庱云으로 북경출신이다. 창공으로 유명하고 연기 면에서는 노파청의전통을 따라 세칭 진파陳派라 했다. 동치同治 13年(1874) 정장포에게 도마단을 배웠고 주련분과 주홍복에게 곤곡을 배웠다. 광서 6년(1880)에 삼경반에 들어가 전보림田寶琳에게서 청의를 배웠다. 광서光緖 16년에는 승평서에 들어가게 되었다.

31) 전계봉田桂鳳(1866-1931): 경극 화단花旦배우. 자字는 동추桐秋, 북경출생이다. 전계봉은 분장한 모습이 청려하고 아름다운데다 기예가 뛰어났다. 전계봉은 동치에서 광서 초에 이르기까지 이름을 쟁쟁하게 날렸으며, 왕계분과 담흠배를 능가하였다.

32) 왕요경王瑤卿(1881-1954): 이름은 서진瑞臻, 자字는 치정稚庭. 호號는 국치菊痴, 만호晩號는 요청瑤靑. 본적은 오늘날 강소 회안이다. 부친은 만청의 저명한 곤곡배우인 왕현운王絢雲이다. 왕요경은 창조적인 예술정신을 갖추고 있어 청의 화단 도마단의 예술특징을 종합하여 화삼花衫을 창조해 내었는데, 예를 들면 『패왕별희』에서의 우희 역이 대표적이다. 노래·연기·복장·화장 등의 방면에서 대담한 개혁을 해내었다.

소루楊小樓[34]·여숙암余叔岩[35]·상소운尙小雲[36]·공운보龔雲甫[37]·마련량馬連良[38]·이

---

33) 매란방梅蘭芳(1894–1961): 청의靑衣배우. 원명은 란瀾, 다른 이름은 학명鶴鳴. 자는 원화畹華, 호는 철옥헌주인綴玉軒主人, 예명은 난방蘭芳. 본적은 강소江蘇 태주泰州이며, 북경의 배우집안에서 태어났다. 조부 매교령梅巧玲은 청의靑衣, 외조부 양융수楊隆壽는 무생武生을 각각 연기했으며, 백부 매우전梅雨田은 호금에 능했으며 부친 매죽분梅竹芬은 청의 화단을 연기했다. 딸 매보모梅葆玥은 노생을, 아들 매보구梅葆玖는 청의를 연기하였다. 매란방은 중국 근대 경극과 곤극 단항의 유명배우이며 사대 명단의 으뜸이다. 국제적으로 공연예술대사로 이름을 날린 바 있다. 1931년에 제여산 등과 국극전습소를 세워 희곡교육에 종사하였고 1930년과 1935년에는 각각 미국과 소련을 방문하여 공연하였다. 항일전쟁 기간에는 수염을 길러 공연을 거부하였다. 중국문학예술계연합회 부주석 중국희극가협회 부주석을 맡았고, 중국희곡연구원(현 중국예술연구원 희곡연구소) 중국희곡학원 중국경극원(현 국가경극원) 원장을 역임하였다. 대표적인 경극작품으로는 『귀비취주貴妃醉酒』·『패왕별희霸王別姬』 등이 있고, 곤곡으로는 『유원경몽游園驚夢』·『단교斷橋』 등이 있다. 저서로는 『매란방문집梅蘭芳文集』, 공연작품집으로는 『매란방연출극본선집梅蘭芳演出劇本選集』이 있다.

34) 양소루楊小樓(1878-1938): 이름이 삼원三元이며, 경극京劇 무생 武生 배우로 양파예술의 창시이다. 유명배우 양월루楊月樓의 아들이며, 안휘安徽 회녕懷寧사람이다.

35) 여숙암余叔岩(1890-1943): 경극京劇 노생老生역할의 배우. 본적은 호북성湖北省 나전현羅田縣이며 북경에서 출생했다. 자는 소운小雲, 정식이름은 숙암叔巖으로 암巖자가 필획이 많아 나중에는 약자인 암岩자로 대체하였다. 여삼승의 손자이자 여자운의 아들이다. 여숙암은 담파의 예술적 기초위에 연창기교를 풍부하게 함으로써 신담파의 대표인물이 되어 여파라 칭하게 되었다.

36) 상소운尙小雲(1900-1976): 경극京劇 단각旦角 배우. 1927년과 1931년에 각각 사대명단의 한 사람으로 선정됨. 이름은 덕천德泉, 자字는 기하綺霞. 본적은 하북河北 남궁현南宮縣. 상가희尙可喜의 후손으로 한인漢人 기적旗籍에 속함. 1966년 문화대혁명 때 박해를 받아 충격으로 1976년 서안에서 사망하였다.

37) 공운보龔雲甫(1862-1932): 근대 경극 배우. 이름은 원瑗. 또 다른 이름은 세상世祥으로 북경인北京人이다. 초년엔 옥기다루는 직공이었다가 경극을 좋아하여 아마추어로 사희반에 들어가 손국선에게 배워 처음에는 노생을 공연하였다. 나중에는 웅연희를 스승으로 모시고 노단으로 바꿔 공연했다. 노랫소리가 참신하게 빼어나며 동작연기가 섬세하고 매끄럽고 창조에 능하다. 1900년 이후 이름을 날려 노단으로 대축희를 공연하여 전에 없던 선례를 남겼다.

만춘李萬春[39] 등이며, 모두가 배우로서의 명성이 자자하였다[40].

부의의 결혼은 1922년이었다. 1911년의 신해혁명으로 제위에서 쫓겨났던 손제遜帝(퇴위한 황제)가 된 지도 11년이 지났다. 그럼에도 불구하고, 당시의 명인·고수들을 불러들였다니 말대末代라지만, 과연 선통제 부의이다. "호화로움에 있어서는 역대 황제의 대혼례에는 미치지는 못했지만, 대청조의 여광을 느낄 수 있기"[41]에는 충분했다.

그들은 자금성내 3개 무대 가운데 최대인, 천상과 지상과 명계를 모방한 상하 3층의 무대를 지닌 창음각의 대무대를 사용하여 최후의 손제 혼례에 꽃 하나를 덧붙이게 되었으니, 그것은 흐드러지게 핀 커다란 꽃이었던 셈이다. 이룰 수 없는 꿈인 줄 알면서도 겨우 희미 축에 끼는 것으로 자처하는 이 몸은 한번만이라도 꿈이라도 좋으니 그렇게 큰 잔향殘香을 맛보고 싶다.

황제가 이러하니, 관료나 군인의 고위급 게다가 대상인 등의 부귀

---

38) 마련량馬連良(1901-1966): 북경출생으로 자는 온여溫如 호는 고력헌주古歷軒主. 회족출신. 마련량의 연기는 회해詼諧하고 여유롭고, 창강·주공·복장 등의 면에서 새롭게 창조해냄으로써 마파라 칭한다. 민국시기民國時期 경극 삼대가京劇三大家의 하나로 부풍사扶風社의 간판격 인물이다. 여숙암·고경규·언국붕과 나란히 사대수생으로 나중에 세 사람이 죽은 뒤에는 담부영·혜소백·양보삼과 함께 사대수생의 하나로 일컬어진다. 1949년 이후 북경경극단장 직을 역임하였다.. 『차동풍借東風』·『군영회群英會』·『감로사甘露寺』·『사진사四進士』 등의 작품에서 주연을 맡았다.

39) 이만춘李萬春(1911-1985): 경극京劇 노생老生 및 무생武生의 배우였다. 유명乳名은 장순長順. 만주족滿州族 정황기인正黃旗人으로 본적은 하북河北 웅현雄縣 도구촌道口村, 하얼빈에서 출생하였다. 아버지 이영리李永利는 청말 저명한 화무검花武臉 배우였다.

40) 凌海成 余斌華 原著, 李潔 孔明德 역, 『最後一個太監』(吉林文史出板社, 1991), 143-144쪽. (原註)

41) 앞의 책 『最後一個太監』, 140쪽. (原註)

현관들도 또한 극단을 자기의 저택에 불러 연극을 상연케 하여 일족의 경사를 축하하였다. 이것을 '당회堂會'라고 불렀는데, 이전에 '마도魔都'라고 불렸던 시기의 상해에서는, 대부 격인 대부호인 두월생杜月笙[42]의 당회에는, 상해뿐 아니라 천진·북경에서도 내로라하는 경극배우들이 다투어 달려왔다고 한다. 대부호인 두월생의 좋은 기분을 건드리거나, 역린逆鱗에 저촉되는 일이 있다면 그 순간부터 사업을 할 수 없다는 것은, 이미 상식이 되었다. 이 길에서 살아가자면 독도 접시도 모두 먹지 않으면 안 되었다. 그것은 영화『대부』에서 말론 브란도가 분한 돈·코르네오네와 그의 주변에 몰려드는 스타들 관계와 유사하다.

인생의 최후를 장식하는 장례식에서도 연극은 중요한 역할을 하였다. 성대한 연극을 통해 죽은 이를 들판으로 전송하고자 하였다. 청조에서는 가끔 법령을 만들어 장례식에서 연극을 금지시켰지만, 그다지 효과가 없었던 것 같다. 장례식에 막대한 비용을 들이는 것이, 죽은 사람에 대한 공양이라는 생각이 팽배하던 그들에게는 그것은 어쩌면 당연한 것이었다. 엄중하게 단속하려고 하면 "관리들은 방화하는 것도 허락하는데, 서민들이 불 밝히는 것조차 허락되지 않는다.[43]"고 저항했다.

그 여운이 지금도 대만에 남아 있다. 몇 년 전 대만의 장례식에 옷을 완전히 벗고 춤을 추는 누드쇼까지 등장했다고 보도한 텔레비전 프로그램이 있었다. 기상천외하며 상식에 어긋나고 장소에 어울리지 않는 모습을 재미있고 우습다고 했지만 아무런 일도 발생하지 않았

42) 두월생杜月笙(1888–1951): 원명은 월생月生. 나중에 장태염章太炎의 건의로 용鏞으로 개명. 호가 월생月笙. 근대 상해 청방의 가장 유명한 인물의 하나이다.

43) "只許州官放火, 不許老百姓點燈"이 원문이다.

다. 그러한 연극과 장례식의 역사적 상관관계를 몰랐던 기자의 상식 없음을 드러낸 해프닝이었다.

중국에서 연극은 또한 인생의 단계를 축하하고, 죽은 사람의 영을 위로하고, 저 세상에서의 평안을 기원하는 데도 없어서는 안 되는 것이었다.

그런데 진독수와 거의 같은 시대를 살았던 경극 극작가인 진묵향[44]이라는 인물이 있었는데, 그가 친구인 반경부潘鏡芙와 함께 쓴 『이원외사梨園外史』의 첫머리에 다음과 같이 적고 있다.

> 천지는 하나의 커다란 이원이고, 이원은 작은 천지이다. 시간이 다르기가 수천 년, 동에서 서쪽까지는 수만리. 남자와 여자. 현명한 사람과 어리석은 사람. 기쁜 일과 슬픈 일, 만남과 이별. 누구라도 어떤 일이라도 무대 위에 나타낸 연극 세계로부터 도망갈 수는 없다.[45]

그에게 연극이란 바로 인생의 축소판이다. 오락도 민중 교화도, 더구나 사상 선전이나 사회 비판도, 또한 정적 타도의 도구도 아니라는 것이다. 현실의 세계가 손오공이라면, 무대는 석가모니의 손바닥. 손오공이 제아무리 발버둥 쳐봐야 석가모니 손바닥을 벗어나지 못하는 것처럼, 사람의 일생은 무대 위에서 묘사된 세계에서 달아날 수 없다. 아무리 파란만장해도, 연극으로 말할 수 없는 인생이란 없다. 인생이 어떠한 것이라는 것도 무대에서 완전히 묘사되어 버리는 것이다.

와쓰지(和辻哲郎)는 『일본 예술사』 제 1권에서 연극을 "무대 위에서

44) 陳墨香(1884-1943): 이름은 로輅, 자字는 경여敬餘, 안륙安陸 성관城關 출신이다. 중국의 저명한 경극작가로 순혜생 등 여러 경극배우들과 합작하여 일생동안 100여 편에 달하는 극작품을 썼다.

45) 潘鏡芙·陳墨香,『梨園外史』(北京: 寶文堂書店, 1990) '第一回' 3쪽. (原註)

빚어지는 세계, 즉 상상력에 의해 만들어진 세계"라고 하고, 그는 거기서 "초지상적인 광휘"를 느끼고 있다. 다만 진묵향에게 연극은 "초지상적인 광휘"를 가진 것이 아니라, 참으로 인생 모습 그 자체였던 것 같다. 그는 연극을 통해 인생에 대한 일종의 체념을 말하려 했음에 틀림없다.

그렇다면, 중국인에게 연극은 또한 인생 그 자체를 말하는 사실적이고 허무주의적인 것이었다고 생각해도 반드시 틀린 것은 아니리라.

연극은 인생을 말한다. 그러고 보니 셰익스피어도 또한 햄릿에게 그러한 것을 말하게 하고 있다.

> 대체로 연극이란 것은 오늘날에도 옛날에도 이른바 삼라만상을 거울에 비춰 선악을 각각 모습을 묘사하여 보여주고, 각 시대의 사회의 모습을 뚜렷하게 묘사해 내는 일이다.[46]

여기서 다시 원래의 의문으로 돌아가자.

과연 중국인을 붙들고 놓아주지 않았던 연극, 연극의 대표로서의 경극은 도대체 어떤 것이며, 그것은 중국인의 인생에 어떠한 관련을 지니고 있었던가?

이 책은 중국 고전 연극의 정화이자 또한 중국을 대표하는 연극이자, 중국·대만·홍콩 그 외에 해외 화교·중국인들 사이의 일종의 공통 언어라 할 수 있는 경극에 반한 한 일본인이 경극을 지렛대로 삼아 중국이란 것을 읽고 해석해 보고자 한 것이다.

이 책에서 우선 제 1장 '두본 경극양상'에서는 오락으로서의 경극의 구성을 설명하였다. 제 2장 '제2본 변증개희'에서는 1949년 건국 이래

---

46) 市河三喜·松浦嘉一 譯,『햄릿ハムルット』(岩波文庫, 1964). (原註)

중화 인민공화국에서 연속적으로 일어난 정치투쟁의 와중에서 경극이 민중의 교화, 사상 교육의 수단으로서 어떤 역할을 수행했는가를 검증하였다. 제 3장 '제3본 희대 여황후의 꿈'에서는 강청이 혁명현대 경극을 이끌고 권력 탈취를 의도했던 과정을 추적하였다. 이어서 제 4장 '제4본 영혼을 위무함'에서는 경극이라는 소천지에 살았던, 어느 경극배우의 인생을 돌아봄으로써, 격동의 소용돌이였던 중국 근현대라는 대천지를 그려봤다. 그리고 마지막 제 5장 '제5본 현외유음'에서는 내 자신이 연극광으로의 어리석은 발걸음을 반성하는 뜻에서 적었다.

말하자면 이 책은 경극이라는 세계에 비친 중국인의 사고방식을 이해하는 동시에, 경극이라는 연극을 통해 중국 근현대 "각 시대의 사회상을 선명하게 그려내고자" 하는 한 연극광의 조그맣고 무모한 시도인 것이다.

보기補記

경극 무대가 시작되기까지 무대 곁에서 악사들이 악기를 연주하며, 열심히 손님을 불러들인다. 이것이 막을 여는 징소리라는 의미의 개장라開場鑼이다. 일본 씨름 대회(대상박大相撲)에서 이른바 관중들에게 알리는 큰 북인 셈이다. 그것에 이끌려 손님은 연극 공연장의 출입구로 들어온다.

개장 징소리가 끝나면 드디어 무대가 시작된다. 대축희大軸戲라고 불리는 익살광대가 펼치는 대형의 광언狂言인 경우, 한 권의 대본이 아니라 몇 권으로 나눈 대본을 쓴다. 이런 종류의 대본은 순서대로 두본·제이본·제삼본이라고 불려진다. 물론 대본마다 독립적으로 무대에 오르기도 한다.

전편이 끝나서 극을 마치게 되면, 당나라 사람들이 불었던 피리인 당인적唐人笛이 '후-' 하고 울리자마자, 급히 무대가 어두워지면서 여기서 무대는 끝난다.

이 책은 이런 경극의 무대 공연 순서의 틀을 따라봤다.

이리하여 개장라에서 시작해 '두본頭本: 경극양상京劇亮相'·'제이본第二本: 변증개희辨證改戱'·'제삼본第三本: 희대여황몽戱臺女皇夢'·'제사본第四本: 위무정혼慰撫精魂'·'제오본第五本: 현외유음玄外有音'으로 이어지는 대축희[47]로서 읽어주면 더 없는 영광이겠다. 연극광으로서 복이 넘친다고 할 것이다.

---

47) 대축희大軸戱: 경극 공연관례상 관객이 다 모이기 전에 조축자早軸子라 불리는 어린 배우들의 공연으로 시작된다. 그리고 중축자中軸子라 불리는 솜씨 뛰어난 배우들의 공연이 이어진다. 뒤이어 압축자壓軸子라고 하는 가장 뛰어난 연기자 한 사람의 공연순서로 진행되고 나면 마지막에 대축자大軸子라고 불리는 새로운 작품을 선보이는 공연이 이어진다. 통상 상연은 10일간 이어지는 데 이를 대축희大軸戱라고도 한다.

두본頭本

경극양상京劇亮相

–경극이란 어떤 연극인가

양상亮相이란?

연극이 가경佳境에 들어가 무대와 객석이 혼연일체가 되어 달아오른다. 극장 전체가 마치 하나의 살아 있는 사물과도 같이 되어 주역의 움직임을 따른다. 움직이던 주역이 움직임을 멈추고 양상亮相을 행한다. 이 순간 극장 전체의 귀와 눈이 주역의 몸에 쏠린다. 이 때 객석으로부터 '좋다, 훌륭하다'의 의미인 중국어로 '하오!(好)'라는 감탄이 연발하고 주역은 자신과 자신의 기예에 보내는 찬사의 물결에 취한다. 배우로서의 행복한 순간일 것이다.

1. 왜 경극인가 : 연극 중의 연극

호화찬란한 무대의상, 원색을 듬뿍 사용, 얼굴 전체를 으스스하게 그린 얼굴화장, 중국 무술의 정수를 응축시킨 용장勇壯하고 화려한 무술, 머리 꼭대기를 뚫고 나오지는 않았는가 생각될 만큼 높고 날카로운 목소리, 소음이라고 할 정도로 시끄럽게 울리는 반주, 이것들이 혼연일체가 되어 무대 위에서 나타내는 불가사의한 세계 – 일본인의 머릿속에 있는 평균적인 경극상이란 대개가 이런 정도이리라.

그래서 중국 연극을 접하면 일본인은 그 모두를 경극으로 오해해 버린다.

확실히 중국 연극의 대부분은 검보라는 얼굴화장, 무술, 높고 날카로운 목소리, 시끄러운 연주로 이루어진다. 중국 연극의 전부가 경극인 것은 아니지만 경극은 중국 연극이 지닌 특징을 넘치지도 부족하지도 않게 갖추고 있다. 때문에 일본인들의 경극에 대한 소박한 오해는 어느 면에서는 경극을 제대로 이해하고 있다고도 할 수있다. 잘못된 이해가 올바른 이해이기도 하는 내막은 역시 경극탄생의 역사에서 찾지 않으면 안 된다.

경극의 원형이 되었던 것은 청조가 가장 융성했던 시대로, 양자강 중하 유역 일대의 상업 중심지에서 유행했던 지방극이었다. 그 핵심이 된 것은 휘조[1]라고 불리는 안휘성安徽省의 지방극인데, 이들 지방

1) 휘조徽調: 휘극徽劇의 옛 명칭. 희극에서 사용되는 강조(가락)를 지칭한다. 주로 취강吹腔·고발자高撥子 그리고 이황二黃을 가리킨다. 나중에는 서피西皮·고강高腔·곤강昆腔 등을 사용했다. 건륭乾隆·가경嘉慶 연간에 휘반徽班이 북경에 진출한 뒤 경극강조 형성에 크나큰 영향을 미쳤다.

극이 북경에 등장하게 된 계기를 마련한 것이 청조 전성기의 최후를 장식한 건륭제(1736-1795)였다.

건륭제는 전후 여섯 차례에 걸쳐 행한 남순南巡이라는 강남 지방 시찰에서, 마음에 드는 배우들을 관리로 임명하고서는 북경으로 불러들여 궁정에서 지방의 연극을 즐겼다. 또한 그의 생일을 축하하기 위해 각지의 상인들은 다투어 지방 극단을 조직하여 북경으로 보냈다. 이들에 의해 강남 지방의 지방극이 북경으로 들어가게 되었다.

건륭 55년(1790), 그의 80회 생일을 축하하려고, 어느 안휘성 출신 소금 상인은 휘조의 한 극단(이를 휘반徽班이라 한다)을 북경으로 보냈다. 이 휘반은 그때까지 북경에서 유행하고 있던 연극 전체를 압도할 정도로 내용과 진용을 갖추고 있었다. 이 극단이 북경에서 인기를 끌게 됨에 따라 다른 휘반도 북경으로 활동 무대를 옮기기 시작하는 한편, 그때까지 북경에 있던 배우 대부분이 휘반에 들어가게 되었다. 아마도 이것이 북경에서 휘조 유행의 시작이 되었던 것 같다.

이 휘조가 경극으로 변화한 것은 청대 도광[2]연간(1821-1850)으로도, 혹은 그 뒤의 광서[3]연간年間(1875-1908)으로도 추정되고 있다. 어쨌든 청조가 붕괴의 길로 곧장 달려가고 있던 시대이다.

이 원형에서 유래하여 피황희皮黃戲라고도 불리는 휘조가 경극으로

---

2) 도광道光: 청淸 선종宣宗 도광황제道光皇帝의 연호이다. 이름은 애신각라愛新覺羅 면저綿宁, 나중에 애신각라愛新覺羅 민저旻宁로 바꿈. 만주족滿州族으로 가경嘉慶 황제 병사 후 계위繼位하였다. 청淸의 여섯 번째 황제로 재위기간은 30년으로 향년 69세.

3) 광서光緖: 애신각라愛新覺羅 재첨載湉, 청淸 덕종德宗 광서황제光緖皇帝, 청조淸朝 제11대 황제. 4세에 등극, 자희慈禧, 자안慈安 두 태후에 의해 18세까지 수렴청정. 이후 대권은 자희 태후의 수중에 들어갔다. 1894년 갑오전쟁으로 중국이 패배하자, 1898년 광서제는 강유희康有爲, 양계초梁啓超 등을 기용하여 '무술변법戊戌變法'을 일으켰지만 수구세력의 반대에 부딪혀 백일유신으로 끝났다. 향년 38세.

변화한 과정에서, 가창 반주에 사용되던 피리(笛) 대신 등장한 것이 경호[4]이다. 경호의 도입은 서민을 더 한 발자국 연극 장소에 가깝게 하였다. 그리하여 반주 악기가 거의 현재의 틀을 갖추게 되었다.

반주의 악기가 정비된 뒤, 유명한 배우가 잇따라 배출되었다. 그들은 각각 자신들의 역량에 따라 각 지방극[5]의 특징을 도입하였을 뿐만 아니라, 예술적으로도 혁신적인 시도에 도전하여 피황희의 무대에 풍부한 세계를 열었다. 피황희를 급속하게 발전시켜 마침내 정말로 참신한 연극인 경극을 창조하게 되었다. 근백년 동안, 이 연극은 전국에 보급되어 중국에서 가장 강한 영향력을 가진, 중국을 대표하는 연극이 되었다[6]는 것이다.

이것을 한마디로 말하자면 경극이라는 연극은 청대 중기의 상업 중심지였던 강남 지방에 유행하였던 휘조徽調라는 연극을 기본으로, 각종 지방극을 융합하고 승화시킨 것이라고 말할 수 있을 것이다. 결국 경극은 강남 지방뿐만 아니라, 많은 지방극 요소를 겸비한 연극이기도 한 것이다.

『중국희곡극종수책中國戲曲劇種手冊』에 의하면 1984년을 기준, 중국 전 국토의 3개 시·12개 성·5개 자치구에서 볼 수 있는지방극은 381

4) 경호京胡: 호금胡琴이라고도 하는 현악기弦樂器이다. 경호는 중국 전통 현악기로 18세기 말, 중국 전통경극이 형성됨에 따라 현악기를 바탕으로 개량하여 200여 년의 역사를 지니는 중국 전통희곡인 경극의 주요반주 악기이다.

5) 지방극地方劇: 지방희라고도 하는 데 일정지역에 유행하여 지방의 특색을 지닌 희곡양식의 통칭이다. 예를 들면 황매희黃梅戲·월극越劇·회극淮劇·진강秦腔·천극川劇·노극滬劇은 전국에 유행하는 극종인 경극과는 상대적이다. 지방희는 지방의 전통문화를 담고 있는 형식으로 지방의 민간풍속과 결합되어 있어 지역의 대중들이 즐겨하는 연극형식이다.

6) 『中國大百科全書』〈戲曲曲藝〉(北京·上海: 中國大百科全書出版社, 1983년), 158쪽. (原註)

종이 넘는다.[7] 이 종류에 대해서는 다음 쪽에서 표로 자세히 설명한다. 전문 극단의 수를 보면 경극단京劇團은 209개로, 2위인 하남성河南省 예극단豫劇團의 134개를 훨씬 상회하여 전국 1위이다. 또한 서장자치구西藏自治區를 제외한 전국 각지에서 활동하고 있다. 이것으로 경극이 중국 각지에서 보편적으로 볼 수 있는 중국을 대표하는 연극임을 알 수 있을 것이다.

그러면 도대체 경극이란 어떤 연극인가?

중국문학자인 오쿠노(奧野信太郎)에 따르면, "중국의 연극은 일본 하이쿠에 담겨진 상징세계가 아니고, 어디까지나 한자로 구성된 사부辭賦[8]의 용편대작 형식을 취한 서사시 정신에 있다고 말할 수 있다"[9]는 것이다. 즉, 중국 연극을 대표하는 경극도 또한 '하이쿠 담겨진 상징세계'가 아니고 한대漢代 사부의 '서사시적敍事詩的 정신精神'을 그려낸다는 것이다. 확실히 탁견이긴 하나 무대를 본 적 없는 사람에게는 이것이 도무지 무슨 말인지 짐작이 가지 않는다.

여기서 또 한 사람, 일본을 대표하는 연극인인 센다(千田是也)의 말을 들어보자.

> 우선 경극은 연기·무용·음악·예술·문학 등 모든 분야 예술을 융합시킨 종합예술이다. 즉 최근에 존 루이 바로 등이 꿈꾸었던 교향악의 무대예술 …(중략)… 청각적·시각적·공간적 예술 곧 음과 색과 빛의 움직임으

---

7) 附錄으로 '各省·市·自治區·本地·外來戲曲劇種簡況表'라는 제목 하에 소개되어 있음. 李漢飛,『國戲曲劇種手冊』(中國戲劇出版社, 1987), 849-981쪽. (原註)

8) 사부辭賦: 아름다운 글귀와 문장을 펼쳐서 사물과 감정을 서술하는 수법으로 칭송하거나 풍유하는 것을 주지로 삼는 운문체이다. 초사楚辭는 전국시대戰國時代 굴원의 작품을 지칭하고, 부는 한대漢代를 대표하는 문체로, 사부는 이 양자를 아우르는 약칭이다.

9) 奧野信太郎,『藝文おりおり草』(春秋社, 1958). (原註)

로 확장하고 두터움을 간직한 예술 …(중략)… 전술한 모든 예술을 종합하고, 각각의 특색이나 역량을 발휘하게 하고, 또한 하나의 미적 혼연일체를 만들려고 하는. …(중략)… 이러한 종합의 중심이 경극의 경우 무엇보다도 배우의 예술이라는 점일 것이다. 중국 역사가 만들어낸 모든 신체적 표현의 예술(노래歌·춤舞踊·대사·묵극술·곡예)이 거기에 모아져 있고, 그것들을 두드러지게 하는 무대미술이나 무대음악은 오히려 뒤로 밀려난다. 그 대신 배우의 신체를 매개로 한 표현이 전체의 기능을 살려서 환경을 묘사하든가 암시하며, 혹은 시대의 흐름을 늘리거나 압축시키거나 초월하거나 하면서 새로운 연극공간이나 시간을 훌륭하게 창조한다.[10]

〈표〉 각 지역에서 공연되고 있는지방극의 숫자와 대표적인 지방극 명칭[11]

행정단위	현지	대표적 극종	외래	합계
북경시北京市	6종	경극京劇	3종	9종
하북성河北省	23종	하북방자河北梆子	10종	33종
천진시天津市	1종	하북방자河北梆子	3종	4종
산서성山西省	48종	중로방자中路梆子	6종	54종
내몽고자치주內蒙古自治區	3종	이인대二人台	7종	10종
요녕성遼寧省	5종	이인전二人轉	4종	9종
길림성吉林省	5종	길극吉劇	6종	11종
흑룡강성黑龍江省	3종	흑룡극黑龍劇	7종	10종
섬서성陝西省	25종	진강秦腔	6종	31종
감숙성甘肅省	6종	진강秦腔	5종	11종
영하회족자치구寧夏回族自治區	1종	영하도정寧夏道情	5종	6종
청해성淸海省	3종	청해장희靑海藏戱	3종	6종
신강 유오이(위구르)자치구 新疆維吾爾自治區	1종	신강곡자희 新疆曲子戱	8종	9종
산동성山東省	19종	산동방자山東梆子	8종	27종
강소성江蘇省	16종	곤곡崑曲	6종	22종

10) 河竹繁俊 외,『京劇』(淡路書房, 1956). (原註)

11) 일부는 중복됨. 李漢飛,『中國戱曲劇種手冊』(中國戱曲出版社, 1987)에 의함. 849-981쪽 참조. (原註)

안휘성安徽省	23종	황매희黃梅戱	8종	31종
상해시上海市	4종	호극滬劇	6종	10종
절강성浙江省	23종	월극越劇	4종	27종
강서성江西省	28종	공극贛劇	7종	35종
복건성福建省	25종	민극閩劇	5종	30종
대만성臺灣省	2종	가자희歌仔戱	7종	9종
광동성廣東省	16종	월극粵劇	1종	17종
광서장족자치구廣西壯族自治區	12종	계극桂劇	3종	15종
호남성湖南省	21종	상극湘劇	2종	23종
호북성湖北省	22종	한극漢劇	7종	29종
하남성河南省	16종	예극豫劇	14종	30종
사천성四川省	4종	천극川劇	8종	12종
운남성雲南省	9종	전극滇劇	4종	13종
귀주성貴州省	10종	검극黔劇	6종	16종
서장자치구西藏自治區	1종	장극藏劇	4종	5종
총계總計	381종			554종

이것이라면 약간은 알겠다. 아니, 이 센다(千田)의 말에 연극으로서의 경극의 진수 같은 것이 과부족 없이 표현되어 있다고 말할 수 있겠으나, 이것마저도 아직 추상적이다.

도대체 어떤 연출방식·무대기술이 '새로운 연극공간이나 시간을 훌륭하게 창조하는' 것을 가능하게 하는지를 알 수 없다.

그 점에서 경극을 경극으로 성립케 하는 요소·연출방법 등을 구체적으로 설명하면서 경극의 진수를 찾아보고 싶다.

경극 연구의 제일인자로 알려진 제여산齊如山[12]의 〈중국극의 조직

12) 제여산齊如山(1875-1962): 원명은 종강宗康 자는 여산如山이다. 희곡이론가. 북경 동문관을 졸업하고 일찍이 독일에서 유학하여 유럽희극을 고찰하고 1912년에 경극배우들에게 유럽희극의 장점을 소개하고 경극개혁을 주장하였다. 귀국 후에

中國劇之組織〉에 경극은 '창백唱白·동작動作·의복衣服·회모盔帽·화혜靴鞋·호수髯鬚·검보臉譜·체말물건砌末物件·음악音樂'의 8요소로 이루어졌다[13]고 하고 있다. 그러나 이것만으로 경극이라는 연극이 성립되는 것은 아니다. 여기서 센다(千田)가 말하는 '배우의 예술'·'신체적 표현의 예술' 부분이 빠져 있다. 역시 경극의 특징인 '항당行當'을 뺄 수는 없을 것이다.

그러므로 제여산이 말하는 8요소에 항당을 추가하고, 그 위에 『경극만화京劇漫話』[14]나 『경극지식사전京劇知識詞典』[15] 등의 기술을 참고해서 고찰해 보면, 경극이 경극으로서 성립되기 위해서는 역시 다음과 같은 요소들인데 이 가운데 어느 한 가지라도 빠져서는 안 될 것 같다.

1. 항당行當(역할)
2. 장면場面(반주자, 악사석)
3. 성강聲腔·염백念白(노래·대사)

는 희곡 계에 몸을 담고 매란방의 천재성과 근면분투정신을 높이 사 그를 도와 편극을 하는 한편 매란방의 공연과 극본에 대해 의견을 제기하여 예술의 완성도를 높여갔다. 매란방이 일본 미국 소련의 공연을 기획하는데 참여하였고 자신이 직접 매란방의 편극가, 연출가, 자문 역 등을 겸하였다. 희극이론 방면에서는 왕국유, 오매와 함께 희곡삼대가의 하나로 꼽힌다. 경사대학당京師大學堂 교수를 역임하였으며 북경국극학회北京國劇學會를 이십 년간 주관하였다. 1948년에 대만으로 건너가 경극이론을 계속 연구하였다. 제여산이 창작 개편 연출한 경극작품은 30여 척이 되는 데 모두 매란방이 주연을 맡았다. 저서로는 『중국극의 조직』·『국극예술희고』·『국극신단보』·『경극의 변천』·『제여산전집』·『중국풍속총담』·『화북의 농촌』 등이 있다.

13) 齊如山, 『齊如山全集』〈第一卷〉(聯經出版事業公司, 1979), 0013-0138쪽. (原註)

14) 七. '京劇表演藝術特徵', 八. '京劇歷史人物的化妝造型' 参조. 張夢庚·佟志賢·王雁, 『京劇漫話』(北京出版社, 1982), 112-170쪽. (原註)

15) 行當, 音樂·聲腔, 聲韻念白, 行頭, 化妝, 臉譜, 砌末, 基本功, 程式特技, 龍套 등으로 분류하고 있다. 吳同賓 외, 『京劇知識詞典』(天津人民出版社 1990), 1-245쪽. (原註)

4. 극본劇本(각본)
5. 검보臉譜(얼굴화장)
6. 체말砌末·행두(의상·머리장식)
7. 정식程式(무대 동작의 규칙)
8. 무대舞臺
9. 관객觀客

물론 중요한 것은 배우, 장면이라 총칭되는 반주자, 배우들이 연기하는 장인 무대, 그리고 무대의 앞에서 무대에다 뜨거운 시선을 던지는 관객. 다시 말하자면, 그것들을 존속·발전시키고자 하는 사회·경제적 조건, 이것들이 없으면 경극이라는 연극이 성립되지 않는다. 그것은 경극에 한정된 것이 아니고, 경극의 원형이 되었던 지방극도 역시 지금 열거한 요소들 전부를 지니고 있다.

그래서 여기서 열거했던 9가지의 요소를 설명하면서 경극의 전체 모습에 조금이나마 다가서 보기로 한다.

2. 인간을 분류하다 : 항당行當

경극의 첫 번째 특징인 항당行當에 대해서 『경극지식사전京劇知識詞典』에 다음과 같이 설명하고 있다.

> 항당이란 중국 연극의 독특한 연출 시스템이다. 역사적으로는 각색脚色, 부색部色이라고 하고, 나중에는 각색항당脚色行當 또는 각색항당角色行當이라고 한다. 통칭은 항당이다. 생항生行 · 단항旦行에서와 같이 단지 '항行'이라고만 하는 경우도 있다.
> 경극 무대의 모든 것은 생활에 근거하고 있다. 그러나 생활 그 자체의 모습을 그대로 표현하는 것은 아니다. 따라서 경극 무대에 등장하는 배우의 역할은, 생활 속의 모습 그 자체에 기초를 둔 것은 아니다. 배역의 성별·성격·연령·직업·사회적 지위 등에 따라서 화장·복장 등에 대해서 약간의 예술적 과장을 한다. 여기서 배역은 생生·단旦·정淨·축丑의 4개의 유형으로 나뉜다. 이것을 전문용어로 항당이라 한다. 가창·연출 등은 항당에 따라 특징이 있다.[16]

배역에 따라 성조聲調도 의상衣裳도 화장化粧도 무대 위에서의 행동거지도 다 다르다.

이와 같이 배역이 '거의 붙박이 형태라고 하게 된 것은, 연극이 극도의 형식적 제약을 받기 때문이다. 연극이 극도의 형식적 규정을 받게 된 것은, 중국에서 연극 내용의 미를 최대한으로 발휘시키기'[17] 위함이다. 바꿔 말하면, "중국에 있어서는 연극의 내용의 미를 최대한으로

---

16) 吳同賓 周亞勛主編,『京劇知識詞典』(天津人民出版社, 2007), 1쪽. (原註)

17) 오쿠노(奧野)의 앞 책. (原註)

발휘하도록 하게 하는" 점에서 '극도의 형식의 규정'이 필요하고, 그것을 위한 것이 항당이라고 할 것이다.

'내용의 미'와 '극도의 형식적 규정'이라는 관계는 중국에서 연극뿐만이 아니다. 우리가 아는 한시문도 또한 '극도의 형식적 규정'이 '내용의 미'를 두드러지게 하고 있다. 경극으로 되돌아와 생각할 때, 이 모두가 '극도의 형식적 규정'에 기초하고 있다 해도 과언이 아니다.

지금 예시했던 것처럼 경극의 항당은 비교적 간단하여, '생生'·'단旦'·'정淨'·'축丑'으로 크게 분류된다. 그렇지만, 이것만으로 남녀노소·재자가인·영웅호걸·선남선녀·악인강도에 이르기까지 분하고, 신화의 시대에서 현대에 이르기까지, 또한 꽃이 만발한 신선 세계로부터 인마人馬를 놀라게 하며 펼쳐지는 전장까지 이 모든 것을 무대 공간에 표현할 수 있는 것은 아니다. 역시 배우 역할에 따라 항당도 세분화되고 있다.

이제 그 가운데 중요한 것을 들어보기로 한다.

① 생生

남자 역으로, 나이·성격·사회적 입장 등에 따라 다음과 같이 세분화 된다.

노생老生은 정생正生 또는 코밑의 수염을 붙였기 때문에 수생鬚生이라고도 한다. 주로 중년 이상의 남자를 연출한다. 역할에 따라 제왕·현자·충신·유장儒將·학자 등으로 분하며, 연기의 중점인 가창에 의거하여 그 성격과 생각 등을 표현하는 창공노생唱工老生, 주로 염백念白(대사)과 동작에 의거하여 서리胥吏·점주店主·하인·시민市民 등을 연출하는 주공노생做工老生, 중년 이상의 유장儒將이나 갑옷을 입고 무기를 손에 들고 늙기는 했지만 의기왕성한 노장군을 연출하는 고파노생靠把老生의 세 종류로 구별된다.

더욱이 고파노생靠把老生의 경우, 역할의 성격상 가창·춤·무술의 3가지 연기가 요구된다.

무생武生은 용장이나 맹장으로 분한다. 여기에 녹림의 영웅·호걸을 연기하는 항당으로, 장고무생長靠武生과 단타무생短打武生 두 가지로 대별된다.

전자는 장고長靠라고 부르는 갑주를 몸에 두르고 무기를 손에 들고 전쟁터를 질주하는 젊은 무장이다. 노인의 경우에는 윗수염을 달지만, 어떤 경우는 얼굴에 태극도를 그려, 용맹 과감함과 지략을 나타내기도 한다.

단타무생短打武生은 호걸·의사義士·협객·토호·강도 등을 연출한다. 무술을 전문으로 하기 때문에 움직이기에 편한 옷을 입는다. 손오공 등도 이 항당으로 분류된다.

소생小生은 청년을 연출하지만 신분에 따라 몇 가지로 구별된다.

옷에 꿩의 꼬리를 달고 있어 치미생雉尾生이라고 부르는 항당은 혈기왕성한 청년 장군을 연출한다. 발성은 자기 목소리보다 낮게 부른다. 꿩의 깃털을 양손에 들고 여러 가지로 움직여서, 감정의 변화를 표현한다. 손에 든 부채를 다양하게 움직여 연기하는 선자생扇子生은 점잖은 서생을 연기한다.

나이가 젊지만 지위가 높은 관리를 연기할 때에는 관리라는 것을 나타내기 위해 비단 모자를 쓰고, 관복을 입기 때문에 사모생紗帽生이라고도 하고 관의생官衣生이라고도 한다.

궁생窮生이란 빈곤의 밑바닥에서 헤매며 세간에 받아들여지지 못한 자신의 불우함을 기탁한 서생을 연기한다. 이 항당은 부귀의富貴衣라고 하는 덕지덕지 기운 옷을 입는데, 이것으로 빈궁함을 나타낸다.

무예가 높은 기량을 지니고 고상한 마음씨를 지닌 젊은이를 연기하는 것은 무소생武小生이다. 원칙으로는 무생배우가 겸하도록 되어 있다. 이것 외에 창공희唱工戲 즉, 가창에 중점을 둔 연극을 전문으로 하는 항당도 있다.

홍생紅生은 관우關羽와 조광윤趙匡胤 만을 연기하는 항당이다. 짙은 붉은 색의 검보를 하기 때문에 이러한 이름이 붙여졌다. 지금에 와서는 관우는 무생이, 조광윤은 노생이 연기한다.

② 단旦

여성역이다. 이 항당도 성격·나이·처지·직업 등에 따라 세분화된다. 노부인 역인 노단老旦이나 말괄량이로 지기 싫어하는 성격의 여성인 채단彩旦 이외에 발성은 자기 목소리보다 낮게 한다.

청의靑衣는 황후皇后·귀비貴妃·왕녀王女에서 일반 시정의 아낙네에 이르기까지, 정숙한 부인을 연기한다. 정숙한 모양을 표현해 내기 위해 습자褶子라고 하는 짧은 겉옷 같은 옷을 몸에 걸친다. 이 의상은 청의靑衣라고 부르기 때문에 이것을 입는 항당에 청의라는 이름이 붙여지게 되었다. 또한 이 항당을 연기하는 배우는 신선극에서는 여주인공을 연기하기도 한다.

화단花旦은 천진난만하고 활발한 소녀나, 발랄한 젊은 부인을 연기한다. 일반적으로는 경백[18]으로 말하고, 움직이기 쉽게 하기 위해 장식이 적은 의상을 입는다.

무단武旦은 이전에는 격투(武打)를 주로 하는 역이었다. 무단은 여

18) 경백京白: 욕하는 투의 북경어. 이것을 경편자京片子라고도 한다.

기에다 창과 주공做工(몸짓 즉 동작·연기·표정)을 주종으로 삼고 격투를 부차적인 것으로 삼는 도마단刀馬旦과 구별되었다. 그러나 극목이 많아지면서 무단으로 통일되었다. 여장군·녹림의 협녀俠女·신선극에 등장하는 요괴 등을 연기한다.

노단老旦은 늙은 여자역이다. 자신의 심정이나 처지를 절절하게 노래 부르거나, 진지하게 상대방을 설득시키는 장면에서의 출연이 많다.

채단彩旦은 대사는 알기 쉬운 욕설 투의 북경어를 쓰며, 연기는 발랄하고 경박하다. 상쾌함과 유머가 풍부한 여성이나, 괴상한 버릇을 지닌 괴팍한 악녀, 약간 교활한 여성을 연기한다. 가부키의 무대에 등장하는 계모繼母·적敵이 채단과 같은 유형이라고 말해도 좋을 것이다.

③ 정淨

경극이라 하면 연상되는 검보이다. 아주 흉흉하기도 하고 오싹하게 분장한 항당이 바로 이 정이다. 용맹·표독·잔인·광포한 성격을 얼굴에 묘사한 검보에 색깔별로 표현한다. 화검花臉이라는 다른 명칭이 있다. 굳이 가부키의 역할로 유추하자면, 강적·악역·단역의 악역[19]·악한 종업원역[20]·악역과 익살꾼을 겸한 역[21]·고위 문신역[22]·호색

19) 강적·악역·단역의 악역에 대한 원문은 각각 대적大敵·실악(實惡)·단적端敵이다.

20) 원문은 수대적手代敵이다. 가부키나 조루리에서 주로 에도시대 서민 상을 소재로 하는 작품에서 주로 나쁜 짓을 하는 종업원의 역할.

21) 원문은 공가적公家敵. 악역 중에서, 황위를 찬탈하려고 하는 고위 문신의 악인의 역할.

22) 원문은 반도적半道敵. 가부키에서 악역이면서 골계행동이나 대사로 관객을 웃기는, 악역과 익살꾼 역 양쪽 모두의 요소를 겸비하는 역할.

한·국가찬탈역[23] 등이 이 '정'이라는 항당에 해당될 것이다.

그러나 틀림없이 이 항당의 전부가 모두 관객에게 이를 갈게 하고, 욕설을 바가지로 퍼부어도 모자란 그러한 악인이라는 의미는 아니다. 그 중에는 정정正淨이라 하는 정의롭고 충성스러운 인물이 있는가 하면, 겉으로 볼 때는 악인이어도 실은 더 없이 착한 사람인 경우[24]에 이르기까지 선인에서 악인에 이르기까지 각종 인간들이 모두 갖추어져 있다.

정정正淨은 늠름하고 충의로운 마음을 지닌 충신이나 훌륭한 장수를 연기한다. 독실한 충의의 마음을 말하고, 옳고 그름을 말하며 상대방의 마음을 자극하여 움직이게 하기 위해 간절하게 때로는 격하게 노래한다.

부정副淨은 연기의 중점을 염백과 주공에 둔다. 권모술수에 능한 광포한 간신·초야의 영걸·녹림의 영웅·호걸, 또 자신의 무예를 믿은 나머지 시대에 흐름에 떠밀려 패배한 비극의 영웅 등을 연기한다.

무정武淨은 용맹스럽고, 과감하고, 거칠고, 표독스러운 성격을 지니고 재주넘기라고도 부르는 무예를 전문으로 한다. 신선극에 등장하는 요괴의 우두머리 등도 이 항당이 연기한다.

④ 축丑

음흉하며 직급이 낮은 관리·교활한 상인·교활한 무뢰한 뿐만 아

23) 원문은 국붕國崩. 가부키의 역할의 하나로, 일국을 전복시켜 독차지하려는 악인을 가리킴.

24) 가부키에서 말하는 '모도리'에 해당된다. 일본 고유의 인형극인 조루리나 가부키에서 악역이라고 생각된 인물이, 선심으로 돌아오고 본심을 털어 놓는 것이거나 또, 그러한 연기·연출을 말한다.

니라 어부·농민·야경꾼·나무꾼·거지 등 사회의 하층이나 시정에 생활하는 일반서민을 연출한다. 골계·정직·낙관적인 성격 등을 표현하며, 때로는 주역을 조롱하는 등 연극 전체의 우스꽝스런 역할을 행한다. 원칙상 염백은 운을 밟지 않고 욕설 투의 북경어를 지껄인다. 가부키의 악역인 종업원역·악역과 익살꾼을 겸한 역·악한 고위 문신[25] 등은 어쩌면 정보다는 축에 해당될지도 모른다.

문축文丑은 얼굴 한 중앙을 하얗게 칠하기 때문에 소백검小白臉이라고 한다. 문인·묵객·서당선생·기술자·행상·서생·병졸 등을 연기한다. 원칙은 욕설 투의 북경어지만 그 가운데는 산동어나 산서어를 사용하여 연극의 무대를 암시하는 경우도 있다.

무축武丑은 억양의 효과를 살린 염백과 씩씩하고 민첩하며, 때로는 표독스러운 동작을 전문으로 한다. 호걸·도적·협객 뿐만 아니라 신선 극에 등장하는 귀신이나 손오공 등도 연기한다.

⑤ 용투龍套

병졸·추격수·궁녀·시녀·문지기·환관·마부 등 무명의 단역은 지금까지 열거한 4개의 항당과는 구별되어 특별히 용투龍套라고 부르고 있다. 때로는 포용투跑龍套라든가 타기적打旗的이라고도 한다. 일본에서는 '완사'나 '가야'[73] 등으로 부르는 역할에 해당된다.

이 용투는 특별한 대사는 없고 주역의 동작에 맞추어 '예', '아'라고 성원을 보내거나, 깃발·창·칼 등을 들고서 곡패[27]를 노래하면서 연기

25) 이상 세 역의 원문은 각각 수대적手代敵, 반도적半道敵, 공가적公家敵이다.

26) '완사'는 '사람이 한꺼번에 많이 모인다'는, '가야'는 '그 외 여럿'의 의미이다.

27) 곡패曲牌는 중국전통적인 가사를 메꾸거나 악보를 만드는 곡조명칭의 통칭이

를 한다.

예를 들면, 출전하려는 장군이 큰 소리로 외친다.

장병들!

용투는 즉시 대답한다.

예!

이어서 장군이 큰 소리로 외친다.

장병 앞으로 전진!
적군 모처에 출현!

용투는 그 즉시 창이나 깃발을 나타내는 것을 받쳐 든다.

이처럼 용투의 동작에 의해, 황제의 출어나 행차·재상의 승전(궁전에 오름)·장군들의 군사회의·영웅의 연회·황후나 귀비의 순행 외에도 법정·싸움·패주·전장에의 급파 등 실로 백 개에 달하는 장면을 표현하게 된다.[28]

또한, 『희곡용투교재戲曲龍套教材』에 보면, 용투의 기본 대형으로 등장하는 경우로는 22가지, 무대 위에서의 변화로서 20가지, 퇴장하

다. 고대에서 곡을 창작할 때 가사를 만들고 음악을 맞추는 것인데 나중에는 듣기 좋은 음악에다 가사만 새롭게 집어넣는 것으로 바뀌게 되자 많은 곡들이 새로운 가사를 집어넣을 때 곡조로 활용되기 시작했다. 명대이전에는 희곡에서는 곤산강·익양강 등이 있었고 청대에는 속곡이 발전하여 희곡음악으로 이용되었다. 대개는 곡패로 창강의 구성단위가 되어 곡패체 창강이라 칭한다.

28) 『京劇知識詞典』〈龍套調度程式〉條, 231-245쪽. (原註)

는 경우로는 27가지를 들고 있고, 이것들을 조합해서 '승장 병발升帳兵發(출진)'·'행군 행로行軍行路(행군 행진)'·'회진 교전會陣交戰(회전會戰)'·'등주거자登舟去者(승선)'·'기주 등안棄舟登岸(하선)' 등 용투에 의한 14개의 대표적 대형을 나열하고 있다.[29]

경극에서는 원칙적으로 사실적인 대도구나 배경을 쓰기 않기 때문에 용투의 동작이, 그 대용代用으로 한다고 해도 좋다. 용투의 움직임은 또한 개개의 배우들의 움직임과 같이 '환경을 묘사하고 암시를 한다거나 때로는 시간의 흐름을 늘이거나 줄이거나 뛰어넘게 하면서 새로운 연극 공간이나 시간을 훌륭하게 창조하는'[30] 역할을 하고 있다. 이런 의미에서 보면 용투도 역시 경극을 경극답게 하는 중요한 요소이다.

예를 들면, 출진 장면에서는 '읍안회泣顔回'·'주노아朱奴兒'라든지, 행군 장면에서는 '풍입송風入松'·'남보천락南普天樂'이란 이름이 붙은 음악이 반주되고, 이것에 맞게 때로는 합창하면서 용투는 무대 위를 왼쪽으로 오른쪽으로 움직인다. 이러한 반주 음악은 곡패라고 부르는데, 원래는 경극보다 역사가 오래된 연극인 곤곡[31]에 사용되었던 양식이다.[32]

---

29) 郭建英 편저,『戱曲龍套教材』(上海文藝出版社, 1962), 102-180쪽. (原註)

30) 千田의 앞 책,『京劇』. (原註)

31) 곤곡崑曲: 곤극崑劇, 곤강崑腔, 곤산강崑山腔이라고도 한다. 중국에서 가장 오래된 연극양식의 하나로서 경극京劇에 앞서 발달하여 경극의 탄생에 절대적 영향을 미쳤다. 곤곡은 14세기에 중국 강소성 곤산에서 생겨나 위량보魏良輔 등의 음악가에 의해 개량되어 명대중엽부터 중국극단에 삼백년 가까이 군림, 청대중엽부터 쇠퇴하기 시작하였다. 20세기 중엽 희곡 연구자들에 의해 정리, 개혁되어 현재는 곤곡을 전문으로 하는 극단이 남경, 상해, 남경, 절강 등지에 많이 생겨났다. 2001년 유네스코 무형문화재로 등재되었다.

32) 郭建英 편저,『戱曲龍套教材』(上海文藝出版社, 1962), 181-187쪽. (原註)

용투는 원칙적으로는 선두의 첫 번째 대오(이를 두가頭家라 함)에서 두 번째 대오(이가二家)·세 번째 대오(삼가三家)·네 번째 대오(사가四家)[33]까지 4인 1조가 되어 연기하지만, 이것은 네 사람이 아니라 다수임을 나타내고 있다. 주인공의 지위나 장소에 따라 8인 2조·12인 3조를 한 단위로 하여 연기한다. 경극의 무대는 객석에서 보아 좌우 대칭이 되도록 하기 때문에, 용투가 좌우 동수로 병렬되도록 짝수의 용투를 무대에 올려놓게 되었다.

전문적으로 용투를 연기하는 배우가 있는 것이 아니고, 역할이 없는 단역이나 어린 배우가 연기하는 경우가 많다. 수업 중인 어린아이 배우의 경우 용투를 연출하는 깃발이나 무기를 들고서 무대를 뛰어다니므로, 어른들 기예를 어깨 너머로 배우는 동시에 많은 작품에 접하여 연극의 흐름을 체득하는 이점이 있다고 한다.

이러한 용투를 연습할 때 염두에 두어야 할 말에는 다음과 같은 것이 있다.

이목평시二目平視: 시선은 똑바로
기물고저旗勿高低: 깃발은 높지도 않고 낮지도 않게
단정엄숙端正嚴肅: 늠름하고 침착하게
보법정제步法整齊: 걸음 폭은 가지런히
전후겸고前後兼顧: 앞뒤로 살피면서
좌우간제左右看齊: 좌우를 신경 쓰고
사상집중思想集中: 마음을 집중시키고
절주통일節奏統一: 박자에 맞춰라[34]

33) 郭建英 편저,『戱曲龍套教材』(上海文藝出版社, 1962), 17쪽. (原註)

34) 郭建英 편저,『戱曲龍套教材』(上海文藝出版社, 1962), 4쪽. (原註)

이것을 읽으면 아무래도 단지 용투만이 아니고 경극 연기 전체에 통하는 격언 같은 기분이 든다.

그런데 항당을 말할 때, 약간 신경 쓰이는 것이, 문화대혁명 당시 자주 공연되었던 혁명현대경극이다. 완전히 새로운 경극의 탄생과 소멸에 대해서는 나중에 상세하게 말하겠지만, 아무리 혁명 현대의 4개 글자를 덧붙여도, 경극이기 때문에 경극 본래의 원칙이 관철되고 있을 것이다.

확실히 혁명현대경극의 주인공은 인민해방군, 항일 게릴라 영웅이거나 노동자·농민이다. 그리고 적 역할은 부패 타락한 국민당 간부·중국을 침략하는 일본 제국주의 군대·미국 제국주의자·국민당 스파이 등이다. 그렇기 때문에 '제왕장상·재자가인'으로 형용되는 봉건사회를 묘사하였던 생生·단旦·정淨·축丑 등의 항당으로는 현대 사회에 사는 인간들을 표현할 수 없다. 그러므로 현대경극에서는 4개의 항당을 적용하기 어렵다고 생각하는 것이 상식일 것이다.

그러나 적용시키기 나름이다. 현대경극 무대를 잘 보면 실은 그때까지의 4개 항당이 그대로 잘 맞춰져 살려져 있다.

예를 들면, 인민해방군의 지휘관이나 항일 게릴라의 영웅은 노생老生이고, 적과 용감하게 싸우는 해방군 전사는 단타무생短打武生이다. 노동자의 선두에 서서 생산과 사회주의 사회 건설에 매진하는 여성 노동자는 청의靑衣이고 항일 영웅의 모친은 노단老旦이다. 그렇기 때문에 항일 게릴라 정벌에 분주하는 일본군 헌병이나 부패·타락한 국민당 군 지휘관 등은 정淨이다. 그래서 사회주의 건설을 방해하고자 기도하는 국민당 스파이는 축丑으로, 참으로 훌륭하게 4개의 항당에 들어맞는다.

그러고 보면, 현대 중국 정치 지도자들은 도대체 어떤 항당에 속할까?

주은래[35]는 더 말할 것 없이 노생, 노생인지 부정인지 모택동은 평가가 엇갈린다. 강청은 이미 무단으로 결정되었다. 70년대 초기 반모反毛 쿠데타에 실패하였다가 몽고에서 미스터리하게 죽은 임표林彪[36]는 결국 무정武淨이란 역…아니, 후대에 평가되는 것으로 봐서는 축으로밖에 말할 방도가 없을 것 같다. 유소기劉少奇[37]는 어떨까? 수정주의자로 모택동에 반기를 든 최대의 실권파로 단죄되었던 문화대혁명의 시대에는 정淨이다. 그러나 문화대혁명도 모택동도 부정된 현재로서는 결국 노생老生이 될 것이다.

'그대가 한다면 나는 안심한다.'라는 기묘한 유언을 모택동으로부터 받고 최고 지도자의 지위에 올랐지만, 곧 등소평에게 추방당했던 화국봉 등은 누가 뭐래도 축이다. 주덕·팽덕회 등의 강경파로 알려진 노장군들은 고파노생이라 할 것이다. 그러면 사회주의 시장경제

---

35) 주은래周恩來(1898~1976): 원적은 절강 소흥. 강소성 회안출생. 자는 상우翔宇. 국무원총리國務院總理·외교부장外交部部長 등을 역임했고 모택동 집권 당시 제 2 인자로 중국인의 신망을 한 몸에 받았던 인물이다. 항일전이 발발한 후에는 공산당의 대표로서 국민 정부의 국방위원회 등 요직에 있으면서 국공관계의 처리를 맡아 탁월한 정치적 외교적 수완을 발휘했다. 문화 대혁명을 거쳐 최후까지 공산당에서 지도적 위치를 유지하면서 국내외의 중요한 여러 문제를 해결하였다.

36) 임표林彪(1907-1971): 당 주석 겸 국방부장 역임. 1969년 9전 대회에서 모택동의 후계자로 물망에 올랐지만 1971년 반모 쿠데타 실패이후 외몽고에서 비행기사고로 죽음.

37) 유소기劉少奇(1898-1969): 호남(湖南) 영향현(寧鄕縣) 사람. 호남중학을 거쳐 16세에 사회주의 청년단에 가맹, 1921년 중국 공산당의 성립과 동시에 이에 가입, 그 후 항일전쟁 발발까지 노동조합운동의 조직과 지도를 담당하고, 국민당 지배 지역에서의 지하 활동에 종사. 중공중앙서기처 서기, 인민군사위원회의 부주석, 중앙위원, 국가 주석 등을 역임하였다. 문화대혁명 때 타도의 중심인물로 지목되고 주석 직에서 파면 당했다가 1980년에 명예 회복되었다.

체제를 발명하고, 경제성장 시대를 가져온 '개혁·개방 노선의 총 설계사'인 등소평[38]은 대체 어떤 항당에 해당될까? 곡절이 많았던 그의 정치적 업적을 고려하면, 그는 시시 때때로 바뀌는 정치 상황 속에서 생生·정淨·축丑의 각각을 교묘하게 구분해 연기하고 있다는 생각이 든다. "흰 고양이든, 검은 고양이든 쥐를 잡으면 좋은 고양이"라는 그의 유명한 대사를 한번 비틀어서 사용하면, "생·정·축의 어느 것이든, 자신의 정치적 의지를 관철시키는 것이 좋은 항당"이라는 말이 될 것이다.

이렇게 보면 생生·단旦·정淨·축丑의 항당이란 단지 경극 배우의 역할뿐만 아니라, 인간을 유형별로 분류하려는 중국인의 지혜로운 발상으로 참 흥미로운 일이다. 인간이란 것을 이렇게 구분해서 사회를 고찰해 보면 확실히 잘 정리할 수 있다. 생生·단旦·정淨·축丑 4개의 항당이 상징하는 행동 양식을 초월하는 형태의 인간은 아무래도 이 세상에 있을 것 같지 않다.

결국 경극에서 항당이란 복잡·다기한 중국인의 행동양식 그리고 심리상태를 훌륭하게 체계화하여 상징화한 것은 아닐까?

---

38) 등소평鄧小平(1904-1997): 중국공산당 제 2대 핵심지도자. 마르크스주의자, 무산계급혁명가, 정치가, 군사가, 외교가이자 중국 인민해방군, 중화인민공화국의 주요 지도인물의 하나로 꼽힌다. 그는 중국 사회주의 개혁개방과 현대화 건설의 총설계사로서 등소평 이론을 만들어냈다. 그가 주창한 개혁개방은 20세기 후기의 중국을 변화시키고 세계에 영향을 끼치게 되었다. 그가 제창한 실용주의 입장에서 표방한 '흑묘백묘론黑猫白猫論'이 유명하다. '검은 고양이든 흰 고양이든 쥐만 잘 잡으면 된다.'는 뜻으로, 1970년대 말부터 등소평(鄧小平)이 취한 중국의 경제정책을 말한다. 중국의 개혁과 개방을 이끈 등소평이 1979년 미국을 방문하고 돌아오면서 '자본주의든 공산주의든 상관없이 중국 인민을 잘 살게 하면 그것이 제일'이라는 뜻으로 한 말이다. 등소평의 이러한 개혁·개방정책에 힘입어 중국은 비약적인 경제발전을 거듭하여 세계에서 유례가 없는 중국식 사회주의를 탄생시켰다.

3. 악기가 배우를 조정하다 : 장면場面

배우가 자신의 연기를 통일시키지 않으면 안 되는 상대가 절주라는 리듬과 박자인데, 이 절주를 담당하는 반주자를 장면場面(악대)이라 한다.

경극을 한마디로 표현하자면 역시 배우의 목소리를 들을 수 있는 문희文戲(가극)이다. 그러므로 무대에서 역을 맡아 공연하는 것을 '창희唱戲'라고 하고, 연극 관람을 '간희看戲'라고 하지 않고 '청희聽戲'라고 한다. 그렇지만, 경극의 매력은 그것만으로 끝나는 것이 아니다. 단련된 배우의 화려함과 격렬함을 갖춘 무예, 즉 격투를 보는 연극도 또한 관객을 아주 매료시킨다. 그러기에 역시 격투도 빠뜨릴 수 없다. 앞서 열거했던 센다千田의 말을 반복하자면, 경극은 문희文戲와 무희武戲가 종합된 '청각적·시각적·공간적 예술'로서, '무엇보다도 배우의 예술'이며, '중국의 역사가 만들어 낸 모든 신체적 표현의 예술'이라고 말할 수 있다.

그래서 경극 무대를 즐기기 위해서는 관객 측에서도 '문文'과 '무武' 양쪽 면을 갖추지 않으면 안 된다. '청희聽戲'는 귀로 듣는 것이요, '간희看戲'는 눈으로 보는 것으로 결국 눈과 귀 양쪽을 충분히 작동시키지 않으면 안 된다.

확실히 경극에서 음악은 배우의 연기에 부수되며, 연기를 북돋우는 정도를 훨씬 초월하여 배우의 연기와 똑같이 중요한 요소로 생각된다. 달리 말하면 악대의 역할은 배우의 연기와 함께 경극을 지탱시키는 중요한 기둥으로 생각할 수 있다.

이러한 악대는 악기의 종류에 따라서 관현악기인 경우의 문장과 타악기인 경우인 무장으로 구별된다. 전자는 배우의 가성과 함께 문희를 연기한다면, 후자는 배우의 신체 기술을 발휘하여 무대 위에서 배우들을 움직이게 하는 기능을 한다. 문장과 문희, 무장과 무희, 여기에도 용투의 연기에 비춰 본다면 좌우 대칭의 원칙이 작용하고 있다는 생각이 든다.

문장과 무장에 각각 사용된 악기는 다음과 같다.

□ 문장은 대나무나 나무로 만든 현악기와 취주악기
주된 악기는 경호京胡(호금胡琴)이다.
부차적인 악기는 삼현三弦·월금月琴·이호二胡·비파琵琶·판호板胡가 있다.
보조악기는 적자笛子(횡적橫笛)·쇄납哨吶(날라리)·해적海笛·생笙이 있다.

□ 무장=木製의 打樂器
주된 악기는 단피고單皮鼓(발음이 같기 때문에 丹皮라고도 함)와 박판拍板이다.
부차적인 악기는 대라大羅·요라鐃鑼·소라小鑼 등이다.
보조악기는 당고唐(堂)鼓·제월齊鉞·팽성碰星·운라雲鑼 등이다.

무대의 오른쪽 날개에 이 정도의 악기가 진열된다. 그래서 아쿠다가와(芥川龍之介)가 『상해유기上海遊記』[39]에 '실제로 나도 익숙하기 전에는 양손으로 귀를 막지 않으면 도저히 앉아 있을 수 없었다.'라고 적고 있을 정도로 소란스런 반주가 시작된다.

덧붙여서 이 때, 아쿠다가와는 정통파 연극광인 무라타(村田鳥江)의 안내로 경극 구경을 했다. '저 시끌시끌한 곳이 좋아'라고 말하는 무라타에게, 아쿠다가와는 '나는 자네가 그렇게 말할 때마다, 도대체 제

39) 芥川龍之介, 『世界紀行文學全集第11卷 中國篇 I』(修道社, 1971). (原註)

정신인지 아닌지 의아스런 마음이 든다네.'라고까지 말하였다.

확실히 연극광들은 무라타가 아니래도 '저 시끌시끌한 곳이 좋아'라고 한다. 하지만 그런 무라타에게 질린 아쿠다가와의 기분도 모르는 바는 아니다.

그러한 점을 가리켜서 아오키(靑木正兒)는 다음과 같이 말하는 것이다.

> 중국 예술은 바로 부추와 같은 것이다. 한차례 그 맛을 맛본다면 무어라고 말해야 좋을지 모를 묘한 맛을 느끼게 된다. 더 나아가서는 아편과 같은 것일 것이다. 몸과 마음을 황홀하게 하여 심취하게 만든다. 아마도 그것은 문외한인 경우에는 결코 미감과 쾌감을 주는 것이 아니고 오히려 싫거나 나쁠 것이다. 그러나 그곳에 한번 발을 들여 놓으면 절대의 미이고, 더 없는 즐거움일 것이다.[40]

결국 아오키의 말의 뜻은 이렇다.

> 부추와 마늘은 이기주의에다 낙천적인 중국인의 국민성을 가장 잘 표현하는 음식물이다. 자신이 그것을 먹으면 향기롭고 맛있어서 견딜 수 없지만, 자신이 먹지 않고 남이 먹는 경우 옆에 있으면 코도 못 든다. 그렇기는 하지만 남의 폐만 신경 쓰고 있어서는 이 맛을 즐길 수 없다.[41]

"자신이 그것을 먹으면 향기롭고 맛있어서 견딜 수 없고, 자신이 먹지 않고 남이 먹는 경우 옆에 있으면 코도 못 든다"는 것은 아무래도 경극을 앞에 둔 무라타과 아쿠다가와의 관계이다. 경극과 부추, 연극광으로서는 아오키의 생각에 동조하지 않을 수 없다.

---

40) 아오키(靑木正兒), 東洋文庫 217『江南春』(평범사, 1972). (原註)

41) 아오키의 같은 책 『江南春』 (原註)

결국, 아쿠다가와라는 '문외한에게는 결코 미감과 쾌감을 주는 것이 아닐 것'이지만, '한차례 발을 그 곳에 들여 놓았던' 무라타에게는 '절대의 미이자 무상의 쾌감'이었다. 그렇기 때문에 '저 시끌시끌한 곳이 좋았던' 것이다.

악사석의 중앙을 차지하는 것은 왼손에 박판을, 양발 사이에 단피고를 두고서 오른쪽 손으로 북채를 든 고수이다. 그는 무장武場뿐만 아니라 악대 전체를, 아니 배우의 움직임까지도 지휘한다. 결국 그야말로 악기 연주자와 배우, 악대와 무대 다시 말해 연극 전체의 지휘자인 셈이다. 그러한 형태의 지휘자는 오페라에서는 볼 수 없다. 그는 연극의 진행, 배우의 움직임을 보면서 동작·창·대사에 완급을 주어 무대의 움직임에 맞는 음악을 반주하는 것이다. 이를 전문용어로 '활척촌活尺寸' 즉 '움직임을 살린다.'는 것이다. 이와 같은 역할을 하는 고수를 무대 관계자는 존경을 표하여 구로鼓老라고도 부른다.

전하는 말로는 연극을 좋아했던 당 현종은 문무장文武場을 동서東西에 배치하고 자신이 당고唐鼓를 울리면서 악대樂隊를 지휘하였던 데서, 북을 치는 자가 악대를 지휘하게 되었다고 한다. 현종의 전통을 계승하였다고는 할 수 없어도 청조 말기의 광서제에 대해서 다음과 같이 말해진다.

> 연극을 잘하였을 뿐만 아니라 북치는 솜씨도 상당하였고, 당시의 북경 극단에서는 그의 기예에 필적할 수 없는 고수들이 많았다.[42]

악대를 지휘하듯이 '그러한 기술에 대적하지 못할' 정도로 정치를

---

42) 徐蘭沅,『徐蘭沅操琴生活』第一輯(北京: 中國戲劇出版社, 1962), 97쪽. (原註)

잘한다면 아마도 그의 치세도 진작 좀 더 제대로 된 것이었을 것이다. 아니 뜻대로 되지 않는 정치에서 오는 스트레스를 북을 치고 악대를 조정하면서 해소하고 있었던 것일까? 그렇다면 천하를 통일해야 하는 입장에 있는 황제로서는 무엇보다도 슬프고 적막하였을 것이다. 아니 가슴 아픈 이야기다.

옛날 문헌이나 자료에 의하면, 일찍이 악대는 무대 중앙 맨 뒷부분에 위치하고 있었다.

예를 들면, 명대의 작품으로 말해지는 중국 역사박물관 소장의 『남도번회경물도권南都繁會景物圖卷』[43]이나 강희제의 남방 지역 순례를 그린 북경 고궁박물원 소장의 『남순도南巡圖』[44] 등의 연극 극장의 배치를 보면, 확실히 무대 깊숙한 곳에 악사석이 배치되어 있고 그 앞에서 배우가 연기를 하고 있다. 시대가 내려와서 청말의 북경의 다원茶園을 묘사한 판화 등에서도 여전히 악사석은 무대 깊숙한 곳에 있다. 그러나 금세기에 들어온 뒤의 자료에서는 악사석은 지금과 같이 무대의 오른쪽 날개로 옮겨져 있다.

---

43) 『남도번회경물도권南都繁會景物圖卷』: 명대 남경의 봄날 번화한 도회지의 모습을 담고 있다. 연극무대인 희대가 거리 정중앙에 설치되어 있고, 관중들은 거리에 서서 구경을 하고 있다. 무대는 나무오리와 목판으로 얽어 만들었고 주위에는 난간이 처져 있다. 무대 뒤에는 따로 희방이 딸려 있는데 등장문과 퇴장문이 앞무대와 연결되어 있다. 또 거리 한 켠에는 나무오리와 목판으로 두 군데에 여자 좌석이 마련되어 있는 데 위쪽은 휘장으로 가리었다. 자리에는 많은 여성관객이 앉아 있다. 거리 주위의 점포에는 술집에 관람객으로 붐비고 있는데 거리 전체가 공연장인 내용을 담고 있다.

44) 『남순도南巡圖』: 강희제가 1689년에 두 번째 남순 길에 올라 경사를 떠나 연도를 따라 지나간 산천 성지城池 명승고적 등을 그리고 있다. 매 권마다 강희제의 모습이 나온다. 작품은 선명한 색채와 완벽한 수법으로 사실적으로 자세하게 경과한 지역의 풍토인정과 농업 상업의 번영한 모습을 표현해 내고 있어 사료적 가치와 예술적 가치가 있다.

도대체 언제 악사석이 무대 중앙에서 지금의 오른쪽 날개로 위치를 옮겼을까? 그것은 확실하지는 않지만 아마도 시대가 내려오면서 악대에 여러 가지 새로운 악기가 추가되어 무대 안쪽은 수용할 수 없게 되지 않았을까?

현재로서는 객석에서 보았을 때 무대 오른쪽 날개에 고수를 중심으로 하여 객석 방향에 문장, 안쪽에 무장이 배치되어 있다. 지방극 가운데는 악사석 전체가 객석과 무대 사이에 보이지 않게 배치되어 있는 것도 있지만, 무대의 오른쪽 날개에 문장, 왼쪽 날개에 무장으로 구분되어 있는 것도 볼 수 있다. 아마도 전자는 서양 오페라의 오케스트라 박스를 모방했을 것이다.

그런데 고수의 '움직임을 살린다는 활척촌活尺寸'의 모습은, 가령 격투 장면인 경우는 어떨까?

그때까지 이어진 경호음에 맞춰져 있던 무대는 건조하고 높고 날카로운 단피고의 음을 신호로 삼아 단숨에 긴장시킨다. '덩더쿵 덩더쿵 덩더쿵 덩더' 하고 고수가 치는 단피고의 음이 신호가 되어 무대를 움직인다. 단피고와 박판에 의해 생겨나는 템포와 리듬이 무대 전체를 리드한다.

배우는 단피고와 박판의 음에 맞춰 동작을 연출한다. '덩쿵덩쿵 덩' 하고 단피고가 빨리 치면 칠수록 배우의 행동은 격렬함을 더해간다. 격투동작이 멋들어지게 되는가 안 되는가는 고수의 솜씨에 달렸다.

창과 창의 싸움, 공중을 날고 공중제비를 한다. 던져진 적의 창을 자신의 창으로 정확히 막아내고 창끝을 빙글빙글 돌리면서 쓱 적에게 던진다. 전후로 차례대로 던져진 창을 입으로 받고, 두 손으로 받아 들거나 두 발로 받는다. 이윽고 창 4개를 장단에 맞춰 상대방에게 되던진다. 여기에서 '띠' 하고 단피고가 끼어든다. 양상을 해내는 배우에게 관객석에서 '좋다'라는 소리가 터져 나온다.

무대 왼쪽에서 등장한 배우는 공중제비를 하면서 무대에 엎드린다. 다음에 등장하는 배우도 또 그 다음에 등장하는 배우도 공중제비를 하면서 공중을 날며 앞서 등장한 배우의 옆에 엎드린다. 10인 이상의 배우가 무대 왼쪽에서 많은 염주처럼 늘어서서 엎드린다. 마지막으로 무대 왼쪽에서 등장하는 인물은 손오공, '데굴데굴' 하고 단피고의 음에 맞춰 빙그르 회전한다. 단피고의 템포가 빨라지면 회전하는 속도도 빨라진다. 이윽고 '띠' 하고 '북채' 두 개로 단 피고를 두드리면 손오공은 일단 무대 왼쪽 뒤로 사라진다.

다시 '덩쿵 덩쿵 덩' 하고 두 개의 북채가 동시에 단피고를 치면 무대도 관객석도 일순간 침묵하고 숨을 죽인다. '얏!' 하는 날카롭게 터져 나오는 소리, 손오공이 무대 왼쪽에서 무대 중앙을 향해서 단숨에 달려 나온다. 두 손을 무대에 대고 한 바퀴 두 바퀴 그리고 옆으로 도는가 하면 다음으로는 두 손을 쓱 앞으로 펴고서 무대에 엎드린 배우들의 위쪽을 난다. 여기서도 데굴데굴 2회전, 3회전, 배우들 위로 회전하여 뛰어넘어 무대의 왼쪽 앞(관중석에서 보아 오른 쪽 날개)에 내려선다.

여기서 손오공은 단피고의 음에 맞춰 자세를 바로잡은 뒤, 객석으로 머리를 향한다. 그러면 고수의 단피고가 '띠' 하고 울린다. 손오공의 눈이 쑥 떠진다. 회장 전체의 이목은 무대에서 양상亮相하는 손오공 한 사람을 향한다. 시간이 흐름을 멈춘다. 다음 순간 객석 여기저기서 양상을 해내는 손오공에게 일제히 '잘한다!'라고 외친다.

긴장을 풀 순간을 기다렸던 객석의 흥분은 끙, 하고 신음소리를 내는 것처럼 단번에 극장 전체에 가득차게 된다.

이거야말로 연극광에게 있어 더없는 행복의 순간이다. 바로 고수는 무대뿐만 아니라 객석을 손바닥에 안에 올려놓고 극장 전체를 자유자재로 조정해 버린다.

만일 단피고와 배우의 움직임이 맞지 않는다면 그야말로 무대는 엉망이 된다. 배우가 양상을 해내려 해도 해낼 수 없다. 그것 뿐만이 아니다. 두 손으로 때에 따라서는 오른 손에 든 북채로 단피고를 치고, 왼손에 든 박판으로 노래 리듬을 맞추는 고수가 문장 연주의 완급·연극의 흐름의 강약뿐만 아니라 배우의 노래·대사·동작·무술(격투)·배우의 등퇴장·얽혀짐·막간 휴식·연극의 종연終演까지를 지휘한다.

당연히 무대 전체가 움직이는 것도 멈추는 것도 단피고의 음 하나에 따른다. 고수의 북채 솜씨.

센다千田가 말하는, '시간의 흐름을 늘이거나 줄이거나 초월하게 하거나, … 새로운 연극 공간이나 시간을 훌륭하게 창조' 해내는 '사제司祭'라고 할 수 있는 존재가 고수이다.

그러므로 무대가 훌륭하고 그렇지 못하고는 고수의 수완에 달려 있는 만큼, 예로부터 명배우의 무대는 특정한 고수가 맡았던 경우가 많았다.

무장武場에 있어서 각종 타악기는 그 악보인『나고경鑼鼓經』에 따라서 때로는 강렬하게, 때로는 조용하게, 때로는 단독으로, 때로는 몇 개인가의 악기가 일제히 울린다. 이 음은 황제의 어가 출타·장군의 출진·그윽하고 조용한 정경·비장한 모습·득의만면한 모습·어둠 속에서의 격투·연인의 이별·망망한 광야·대군과 대군의 대접전·천상의 세계·패배 뒤의 비참한 도망·군마의 소음·무덤을 내리치는 비와 바람·수북이 내려 쌓인 눈 등을 표현하여 무대 위에 펼쳐지는 모든 '연극 공간이나 시간을 멋들어지게 창조하는' 것이다.

문장의 악기들은 그 주력이 경호, 즉 호금이다.

이 악기는 서역이라고 하는 중앙아시아 방면에서 중국으로 들여온 것으로 알려져 있다. 경극에서는 경극 이전부터 행해져 온 곤곡 등의 옛 연극을 모방하여, 초기의 단계에서는 노래의 반주에 피리를 사용하는 경우가 많았던 것 같다. 그러나 경극 초창기의 명배우의 한 사람인 정장경程長庚(1811-80)[45]이 피리를 바꿔 경호를 사용하기 시작한 데서부터 이것이 인기가 있어 결국에는 가창을 반주하는 주요 악기가 되었다고 한다.

19세기 말부터 20세기 초엽에 걸쳐 희곡 음악의 제 1인자로 알려진 방병충方秉忠은 청조의 조정 내에 있던 일종의 '청조황실어용극단淸朝皇室御用達劇團'이라고도 할 수 있는 남부南府에서 희곡 음악을 가르치고 있었던 데, 그에 대해서 다음과 같이 평가되고 있었다.

> 피리를 전문으로 하였지만 경호는 솜씨가 없었다. 그 원인은 방선생의 어린 시절 연극 반주에는 피리가 주로 사용되었고 경호는 사용되지 않았기 때문이다.[46]

또한 방선생의 스승이었던 왕진귀王進貴도 피리의 명수였다. 그의 전성기라고 하니까 19세기 중엽 무렵이겠지만 당시 악대의 명인을 들라면, '북(鼓)에는 유劉, 피리에는 왕王, 나팔에는 장張'[47]이라 했다고 한다. 여기에 열거했던 서란원의 회상에 의해서도, 가창의 반주에 경호

45) 정장경程長庚(1811-1880): 이름은 춘椿. 문무노생에 정통하며 동광 십 삼절의 하나이다. 장이규·여삼승과 함께 노생 삼정갑老生三鼎甲으로 불리는데 그 가운데 우두머리이다. 휘조의 영수이자 경극의 비조로 평가받는다.

46) 徐蘭沅, 『徐蘭沅操琴生活』 第一輯(北京: 中國戲劇出版社, 1980), 6쪽. (原註)

47) 徐蘭沅, 『徐蘭沅操琴生活』第一輯(北京: 中國戲劇出版社, 1980), 98쪽. (原註)

가 본격적으로 사용되었던 것은 근래 백년 정도이다. 덧붙이자면 가창의 반주에 이호二胡를 사용하기 시작한 것은 매란방梅蘭芳(1891-1961)부터이니 1923년경 무렵이다.

경호가 사용하게 된 원인에 대해서 무라마쓰(村松一彌)는 "가창의 반주 악기로서 음색이 가장 사람의 소리에 가깝고, 중국 음악의 독특한 미묘한 음정의 엇갈림을 연주할 수 있기 때문이다."[48]고 지적한다. 무라마쓰에 따르면 "중국인은 집요하게 인간 그대로의 소리에 가깝게 하고자 하여 각 극종에 따라 호금의 형상·재질·대소가 다른 것도, 그 토지마다의 인간의 발성·성색聲色에 가능한 맞추려고 한 결과에 다름 아니다"라고 한다.

바꿔 말하자면, 광대한 중국 각지의 방언이 다르다는 것은 '그 토지마다의 인간의 발성·성색'이 다르고, 그것이 '호금의 형상·재질·대소'의 차이로 연결되고, 결국은 지방극의 차이가 생겨났다고 하겠다. 말하자면 중국에서 지방극 극종의 풍부함은 단적으로 말해서 중국 각지에 얼마나 많은 방언이 사용되고 있는지, 그 방언을 사용하는 '지역마다 인간의 발성, 성색'이 얼마나 다른지 그리고 어떤 방언도 독자성을 지켜왔음을 역설적으로 증명하는 것이 될 것이다. 그렇다고 보면 표준어라고 하는 일종의 인조언어로 중국을 일원적으로 묶어버리는 것은, 중국 각지의 풍부한 지방극의 쇠퇴를 가져올 위험성을 안게 되는 셈이다.

연극광인 나는 단호하게 중국의 지방극이 지켜졌으면 하지만, 중국의 국가 발전의 측면에서는 전국을 통일시키는 말이 불요불가결하다. 이러한 모순을 어떻게 할 수는 없을까.

---

48) 村松一彌 저,『中國の音樂』(勁草書房, 1965). (原註)

* 경극에 사용되는 주요 악기(작가 그림) (날라리(嗩吶) 월금 단피고 경호)

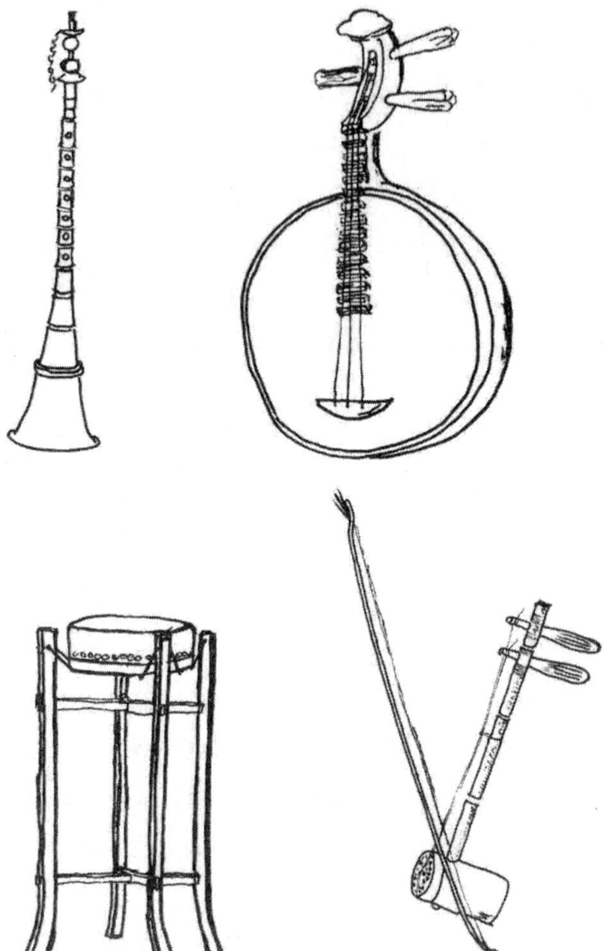

경극에 사용되는 호금은 '경호京胡'라고 불린다. 재질은 나무와 뱀 가죽이다. 중국 전역에서 사용하고 있는 호금 가운데 가장 소형이며 가장 높은 음을 내는 부류에 속한다. 이는 경극을 낳은 북경이라는 토지에 사는 '사람의 가공하지 않은 육성'은 중국에서 가장 높은 음역에 속한다는 이야기가 될 것이다. 그러고 보니 분명 토박이 북경어는 무엇인가 굉장히 날카롭고 높다.

경호의 형태와 재질을 설명하면, 직경이 5㎝, 길이 10㎝ 정도의 대나무 통에다, 한쪽에는 뱀가죽을 씌웠고 한쪽은 비어 있는 그대로, 뱀가죽을 씌운 쪽의 끝에서 3㎝ 정도쯤에 네다섯 개의 마디를 지닌 40㎝정도의 대나무 막대가 끼워져 있다. 고치실을 꼬아 합친 두 갈래의 현(피아노선을 사용하는 경우도 있다)을 말총을 늘려서 만든 활로 문질러 합친다. 팽팽하게 문지르면 높은 소리를 내기 때문에 송진을 바른다.

그래서 음이 크고 날카로운 소리가 난다. 서툰 하수가 켜면 키이키이, 이것을 살계음殺鷄音이라 한다. 결국 목 졸라 죽이기 직전 닭은 단말마적인 소리를 낸다. 그러나 명인 고수가 켜면 이것은 '인간의 육성'에 가까운 묘한 음이 된다. 아니 중국인의 귀에만 묘한 음으로 들릴지도 모른다. 어쨌든 처음으로 접하는 사람에게는 소음의 원흉으로밖에 들리지 않는 음이니 기분 좋게 울리지 않는 한 연극광에로의 길은 멀고도 먼 것일 뿐이라고 단언해 두자.

크고 날카롭고도 처량한 음을 내는 경호와는 다르게 우아한 음을 연주하는 피리나 생笙이 가창 반주로서 사용되는 경우도 있지만, 그것은 경극 이전에 성행했던 문인들이 좋아했던 곤곡이라는 연극을 연기하는 경우에 한한다. 역시 경극에는 경호밖에 없다.

문장文場은 원칙적으로 배우가 가창할 때의 반주, 즉 배우의 목소리에 맞추어 연주하는 것이다.

다만, 이외에 극중에서의 배우가 이동하거나, 의복을 바꿔 입는다든가, 청소하든가, 바느질(전족용의 신발에 자수를 놓는 등)한다든가, 또는 머리를 빗는 정경을 리드미컬하게 보이기 위해서 배우의 연기에 맞춰 연주하는 경우가 있다. 이것은 용투를 설명할 때 열거했던 곡패曲牌라는 것이다.

곡패가 연주되면 배우는 동작을 행한다. 배우가 움직이면 곡패가 연주된다. 그래서 배우는 곡패에 조정된 것처럼 연기를 반복한다.

『경극음악소개京劇音樂紹介』에 따르면 황제를 알현하러 가는 것, 그 뒤에 귀가, 집안의 소제, 황제나 황후의 출어의 경우에는 '소개문小開門', 미망인의 망부의 묘 소제는 '곡황천哭皇天', 낭자가 바느질하거나 남녀의 만남은 '유청낭劉靑娘·해청가海靑歌', 호금곡패胡琴曲牌·적자곡패笛子曲牌 등을 합하여 곡패의 종류는 20가지를 넘는다.[49]

이밖에도 경호 이외의 문장 악기에 따라, 말하자면 삼현이나 월금으로 달 아래의 유현한 모습이나 밤의 어두컴컴함을, 피리로는 풍아한 모습이나 목가적 정경을, 날라리(쇄납瑣吶)나 해적으론 격렬한 모습·행군·사냥·결혼식·황제 어가 출두시의 의전 참가·새나 짐승의 우는 소리[50] 등을 표현한다.

49) 劉吉典 編著, 『京劇音樂介紹』(音樂出版社, 1960), 32-64쪽. (原註)

50) 劉吉典 編著, 『京劇音樂介紹』(音樂出版社, 1960), 65-84쪽. (原註)

4. 목소리 그 자체가 음악이다 : 성강聲腔·염백念白

청희聽戲로서의 경극의 진수는 마땅히 배우의 목소리에 있다. 고래로 명우라고 부르는 배우들은 누구라도 자신의 목소리의 특징을 살려서 독특한 가락(억양)을 완성시켜 일파를 수립하였다.

노생의 경우 남의 눈을 끌 정도로 특이하게 노래하여 작음, 즉 목이 쉰 목소리라는 약점을 역으로 살려서 기파麒派를 수립한 주신방周信芳, '달콤함·매끄러움·감칠맛·유창함을 의미하는 '첨甛·윤潤·감酣·창暢'의 넉자로 표현되는 평온하고 간드러지게 노래하는 양식인 마파馬派의 창시자인 마련량,[51] 증조부 이래의 전통을 지킨 명문 중의 명문인 담가譚家를 지키면서 가예家藝인 담파譚派를 계승하여 노래 양식과 더불어 성실한 일생을 보낸 담부영,[52] 단旦에 눈을 돌리면 중국의 지보至寶라고 불리고, 경극을 중국의 연극에서 세계의 예술의 영역으로까지 끌어올렸다고 이야기되는 화려한 노래 양식인 매파梅派의 창시자인 매란방梅蘭芳, 비극을 절절하게 애처롭게 노래하는 정파程派의

---

51) 마련량馬連良(1901-1966): 노생배우. 자는 온여溫如 호는 고력헌주古歷軒主. 회족 출신. 사대수생四大鬚生의 하나이다. 마련량의 연기는 회해詼諧하고 여유롭고, 창강·주공·복장 등의 면에서 새롭게 창조해냄으로써 마파라 칭한다.

52) 담부영譚富英(1906-1977): 북경출생으로 본관은 호북湖北 무창武昌이다. 경극 노생 배우로 담흠배譚鑫培의 손자이자 담소배의 아들로 배우집안의 출신. 노생배우로서 이름은 예생豫生이다. 사대 수생의 하나이다. 일찍이 부련성사富連成社에 들어가 처음엔 무생을 공부하다가 노생으로 바꿨다. 담부영의 목소리는 청량하고 감미롭고 박력이 넘쳐나고 정서감이 넘쳐나며 시원스럽다. 조부 담흠배譚鑫培가 창조한 담파譚派 노생老生의 예술적 기풍을 계승하였다. 북경경극부단장을 역임했다.

정연추,[53] 정淨에서는 깨진 종소리 같은 목소리로 노래하는 금파金派인 금소산,[54] 성량이 부족하지만 성실하게 노래하는 구파裘派의 구성융,[55] 축丑에서는 경극계의 만물박사격인 경묘輕妙·소탈한 목소리로 알려진 소파蕭派의 소장화[56] 등이 있다.

그렇지만 그들 혼자서 독자의 일파를 수립시킨 것은 아니다. 그 뒤에는 재능 있는 극작가와 명인 상수라고 일컬어지는 경호의 안내격인 금사[57]가 있다. 예를 들면 "경극배우京劇俳優·매란방梅蘭芳"이라는

---

53) 정연추程硯秋(1904-1958): 단각旦角 청의靑衣 배우로 원명은 승린承麟. 만주족출신. 목청은 선천적으로 좋지 못했으나 노력과 공부로 고쳐, 독특한 가락에 의한 발성을 확립하여 창법에서 정파(程派)라는 일파를 창시했다. 그 소리는 낮고 탄력이 풍부하여 때로는 샘물이 세차게 내뿜듯 하였고, 때로는 마치 거미줄과 같았으며, 비극의 여주인공역에 재능을 발휘하였다. 왕요경王瑤卿의 문하생이 되어 그 용모와 우아한 품위로 순식간에 인기를 획득했다. 경극 단각旦角배우. 상소운·매란방·순혜생과 함께 경극을 융성케 한 '4대 명단四大名旦' 중 한 사람이다. 전국인대대표·중국희극협회이사회주석단위원·중국희곡연구원부원장을 역임하였다.

54) 금소산金少山(1890-1948): 동추화검銅錘花臉 배우. 이름은 중의仲義. 만주족출신. 어려서부터 아버지 김수산에게서 연기수업을 받음. 1912년에 상해에서 매란방과 『패왕별희』를 합연하여 금패왕이란 칭호를 얻음. 동추화검과 가자화검架子花臉의 엄격한 한계를 타파하고 동추 가자 화무花武를 하나로 융합시켜 경극사상 첫 번째의 창념주타를 전면적으로 발전시킨 완벽한 화검유파를 창시하여 세칭 금파라 칭함.

55) 구성융裘盛戎(1915-1971): 동추화검 배우. 원명은 구진방裘振芳이다. 그는 부친의 창강창법을 바탕으로 금소산파의 연창기교와 학수신 후희서파의 연기예술을 흡수하여 동추와 가자화검을 하나로 결합시켜 새로운 풍격을 일구어냄으로써 세칭 구파라 칭한다.

56) 소장화蕭長華(1878-1967): 경극 축각배우. 북경출생. 축역丑役의 거장으로 희련부성사喜富連成社에서 36년간 지도 감독을 맡아 후진을 양성함.

57) 금사琴師: 희곡용어로 호금 또는 경호를 연주하는 사람을 금사라 한다. 희곡악대에 금사와 고사가 가장 중요하다. 고사鼓師는 '사고司鼓' 혹은 '고로鼓佬' 라고도 한다. 중국 전통희곡 악대에서 고판을 연주하는 사람들을 지칭한다. 악대지휘는

일종의 예술 작품을 만든 것은 매란방 개인에 덧보태서, 경극의 이론가인 제여산이 있었고 금사琴師인 서란원[58]이 있었던 것이다.

여기에 들었던 명우들 가운데는 역시 매란방이 일본인에게는 첫째로 알려진 배우이다. 말하자면 1919년 이래 1924년·1930년·1956년 등 전후 4회에 걸친 일본 공연을 했기 때문이다.[59]

그 이후로 일본에서 매란방은 경극과 경극배우의 대명사가 되었고, 경극 하면 매란방이고, 매란방 하면 경극이었다. 마치 하나의 각인처럼, 그 화려한 예술을 무조건 극구 칭찬하지 않으면 중국 예술과 문화의 이해자로서는 실격이라는 풍조가 보였다. 다만 한 사람 아오키青木正兒만은 그러한 풍조에 반기를 들었다. 그는 1920년대 쓴 글 가운데서 단호하게 말하였다.

> 금세기에 때를 만나 드날리는 매모梅某가 장난꾸러기의 장난감인 피리를 불어 삐이삐이 하고 내는 소리를 듣고 싶지 않다.
> 저런 것이 인기를 끌다니 참으로 바보가 많은 북경이로군.

고사가 겸임한다.

58) 서란원徐蘭沅(1892-1977): 경극 금사琴師. 희곡 계에서 호금의 명인으로 꼽힘. 일생동안 담흠배·매란방의 호금 반주자로 이름을 날렸다.

59) 동경에서는 제국극장帝國劇場에서, 오사카에서는 나카노시마(中ノ島公會堂)에 공연하였는데 최초의 방일공연來日公演을 『요미우리 신문讀賣新聞』·『도쿄 아사히 신문東京朝日新聞』·『만 조보萬朝報』·『미야코 신문都新聞』·『오사카 아사히 신문大阪朝日新聞』·『코베 신문神戶新聞』·『관서일보關西日報』 등이 절찬하였다. 그 무대는 당시 동서의 가부키 배우들인 나카무라(中村歌右衛門, 5세), 이치무라(市村羽左衛門, 15세), 이치카와(市川左團次, 2세), 사와무라(澤村宗十郎, 7세), 마쓰모토(松本幸四郎, 7세), 모리타(守田勘彌, 13세), 나카무라(中村雀右衛門, 3세), 나카무라(中村鴈治郎, 1세) 뿐만 아니라 나가이(永井荷風), 나이토(內藤湖南), 가노(狩野直喜), 하마다(濱田耕作), 간다(神田喜一郎) 등 일류의 학자, 문화인까지 감탄시켰다.

> 인기배우 매란방 … 뭐야 저런 백분 냄새나는 여장남자 따위는 보고 싶지 않아.

그는 대신에 일찍이 정염추程艶秋로 불렸던 정연추程硯秋를 한사코 편들었다.

> 그보다는 얌전한 정염추程艶秋에 딱 어울리는 무대동작(做工)과 우수를 머금은 목소리의 윤택함, 그 사람은 분명 성공할 것임에 틀림없어.[60]

도대체 무엇이 아오키로 하여금 매란방을 이렇게 싫어하게 했을까?

매란방이 최초로 일본에 가서 공연한 1919년은, 중국의 근대 정신사를 논하는데 있어 빼놓을 수 없는 '5·4운동'이 일어난 해이다. 매란방은 4월 하순부터 5월 말까지 일본에 머물고 있었다. 즉 북경에서 학생들이 들고 일어난 당시 일본에서는 매란방을 '중일 친선의 꽃'으로 대환영을 했다. 사실 '5·4운동'의 원인은 그보다 4년 전에 일본 측이 중국 정부에게 들이댄 이치에 닿지 않은 '21개조 요구'가 아니었던가? 그 '21개조 요구'에 분노한 학생들이 북경에서 궐기하였다. 경극 같은 것을 관람할 시기가 아니었을 것이다. 정말 어울리지 않는 분위기 속의 '중일친선' 모습이었다. 다만 매란방의 일본 공연에서 '일본 중국 친선'의 모습을 장식하고자 하는 의도가 숨어 있었는지도 모른다. 그렇게 보면 일찍이 60년대부터 70년대 초기에 걸쳐 북경이 자주 쓴 '핑퐁 외교'[61]와 같은 표현을 쓰면, 틀림없이 '경극외교京劇外交'였을

---

60) 아오키(青木正兒), 東洋文庫 217『江南春』(평범사 , 1972). (原註)

61) 핑퐁 외교: 냉전이 한창이던 1971년, 중국 최고지도자였던 모택동이 일본 나고야(名古屋)에서 열렸던 세계탁구선수권대회에 참가한 미국 선수단을 중국으로

것이다. 그것도 연극 특히 중국의 국극이라고 불리는 경극이 지닌 기능의 하나였다고 말할 수 있을 것이다.

'경극외교'는 그렇다고 매란방의 전매특허는 아니다.

예를 들면, 70년대 중기 이래 상해나 북경에서 젊은이들 중심의 경극단이 일본에 가서 NHK 홀을 시작으로 일본 전국 주요 도시의 큰 홀에서 혁명현대경극을 공연하였다. 아마도 중국으로의 진출을 노리는 많은 대기업은 '중일우호'를 위해 값비싼 표를 할당받았음에 틀림없다. 경극 특히 혁명현대경극의 재미도 이해하지 못한 채, 업무 명령으로 관극 하였던 관객도 적지 않았겠지만, 그럼에도 객석만 채우면 '중일우호中日友好'의 격식은 갖춰지는 것이다. 그것이야말로 훌륭한 외교이다.

경극으로 대표되는 중국의 연극은 가극이라고는 했지만, 서양의 그것과 가장 다른 것은 작곡가가 하나의 연극, 하나의 가창에 맞춰서 곡을 창작하는 것이 아니라는 점이다.

> 각 극종마다 몇 개씩의 창강의 기본형이 정해져 있고, 즉 이미 만들어진 가락이 우선 몇 개가 있어 그 몇 개인가의 가락을 적당하게 조합하거나 변화시키는 방법에 의해 극작가는 자신의 작품의 의도를 살려 안배하고서, 거기에 가사를 붙이고, 배우는 그렇게 해서 만들어진 극중의 가곡에 다시 자신의 해석을 덧붙여 창강을 창출해 낸다. 따라서 사실상 극작가는 대개가 극단 전속 작가의 형태로 배우 그리고 반주를 맡는 악대의 악사와의 공동 작업을 통해 하나의 작품을 만들어내는 것이 보통이다.[62]

초청하면서 이뤄졌다. 이를 계기로 오랫동안 적대적으로 대립해 왔던 미국과 중국은 1972년 정상회담을 거쳐 1979년 미중 수교를 달성했다. 이는 탁구공을 매개로 한 외교라 하여 '핑퐁외교'라 불린다.

62) 村松一彌,『中國の音樂』(勁草書房, 1965). (原註)

요컨대 작곡가의 의도가 음악에 강하게 반영되는 서양음악 오페라와는 달리, 경극의 가창은 배우와 반주자 이 두 연출자의 해석과 의도에 크게 좌우된다.

창강의 기본이 라음을 축으로 도음과 미음으로 노래 부르는 서피西皮와 레를 주음主音으로 솔음과 라음을 배합하여 노래 부르는 이황二黃 등이 있다. 전자는 경호의 현을 '미'와 '라'에 맞추고 '고항高亢·격월隔月·명쾌明快·유창流暢'한 감정을 표현하고, 후자는 레와 솔로 현을 조율하여 '심침深沈·혼후渾厚·온건穩健·서전舒展'한 느낌을 낸다. 일반적으로 비장·비애의 감정을 호소하는 장면에서는 이황으로, 비분·격앙되고 열정을 토로하는 때에는 서피로 각각의 감정과 장면에 따라 노래 부른다.

물론 이것은 원칙에 지나지 않는다. 리듬을 취하는 판식이 달라짐에 따라 이 원칙은 천변만화하게 된다.

판식의 판이란 고수가 맡는 박판이다. 박판에 따른 리듬을 판식이라고 부르고 이것이 반주의 속도의 기준이 된다. 판식에는 4분의 4박자인 만판慢板·4분의 2박자인 원판原板·4분의 1박자인 유수판·쾌판을 기준으로 하여 거기에서 변화된 도판導板·쾌삼안快三眼·요판搖板·이륙판二六板 등의 종류가 있다. 그래서 서피는 안기眼起(약한 박자로 시작함을 의미)로 노래하고, '도' 혹은 '라' 음으로 노래를 끝낸다. 이황의 경우 노래를 시작할 때는 판기板起(강한 박자로 시작함을 의미)로, 끝낼 때는 '솔'이나 '레'로 끝마치도록 되어 있다.

일반적으로 비분·분노의 감정은 도판, 애절·침울한 것에는 만판, 마음이 평온함에는 원판, 격앙되거나 꺾이는 마음은 산판이나 요판을 사용하듯이 판식도 또한 미리 결정되어 있다.

여기서 주의할 것은 서양음악에 대부분 사용되고 있는 3박자가 보이지 않고 있는 것이다. 용투를 설명하는 부분에서도 지적하였던 좌우 대칭 원칙은 실은 판식에도 만들어져 있다. 경극이란 어디까지나 좌우 대칭이 아니면 안 된다.

동시에 오쿠노가 지적하였던 '극도의 형식적 규정'과 '내용의 아름다움'이 또한 여기에도 살아 있다.

'극도의 형식적 규정'에 따르고 있다고는 해도, 노래 부르는 사람인 배우가 다르면 배우의 목소리가 내는 가창의 '내용의 아름다움'에도 차이가 난다. 어느 배우든 금사琴師의 협력을 얻어 자신의 목소리의 특질을 만들어낸 독특한 노래 양식을 완성하여 일파를 구축하게 된다. 그의 목소리 양식에 동경하여 그를 스승으로 모시고 기예를 배우는 데 열심히 해도 그와 완전히 똑같이 노래 부르는 것은 아니다. 제자도 또한 자신의 독특한 노래 양식을 완성시키지 않으면 안 된다.

중국에는 일본의 예사(개인적으로 배우는 예능)에 있는 것처럼 예도藝道의 전통傳統을 계승하는 제도 같은 것은 없다. 예능藝能의 전통을 계승하는 것으로 상징되는 고정된 예능도 없다. 예란 스승에서 제자에게로 제자에서 손제자에게로, 천변만화하기 때문에 항상 창조되면서 계승되는 것이다. 경극배우는 누구도 초대인 셈이며 자신이 예능의 창시자이자 최후의 보유자이다. 따라서 경극배우의 세계에는 제2대 제3대 등의 형태로의 예능의 계승자는 없다. 매란방의 아들들이라고 해서 '2대 매란방'이란 이름을 이어받는 것이 아니다. 중국 예인들의 입장에서 보면, 선대의 이름을 이어받고자 하는 정신을 이해하지 못하는 것은 아닐까. 그들에게는 자신만이 가지는 한 가지 예능, 다만 그뿐인 것이다.

가창 다음으로 목소리의 좋고 나쁨이 분명하게 되는 것은 염백念白·도백道白이라고 하는 대사이다. 여기에는 방언백方言白·경백京

白·운백韻白의 3가지가 있다.

연극이 생겨난 지방의 방언으로 말하는 것을 방언백이라 한다. 이것은 축丑만이 입에 올릴 수 있다. 경극의 경우 원칙은 경백, 즉 북경어로 말한다. 주역을 맡아 연기하는 배우는 주로 가사를 통해서 전달하려는 극의 주제와 극의 진행 상황을 전하고, 축은 우스운 동작으로 관객과 공통되는 말로 전한다. 경극에서는 극의 무대가 된 지방의 방언을 끼어 넣어서 극의 무대가 되는 지역을 암시하기도 한다. 관객도 알아들을 수 있는 일상 사용되는 평이한 말로 극의 주제를 해설하는 중요한 임무를 맡고 있는 것이, 축丑이고 방언백이라는 것이다.

다시 말하면 축과 방언백은 무대와 관객을 연결하는 중요한 역할을 맡고 있는 것이다.

경극의 경우, 경백과 방언백를 혼용하는 것을 '절구切口[63]'라고 경시하는 경향도 있지만 실제로는 '절구'를 사용하여, 극의 무대가 되는 지방의 지방색을 표현할 수가 있다.

다음으로 운백인데 이것은 운율을 맞춘 대사로서 축丑 이외의 항당의 대사에 사용된다. 이들 항당은 주로 가창 극을 전개시키는 것이지만 운을 밟은 가창에 맞추듯이 대사에도 운을 밟고 어조도 발음도 음악화시키고 있다.

방언백·경백·운백이 교대로 말해짐으로써 무대에 이완과 긴장을 일으키며, 관객을 따분하게 하지 않는다.

처음부터 마지막까지 '그러게 말이지'나 '여보게 기다리게'라는 식으로 계속 대사만 주고받으면 객석의 흥미를 언제까지나 지속시킬 수

63) 반절半切을 이용하여 만든 어휘(詞語)로 북경방언이나 오吳 방언에서 볼 수 있음. 북경방언의 경우 '일一'을 '야기也基'로 말하는 것이나 오 방언에서 '일一'을 '울결鬱結'로 말하는 것과 같다.

없다. 가장 중요한 건, 떠돌이 행상인 역을 맡은 축에게 '자, 북경으로 가야지'라는 투로 말하게 하면, 진행되어야 하는 줄거리도 앞으로 나가지 않게 되어 버린다. 관객을 싫증나게 만들기에 그만이다. 그래서 방언백方言白·경백京白·운백韻白을 적절하게 구분하여 사용하게 된다.

그런데 배우는 상장 문에서 무대에 등장하고, 무대 중앙으로 나와서, 자리에 앉기 전에 '인자引子'라고 부르는 운문을 읽고, 지금 어떤 정경인지를 읊는다. 여기에서 자신의 처지를 말하면서 자신의 출신 등을 설명한다.

이어서 인자에 가까운 역할을 지닌 '상장시上場詩'가 읊어지는데, 그 역할은 엄밀하게 인자와 큰 차이가 없다. 인자와 상장 시가 끝나면 단피고가 '쿵타 턱' 하면 이것을 신호로 배우는 위의를 갖추고 자리에 앉는다. 여기에서 '정장시'를 읊는데 이것은 인자를 보충하는 동시에 자신이 누구인지, 어떤 처지에 놓여 지금은 어떤 입장에 처했는지를 설명하는 것이다.

인자·상장시·정장시 등이 끝나면 마침내 여기서부터 연극이 시작된다. 그리고 창이 있고, 염백이나 도백이 있다. 이외에 일장이 끝났을 때 말해지는 '하장시'도 있다. 그것은 '바로 다음과 같은 것이다'라고 말하는 것으로 시작되는 경우가 대부분이다. 극의 주제를 총괄하는 의미가 있고 독백의 형태로 상대방에게 말을 건넨다. 또는 두 사람이 교대로 말하기 때문에 '대구對口'라든가 '하장대련下場對聯'이라고도 한다.

창사는 모두가 운을 밟고 있다. 그렇지만 한시만큼 엄격한 것은 아니며 전부 13종류 이를 13철轍이라고 말해지는데 '요搖(Yao)·조條(Tiao)', '발發(Fa)·화花(Hua)', '인人(Ren)·진辰(Chen)', '유由(You)·구求(Qiu)', '칠七(Mie)·사斜(Xie)', '고姑(Gu)·소蘇(Su)', '강江(Jiang)·양陽

(Yang)', '회懷(Huai)·래來(Lai)', '중中(Zhong)·동東(Dong)', '일一(Yi)·칠七(Qi)', '언言(Yan)·전前(Qian)', '회灰(Hui)·퇴堆(Dui)', '사梭(Suo)·파波(Bo)'의 13종류. 즉, 창사의 끝의 한 문자를 이들 13개의 운으로 맞추려는 것이다. 이 원칙은 모든 한자의 음운을 일원적으로 질서를 부여하려는 것은 아니다. 예를 들면, '잔Zhan' 하고 읽어야 할 '전戰'을 '전轉'처럼 '좐Zhuan' 하고 읽는다든가, '펑Feng'이라고 읽는 '풍風'을 '풩Fweng'으로 노래한다든가, '숴Shuo'라고 해야 할 '설說'은 '쉐Shue'라고 한다든지 하는 식이다. 여러 가지 약속된 게 있다. 다만 그렇게 세세하게 약속된 것을 길게 써서 늘어놓는 것은 별 의미가 없을 것 같다.

그래서 최근 영화로 화제가 된 『패왕별희霸王別姬』[64]를 예로 들어, 그 점을 『매란방연출극본선집』[65]을 사용하여 간단하게 설명하고자 한다. 먼저 『패왕별희』의 전체를 간단하게 살펴보고자 한다.

『패왕별희』는 매란방梅蘭芳의 가장 자신 있는 공연 작품 가운데 하나이다. 진 멸망 후 천하를 유방[66]과 다투던 서초패왕 항우[114]는 유방

---

64) 『패왕별희霸王別姬』: 작자 미상. 초한楚漢의 전쟁을 배경으로 초의 패왕霸王 항우項羽와 우미인虞美人과의 이별을 그린 작품으로 『서한연의西漢演義』에 의거하였다. 1918년 『초한의 싸움』이라는 제목으로 초연되었다. 항우는 우미인과 여러 장군의 간언諫言을 물리치고 한군漢軍에서 투항해 온 이좌거李左車의 말만을 믿고 출병한다. 하지만 그것은 한의 군사軍師 한신韓信의 모략이었다. 유인된 항우의 초군楚軍은 복병에 의하여 해하垓下에서 포위되어 사면四面에서 초가楚歌를 듣는다. 항우는 "초나라는 이미 망한 것인가?"하고 애마愛馬를 어루만지며 장탄식하고, 우미인은 작별의 시간이 왔을 때 칼을 들고 춤을 추다 자진自盡한다. 혼자 탈출한 항우도 오강烏江에서 자결하고 만다.

65) 中國戲劇家協會 編輯, 『梅蘭芳演出劇本選集』(中國戲劇出版社, 1961). (原註)

66) 유방劉邦(B.C. 256-B.C. 195): 중국 한漢나라의 제1대 황제(재위 B.C. 202-B.C. 195). 진나라 말기에 군사를 일으켜 진왕으로부터 항복을 받았으며, 4년간에 걸친 항우와의 쟁패전에서, 항우를 대파하고 천하통일의 대업을 실현시켰다.

휘하의 지장智將인 한신의 계략에 의해 드디어 해하의 땅으로 유인된다.

경극 『패왕별희』는 여기서 막이 시작된다.

먼저 한신[68]이 등장하여 다음과 같이 말한다.

> 지금 항우는 세력이 고립되고 약화되어 승패는 바로 이번 싸움에 달려 있습니다!

한신이 무대를 퇴장하면 그곳은 그대로 항우의 막사가 된다. 이것이 경극의 묘미이다. 어떤 무대장치도 없기 때문에 장면 전환은 순식간에 이루어진다.

길게 늘어뜨린 아주 검은 콧수염, 두 눈 주위와 코 아래 검은 색을 제외하고는 진한 백색, 양 눈 사이에는 까맣게 칠해진 3개의 창 형태의 모양은 한가운데가 천천히 굵게 되면서 이마 위로 뻗어 나가 좌우 두 줄은 각각 곡선 모양으로 얼굴 좌우에 뻗어 나가는 이러한 검보의 항우가 등장한다.

전장이기 때문에 의상은 갑옷을 나타내는 남고男靠를 입고 있다. 그러나 전투 장면은 아니기 때문에 군대를 통솔하는 전진에 임하고 있는 것을 나타내는 삼각형의 고기靠旗는 등에 지고 있지 않다.

한신에게 걸려들었음을 안 항우는 말한다.

---

67) 항우項羽: 중국 진秦나라 말기에 유방劉邦과 함께 진나라를 멸망시키고 중국을 차지하기 위해 다툰 무장이다. 진나라가 혼란에 빠지자 봉기하여 진군을 도처에서 무찌르고 관중으로 들어갔다. 진을 멸망시킨 뒤 서초 패왕이라 칭했으나 해하에서 한왕 유방에게 패배하자 자결했다.

68) 한신韓信: 중국 한漢나라 초의 무장. 초나라의 항량 항우를 섬겼으나 중용되지 않아 한 왕 유방의 수하가 되어 대장군이 되었다.

이가 갈리는 나쁜 놈 한신, 잡아다가 칼로 토막을 내리라.

그러나 싸움에서 적 쪽에 유리한 것을 안 가신은 항우의 경거망동을 막고자 해서 그를 설득하도록 우희[69] 있는 곳으로 달린다.

여기에서 항우項羽와 가신인 우자기[70]가 퇴장하면 무대는 다시 우희의 침소가 된다.

'띠 띠(더덕더덕)' 하고 작은 징이 울린다. 구룡구[71]에서 '앗 아이앗' 라고 거문고를 뜯는 것과 같은 애절함을 띤 우희의 목소리, 이윽고 『패왕별희』가 본격적으로 개막된다. 그렇다고는 하나 경극에서는 처음부터 막이 없기 때문에 개막이라는 것과 약간은 느낌이 다르다. 구룡구에서 배우가 소리를 지르면 개막한다는 신호이다. '띠띠' 하고 작은 징이 울린다. 이어서 '덩쿵덩쿵덩쿵' 하고 고수가 2개의 북채로 교대로 단피고를 치고 최후에는 두 개를 동시에 '탁' 친다. 그것이 신호다. 객석이 흥분으로 끓어오르지 않을 수 없다.

---

69) 우희虞姬: 중국 진秦나라의 무장 항우項羽의 총희寵姬. 항우가 '사면초가'의 막다른 상황에 다다르자, 최후의 주연을 베풀고 자진自盡했다고 한다.

70) 우자기虞子期: 항우 수하의 맹장으로 계포季布·종리매鐘離昧·영포英布·용차龍且와 함께 초나라 군대의 다섯 대장의 한 사람이자 우희와는 남매지간이다. 항우가 해하에서 패하자 끝까지 버티다 전사함.

71) 구룡구九龍口: 무대 전체의 폭을 前·中·後로 3등분하여 무대에서 관중석을 바라볼 때 무대 앞쪽 부분을 왼쪽부터 차례대로 세부분으로 나눠 각각 좌전左前 대구臺口 우전右前으로 구분한다. 중간부분 역시 각각 왼쪽부터 대변大邊 대중臺中 소변小邊이라 칭한다. 그리고 후면은 왼쪽부터 좌후左後 대후大後 우후右後라 하는 데 바로 이 우후右後를 구룡구九龍口라 부른다. 郭建英 편저, 『戱曲龍套敎材』(상해문예출판사, 1962), 16-17쪽. 무대고수가 앉는 자리를 구룡구라 하는 데, 배우들은 공연이 시작되기 전에 '구룡구'에 앉을 수 없었다. 이는 고수가 모든 공연의 총지휘자였기 때문에 함부로 북을 건드리면 공연에 혼란을 초래할까 우려한 금기였다.

경호京胡와 경이호京二胡가 '서피西皮 서개문西開門'의 패자牌子를 연주하면 그것에 맞추어 우희가 오른쪽에 4인, 왼쪽에 4인의 시녀를 딸리고 등장한다. 운명의 못된 장난인가, 요염하면서도 처량하게 아름답다. 전장이기 때문에 우희도 또한 약간 가벼운 복장인 갑옷을 가리키는 고靠를 입고 있다.

이윽고 무대 중앙으로 진출한 우희가 우선 인자引子를 말한다.

> ① 달빛 어슴푸레한데, 가을바람에 전하는 북 소리 적막하고 애처롭네.[72]

한 번 숨을 들어마셨다 내뿜으며 몸치장을 고치고 난 다음 시를 읊는다.

> ② 생각해 보니 전장 터에 나온 지 몇 년이 됐는지 모르겠네.
> 어느 때 고향에 돌아갈 수 있을까. 싸울 의욕 날마다 없어지는구나.[73]

여기에서 무대 중앙의 의자에 가볍게 앉아서 사랑하는 사람과 함께 이긴 해도 생각지도 못하게 농락을 당해서, 지금 바야흐로 몰락하려는 인생의 애환을 늘어놓는다.

> ③ 첩은 서초 패왕의 총애를 받고 있는 우희입니다. 부모의 은혜가 깊은 가운데 자라났고 어려서부터 책과 검을 가까이 했습니다. 대왕을 따라 동서로 전쟁 때마다 괴롭고 힘든 나날뿐. 언제 이 몸은 쉴 수 있을런지요.[74]

---

72) 원문은 '明滅蟾光, 金風裏, 鼓角凄凉.'『梅蘭芳演出劇本選集』, 107쪽.

73) 원문은 '憶自從征入戰場, 不知歷盡幾星霜. 何年得遂還鄉願, 兵氣銷爲日月光.',『梅蘭芳演出劇本選集』, 107쪽.

74) 원문은 '妾身, 西楚霸王帳下虞姬. 成長深閨, 幼嫻書劍; 自從隨定大王, 東征西戰, 艱難辛苦; 不知何日方得太平也!'『梅蘭芳演出劇本選集』, 107쪽.

이윽고 한신의 군대에 포위되어 승패는 누구의 눈에도 분명해졌다. 한신이 병사들에게 항우의 고향인 초의 노래를 부르게 하여 항우 군대의 병사들에게 고향이 벌써 적군에게 점령당했다고 생각하게 하여 전쟁 혐오 기분을 들게 만들었다는 유명한 '사면초가四面楚歌'의 장면이다.

> ④ 집안에는 부모님, 아침저녁 마다 자식 생각, 무사하게 돌아오길 기도할 뿐이로다.[75]

가까이 접근한 적군에게서 들리는 그리운 고향 사투리, 이 노래 소리를 들은 것은 깊은 밤, 망을 보던 4명의 병사, 시각을 알리는 큰 징이 '둥둥' 하고 울리는 가운데 등장한다. 이 네 명은 얼굴 한가운데를 하얗게 칠한 축이다. 아주 불안하여 진정되지 않는 모습으로 등장한다.

여기서부터 무대는 고향 생각에 젖어버린 병사들의 도망에 대한 상담이 된다.

> ⑤ 갑: 여보게들, 모두들 들었지.[76]
> 나머지: 무슨 말을.
> 갑: 우리들을 빙 둘러싼 녀석들의 노랫소리말야, 아무래도 고향 사투리 같은데, 이거 도대체 어떻게 된 거야?
> 나머지: 그래 무슨 일인지 도무지 알 수가 없어.
> 갑: 그래 난 알겠어. 이건 적 유방 군대가 우리 고향 초를 점령했다는 거야. 그래서 초나라에서 군사를 모아 온 게야. 녀석들은 모두 동향들이야. 그래서 녀석들 노래가 같은 고향 사투리를 쓰는 게지. 아마도 이런 뜻이겠지.

75) 원문은 '堂上撇得雙親在, 朝朝暮暮盼兒回.' 『梅蘭芳演出劇本選集』, 118쪽.

76) 원문은 '伙計們, 咱們聽見了沒有?'

을: 큰일 났다, 어쩌지.

병: 우리 대장님께서 분명 계략이 있을 거야.

정: 쳇, 대장님이 무슨 계략이 있겠어. 날이면 날마다 술만 먹고 있는데 계략은 무슨 계략.

갑: 그래. 그쪽이 말하는 대로야. 우리 대장님은 기대 안 해, 충언은 들을 귀가 없어. 학문은 없고. 이좌거[77] 같은 악당을 믿고 따랐다가 적의 올가미에 제대로 걸려들었어. 지금도 이 해하에 몰려서 매일 매일 초로부터의 원군을 기다리지만, 고향 초 땅도 유방에게 복속되어 버렸잖아. 원군 같은 건 안와. 아 도대체 어떻게 하면 좋을까?

을: 이러면 어때. 모두가 고향으로 도망하는 것이.

갑: 안 돼! 바보 같은 짓 하지 마. 우리 대왕님의 군중의 법규가 지독하게 엄격한데, 만일 잘못되기라도 해봐, 참으로 불쌍한 처지가 돼. 아- 제발. 보초다 보초 보초가 중요해.

일동: 자자. 망이나 계속 볼까.[78]

이렇게 말하며 끝맺는 병사들은 추위와 자신의 슬픔에 몸을 떨면서 무대에서 사라진다.

이것을 우연히 엿듣게 되는 우희, 항우의 천명도 다되었다고 생각한다.

⑥ 전원은 장차 황폐해지는데 주인은 돌아가지 않네.
천리 종군 누구를 위해서인가.[79]
…
전쟁터의 젊은이들 죽는 것은 쉽고.

---

77) 이좌거李左車: 조나라의 군사이자, 한신의 참모이며, 명장으로 불리는 이목의 손자이다.

78) 이상 '갑' '을' '일동'의 대사의 원문인용은 생략함. 『梅蘭芳演出劇本選集』, 119쪽 참조.

79) '漢兵(內唱 "楚歌") 田園將蕪胡不歸, 千里從軍爲了誰!', 『梅蘭芳演出劇本選集』, 120쪽.

십년 동안의 싸움에 돌아간 사람 없구나.[80]

항우와 우희의 운명은 이미 다했다. 두 사람뿐인 막사에서 잔을 기울인다. 서로 말은 하지 않지만 이것이 금생의 이별 잔이다.

여기에서 항우는 온힘을 쥐어짜듯 소리지른다. 목 깊숙하게 노래 부른다.

⑦ 아, 항우여, 항우여! 힘은 산을 뽑고 기력은 세상을 삼켰었지.
어찌된 일인지 때도 돕지 않고 애마도 앞으로 나아가지 않는구나.
애마여 너를 어떻게 할까.
우희여! 우희여! 그대를 어떻게 할까나?[81]

이 소리를 들은 우희는 항우를 위로 하고 두 개의 검을 손에 들고 춤을 춘다. 그리고는

'성패 흥망은 일순간, 마음 편히 하고 자리에 앉아 술잔을 들어요!'[82]

이 순간에도 항우군의 패배가 연달아 전해진다.

다시 우희가 노래한다.

⑧ 대왕이시여!
한나라 군대가 이미 진주하였소.
사면이 모두 초나라 노래 소리구려.

---

80) '漢兵 (內唱 "楚歌") 沙場壯士輕生死 十年征戰幾人回!', 『梅蘭芳演出劇本選集』, 120쪽.

81) 원문은 '項羽(擲盃) 咳! 想俺項羽呵!(唱"琴歌") 力拔山兮氣蓋世, 時不利兮騅不逝; 騅不逝兮可奈何, 虞兮虞兮奈若何!', 梅蘭芳演出劇本選集』, 122쪽.

82) 원문은 '成敗興亡一刹那. 寬心飮酒寶帳坐!' 『梅蘭芳演出劇本選集』, 123쪽.

군왕께서는 의기를 잃으셨으니
이 천한 계집이 어찌 살아남기를 바라겠어요![83]

안타깝고 괴로운 항우, 항우에게 칼을 달라는 우희.

안 돼. 그만 둬. 바보 짓 하지 마!

자신에게 타이르듯 말하는 항우, 그러자 우희는 기지를 발휘하여 말한다.

대왕! 적들이 … 적들이 쳐들어오고 있습니다.
어디, 보자!

순간 항우가 당황하는 틈에, 우희는 항우의 허리에서 검을 뽑아 들고 '에잇' 하는 소리와 함께 자신의 목을 벤다.

어느새 경호군이 등장, 말을 끄는 소리, 항우는 경호 병사와 함께 패하여 달아난다.

적군 대장을 베고 달아났지만 항우는 마침내 오강 언덕까지 쫓겨 간다.

이 머리는 적 유방에게 가져다 주어라. 천금의 가치가 있을 것이다.

이렇게 권하지만 막료는 말한다.

아니, 안되옵니다.

---

83) 원문은 '大王啊! 漢兵已略地, 四面楚歌聲. 君王意氣盡, 賤妾何聊生!', 『梅蘭芳演出劇本選集』, 123-124쪽.

이윽고 항우는 다음과 같이 노래한다.

> ⑨ 팔천의 자제들 모두 싸움에 죽었으니,
> 오강에 나루터 있다 해도 나 혼자 가지 못하겠네.
> 강동의 부로들을 무슨 면목으로 만나나
> 차라리 한 몸 죽어 남은 인생 끝내는 게 낫지.[84]

노래를 마치자 항우도 자신의 목을 벤다.

유방은 막료를 대동하고 등장한다.

> 제후의 예를 갖추어 항우 장례를 경건하게 치르도록 하라. 제 장수들은 병력을 이끌고 적의 땅 초를 평정하라. 각자 이제 전공을 세우시오!

이렇듯 호령한다. 이에 막료는 '예' 하고 대답한다.

여기서 '푸-' 하고 피리 소리가 울리며 『패왕별희』는 막을 내린다.

여기서 ①이 인자引子, ②는 상장시上場詩, 그리고 ③은 정장시定場詩이다. 인자와 상·정장시에서 광光(Guang)과 량凉(Liang)·장場(Chang)·상霜(Shuang)·광光(Guang)이 모두 '앙ang'으로 운을 맞추었다.

다음에 ④와 ⑥에서는 회回(Hui)·귀歸(Gui)·수誰(Shui)·회回(Hui)가 '회퇴灰堆' 운으로 맞추었다.

⑤가 방언 백이다. 이것은 운을 신경 쓰지 않고, 관객이 보통으로 이야기하는 말로 말하고 있다. 그러므로 관객에게 그대로 말의 내용이 직접적으로 전달되는 동시에 관객은 여기서 후, 하고 숨을 한번 돌리

---

84) 원문은 '八千子弟俱散盡, 烏江有渡孤不行. 難見江東父老等, (罷!) 不如一死了殘生.' 『梅蘭芳演出劇本選集』, 125쪽.

게 된다.

『매란방연출극본선집』에는 없지만 앞서 보았던 『패왕별희』에서는 4인이 주고받은 대사가 있다.

> 아이구, 아이구 추워서 잠잘 수가 없네!
> 그렇다면 엉겨 붙어서 자는 게 어때. 그쪽은 내 엉덩이를 베고, 나는 그쪽 엉덩이를 베개로, 그쪽 머리를 이쪽 엉덩이에 엉겨 붙어서 자는 게 어때?

이 대목에서 관객은 와, 하고 들끓는다. 도중에 우스개를 넣음으로써 『패왕별희』의 슬픔을 한층 더 부각시키는 것이리라.

5. 중국의 이야기 속의 이야기—극본

배우도 악사석도 고수의 북채 놀림에 따라 움직이고, 경호京胡의 음에 맞춰 배우가 멋지게 창사를 부르는 것만으로는 연극은 성립되지 않는다. 그 근본에는 극본, 즉 각본이 있다. 극본이 잘되고 못된 것도 또한 경극에 빠질 수 없는 중요한 요소이다.

예를 들면 원대에 유행했던 원곡을 볼 때, 극본은 일류 문학자의 손에 의해 만들어졌고 그것들은 희곡 문학으로서 역사적 평가를 받을 수 있었던 것이다. 그런데 경극의 대본은 극단의 이름도 없는 희극작가에 의해 쓰여진 경우가 허다해서, 일본의 중국 문학자들 대부분이 가볍게 여기고 있듯이, 희곡 문학으로서는 원곡 등과 비교할 수 없을 정도로 문학적 가치가 낮은 것 같다. 하지만 연극은 문자로 종이 위에 표현하는 문학이 아니다. 배우라는 인간의 육체를 통해 무대라는 공간에 표현되는 순간적인 예술이고, 거기에 배우의 육체로 묘사하는 비일상적인 세계이다. 때문에 경극의 극본을 문학적으로만 참작하여 훌륭한가의 여부를 평가하여서는 경극을 제대로 평가할 수 없음을 십분 이해할 수 있다. 극본의 문학적 가치를 그대로 연극으로서의 경극 평가에 적용시켜 생각하는 것은 약간 정곡을 비껴 간 것이라 할 것이다.

그렇다 해도 극본은 연극의 근본이고, 지은이의 의도나 사상이 체현되어 있다. 그러한 것이 극본인 것은 틀림없다. 그래서 역시 경극이라는 연극이 지닌 '사상성'을 알려면 극본의 내용을 검토할 필요가 있다.

연극 이론가로 알려진 도군기陶君起(1915-1972)는 『경극극목초탐京

劇劇目初探』의 '머리말'에서 경극의 극목을 대략 다음과 같이 분류하고 있다.

1. 침략에 반대하고 영웅적으로 적과 싸우는 광경을 표현한 것, 또는 충의 정절을 표현한 것.
2. 봉건 세력의 압박에의 저항을 표현한 것.
3. 여성의 정절, 봉건적 풍습이나 폭력에 대한 저항을 표현한 것.
4. 정의에 충실하게 살고, 남을 구해 내고, 권력에 굽히지 않으며 품위 있는 행위를 표현한 것.
5. 전쟁 시대를 배경으로 정치나 군사의 높은 재능을 표현한 것.
6. 통치 계급의 내부 투쟁이나 그의 언행을 반영한 것.
7. 신화극.
8. 일상생활을 묘사한 것.
9. 요란스러운 풍자극.
10. 비련·죽음으로 끝나는 연애극.[85]

이것을 바꿔 말하자면 다른 것이 아니다. 경극은 모든 인간의 모습, 인간이 사고할 수 있는 한도내의 양상을 무대 공간에 그리려고 하는 것이다.

그런데 어느 시대의 인간을 또 어떤 세계를 묘사하려는 것일까? 경극은 어느 시대를 묘사하려는 것일까?

예를 들면, 『경극극목초탐』을 보면, 경극의 공연 제목에는 상고 시대의 고사희에서 현대 제재희題材戲에 이르기까지 기록되어 있다.[86] 또한 최근에 나온 『경극극목사전京劇劇目辭典』에는 연출 목록을 상고

85) 陶君起 編著, 『京劇劇目初探』(中華書局, 2008), 1-2쪽. (原註)

86) '上古, 殷代, 周代, 秦代, 西漢, 新莽 및 東漢, 三國, 兩晉 및 南北朝, 隋唐, 五代, 宋代, 元代, 明代, 淸代, 民國' 등으로 분류하고 있다. 陶君起 編著, 『京劇劇目初探』(中華書局, 2008). 목차 1-18쪽. (原註)

에서 현대까지 각 시대별로 나눠 분류하고 있다.[87] 여기에서 경극의 무대에서는 고대부터 현대까지의 모든 시대가 표현되고 있음을 알 수 있다.

이제 그 공연 제목을 시대별로 세어 보면 아래 표와 같다.

여기서 분명하게 말할 수 있는 것은 송대를 묘사한 공연 제목이 가장 많다는 것. 그것은 『수호전』[88]이나 『양가장연의』[89]와 같이 송대를 무대로 한 소설을 텍스트로 삼은 공연물이 경극에 많다는 것이다. 그것에 『삼국연의』[90]를 보태어 세 책을 텍스트로 삼은 공연물만으로도 아

---

87) '上古, 商, 周·秦, 兩漢, 三國, 兩晉·南北朝, 隋·唐, 五代, 宋, 明, 淸, 近·現代'로 나누고 있다. 曾白融 主編, 『京劇劇目辭典』(中國戲劇出版社, 1989). 1-32쪽. (原註)

88) 『수호전水滸傳』: 중국 최초의 백화문白話文으로 쓰여진 장회소설이며, 오랜 세월을 거치면서 형성, 발전하였다. 남송 때 양산박梁山泊의 영웅 호걸들의 이야기가 널리 유행하게 되어 설화인들은 이 이야기를 소재로 연출하였고, 또 문자로 기재하였다. 화본 『대송선화유사(大宋宣和遺事)』 중에는 오늘날 『수호전』의 대략적인 줄거리, 인물의 윤곽이 갖추어졌다. 『수호전(水滸傳)』의 중심 인물인 송강(宋江) 등 36인에 대한 사적들이 『송사(宋史)』에도 간략하게 기재되어 있다. 이들의 이야기가 송말에 이르러서는 영웅적인 전설로 전해졌다. 그리고 원대에는 희극이 성행하게 되어 많은 작가들이 양산박의 이야기를 제재로 극본을 창작하였다. 당시 양산박의 영웅들을 제재로 한 극본만도 33종이었다. 그 이야기를 바탕으로 『수호전』이 문인들의 손에 의해 창작되었는데 시내암施耐庵과 나관중羅貫中 두 사람의 손을 거쳐 완성된 것으로 알려져 있다.

89) 『양가장연의楊家將演義』: 양가장 이야기는 양씨가문의 사람들이 수대에 걸쳐 송나라를 위해 이민족의 침입을 막는 애국적 이야기로 『양가장연의』는 송원 이래 널리 유전되던 이야기와 전설을 조합하여 많은 인물을 창조하였다. 그 과정에서 허구인물인 양종보가 탄생하고 양연소의 아들로 그려지면서 송 인종 당시 변경을 지키던 장수로 그려졌다. 양씨 가문의 여장수인 목계영을 비롯한 경아공주·사태군·12과부 등 예전에 사회적으로 인정받지 못하던 여성들을 영웅으로 묘사하면서 여성의 활약상을 그려내었다.

90) 『삼국연의三國演義』: 진수陳壽(233-297)의 《삼국지(三國志)》에 서술된 중국의 위魏·촉蜀·오吳 세 나라의 역사를 바탕으로 전승되어 온 이야기들을 14세기에 나관중羅貫中이 장회소설章回小說의 형식으로 편찬한 장편 역사소설이다. 원래 이

마도 경극의 전체 공연물의 30% 정도를 차지하지 않을까? 바꿔 말하자면 이 세 책은 고래로 중국 민중의 마음을 잡고 놓아주지 않았던 것이다.

이 세 책 이외의 주된 텍스트를 시대별로 보자면 다음과 같다.

1. 은대이전: 대부분 『봉신연의』[91]에서 제재를 취하고 있다.
2. 주 대: 『열국연의列國演義』와 원명대의 희문에서 제재를 취한 것이 대부분이다. 역사서에서 직접 제재를 취하는 것은 극히 드물다. 춘추시대의 대표 인물인 진의 문왕과 초의 장왕, 전국시대의 대표적인 인물인 전단田單과 손자孫子에 대해서는 민간 전설을 밑바탕으로 삼고 있다.
3. 진대秦代: 이 시대를 묘사하고 있는 것은 적다. 『서한연의』[92]를 텍스트로 한과 초의 전쟁을 묘사한 것에 중점을 두고 있다. 시황제를 정면에서 묘사한 것은 많지 않다.
4. 서한西漢: 적다. 『사기』[93]나 『한서』[94] 등의 역사서·소설·원 잡극·명 전기

름은 《삼국지통속연의三國志通俗演義》이며, 《수호전水滸傳》, 《서유기西遊記》, 《금병매金瓶梅》와 함께 중국 4대기서四大奇書의 하나로 꼽힌다. 오늘날에는 17세기 모종강毛宗崗이 다듬은 '모본毛本'이 정본定本으로 여겨지고 있다.

91) 『봉신연의封神演義』: 중국 명나라 때의 100회본 장편소설. 육서성陸西星(1520 1605?) 또는 허중림許仲琳의 작품이라고 전하지만 분명하지 않다. 『전상평화全相平話』 중 〈무왕벌주평화武王伐紂平話〉를 바탕으로 하고 은殷나라와 주周나라 교대에 관한 전승설화傳承說話에 명明나라 후반에 일어난 삼교합일사상三敎合一思想, 민간의 설화·신앙 등을 혼합하여 저작한 것으로 『서유기西遊記』·『평요전平妖傳』 등과 함께 명나라 신선요괴神仙妖怪의 영이요술靈異妖術을 서술하였다.

92) 『서한연의西漢演義』: 『서한연의』와 『동한연의』의 원명은 『검소각비평동서한통속연의劍嘯閣批評東西漢通俗演義』이다. 『서한연의』는 명대 종산거사鐘山居士 견위甄偉가 지은 소설이다. 내용은 주로 진시황이 천하통일 이후 항우 유방이 진나라의 폭정에 반대하고 진을 멸망시킨 뒤 초한의 투쟁과정이다. 항우項羽·유방劉邦·장량張良·한신韓信 등의 역사인물들의 형상이 그려져 있다.

93) 『사기史記』: 사마천司馬遷이 쓴 중국최초의 기전체紀傳体 통사通史로 위로는 상고 전설시대인 황제黃帝시대부터 아래로는 한 무제漢武帝 원수元狩 원년간까지 약 3000여 년간의 정치 군사 경제 문화 등의 역사를 담고 있다.

에 의거하고 있다.

5. 동한東漢: 평서[95]인 『동한연의』에서 취재한 것이 많다. 다만 이는 사서의 기술 내용과 상당히 다르다.

극본이 묘사한 시대와 극본의 수

	경극극목초탐		경극극목사전	
시대구분	극본권수	전체 비율(%)	극본권수	전체 비율(%)
은 이전	35	2.7	129	2.5
주	94	7.2		
진	15	1	주+진 319	6
서한	27	2		
동한	25	1.9	동서양한 274	5
삼국	157	12.1	510	9.6
위진·남북조	22	1.6	78	1.5
수·당	109	8.4	677	13
오대	32	2.3	103	2
송	314	24	1201	22.6
원	33	2.5	127	2.4
명	145	11.1	633	11.9
청	105	8	557	10.5
민국	11	0.8		
근대혁명사	6	0.4		
현대	28	2.1	근현대 277	5.2
			내용미상** 347	6.5
			외국 17	0.3
시대미상*	139	10.7	532	10
총합	1296	100%	5300	100%

주: * 시대미상은 일상의 서민생활이나 신선세계를 묘사한 것 등

94) 『한서漢書』: 『전한서』라고도 하며 동한시대東漢時代 반고班固가 지은 책으로 중국 최초의 기전체 단대사이며 이십사사二十四史의 하나이다.

95) 평서評書: 설서說書·강서講書라고도 한다. 중국의 전통적인 구두강설의 공연형식으로 송대부터 유행하기 시작하였다. 청말 민초淸末民初 때는 한 사람이 탁자 뒤에 앉아 공연하며 도구로는 접은 부채와 성목醒木을 사용하며 복장으로는 장삼을 입었다. 20세기 중엽에는 대부분 탁자와 의자·접은 부채·성목 등을 사용하지 않으며 복장도 대체로 고정적이지 않게 되었다.

** 내용미상은 신문 잡지 등에 게재되었던 극장의 공연광고 등에 극목명칭만 보일 뿐, 그 내용에 대한 기록은 남아있지 않는 것. 아마도 1, 2회 공연 후 없어졌을 것이다.

6. 삼국三國: 9할 정도가 『삼국연의』에 기초하고 있다. 대사도 거의 연의에서 답습하고 있다. 나머지는 지방극과 원 잡극에서 가져왔다.
7. 양진·남북조: 공연물은 적다. 원·명 양 대의 연극 및 지방극.
8. 수당: 『수당연의隋唐演義』·『설당연의說唐演義』·『서유기』·『녹모란』[96] 등의 소설이 주이며, 원 잡극·명 전기도 있다. 또한 당말을 배경으로 하는 것은 대부분이 『잔당오대사연의殘唐五代史演義』이다. 또한 당대의 소설에서 제재를 취한 작품도 있다. 신화나 연애를 주제로 한 것도 많이 보인다.
9. 오 대: 『잔당오대사연의』·『비룡전飛龍傳』을 출전으로 삼고 있다. 민간의 전설에 제재를 취하는 것도 많다.
10. 송: 경극京劇 가운데 이 시대를 다룬 것이 가장 많다. 『양가장楊家將』·『포공안包公案』·『수호전水滸傳』·『설악說岳』 네 작품을 기본으로 삼았다. 『설악』을 제외한 나머지 3책은 내용상으로 연극과 다른 부분이 많다. 여기에 『양가장』에서는 그러한 경향이 현저하지만 분명한 것은 연극 쪽이 재미있다. 신화·무용담·재판·애정 등을 테마로 하고 있는 것이 많다. 『수호전』이나 『양가장연의』에서 제재를 취하고 있기 때문에 '애국주의의 계급투쟁'을 표현하고 있다고 평가하는 경향도 있다.
11. 원: 적다. 평서評書인 『명영열明英烈』을 제재로 삼고 있지만 사실과 크게 다르다.
12. 명: 삼언이박·필기·고사에서 제재를 취하고 있는 것이 많다. 원형은

---

96) 『녹모란綠牡丹』: 『굉벽연宏碧緣』·『반당후전反唐後傳』·『용담포락기서龍潭鮑駱奇書』·『사망정전전四望亭全傳』 등 여러 이름으로도 불린다. 의협을 기조로 하는 작품이다. 간사한 무리와 간신배들이 권력을 독차지하고 행악질을 행하여 강호의 협사들이 모여 이들을 제거한다. 재상 적인걸을 도와 기의하여 무칙천을 퇴위시키고 여릉왕을 왕위에 앉힌다. 소설에는 장군의 아들인 낙굉훈駱宏勛과 강호의 협녀 화벽련花碧蓮이 무칙천의 무리와 그 잔당을 없애는 과정에서 알게 되어 사랑하게 되고 여러 곡절 끝에 결합한다는 이야기이다.

명청 전기에서 나왔다. 비련에 중점이 놓여 있다.

13. 청: 평서인 『팽공안』[97] · 『시공안』[98]을 주로 삼고 있다. 격투가 태반인 것이 특징인데 황천패黃天霸의 연극은 거의 충실하게 출전을 베껴내고 있다. 『홍루몽紅樓夢』에서 제재를 취한 공연물이 적지 않지만 소설만큼 유행하지 않았다. 말하자면 아무래도 『홍루몽』에 한정해서 말하면, 어쩌면 경극이라는 표현방법은 소설에서 묘사했던 세계를 능가할 수 없어서일까. 그것은 또 영화나 무대의 『대보살상大菩薩峠』이, 나카자토(中里介山)의 원작이 그린 장대한 세계를 넘을 수 없는 것과 맥이 통할 지도 모른다. 어쩌면 중국 민중에게 있어서는 『홍루몽』이 묘사하고 있는 끈끈한 연애보다는 『삼국연의』나 『수호전』에서 내뿜는 협기俠氣의 세계에 보다 끌리지는 않았을까? 청말의 사실史實을 테마로 한 것의 대부분은 기묘함(奇)을 참조한 것이 적지 않다.

14. 민국 이후: 당시의 '사회 뉴스'를 주제로 삼은 것이 많다. 이른바 시사연극인데, 현대극으로서의 경극의 가능성을 보여준다고 할 수 있다. 이전의 중소 밀월 시대. 소련이 인류 최초의 인공위성을 쏘아 올려 성공했을 때, 손오공이 인공위성을 타고서 우주를 누비고 다니는 경극이

---

97) 『팽공안彭公案』: 팽공彭公은 중국 청대 강희년간康熙年間의 청렴한 관리의 하나이다. 이 책은 그가 판결한 이야기를 담고 있다. 『팽공안』은 강희년간 팽붕이 삼하현령三河縣令으로 출사했다가 소흥지부紹興知府로 승진하고 하남 순무로 발탁되고 병부상서兵部尚書로 제수 받으며 여러 가지 일을 처리하는 것이 줄거리이다. 이칠후李七侯 · 황삼태黃三太 · 양향무楊香武 · 구양덕歐陽德 등의 협객들이 그가 간악한 무리를 징벌하고 도적을 제거하고 반란을 평정하는 데 협조한다. 이로써 최후에는 청관으로 황제의 총애를 받게 되고 협객들도 상을 받게 된다.

98) 『시공안施公案』: 시사륜施仕綸은 역사적 인물로 이름은 세륜世綸이다. 평서에서 이야기되는 그의 사적은 대부분이 허구이다. 소설 『시공안』의 주요내용은 강희년간 시사륜이 황천패黃天霸의 도움을 받아 탐관오리와 토호 악덕배들을 징치하여 백성들의 억울함을 풀어주는 이야기이다. 『청사고』에 그의 전기가 있다. 후세 희곡 경극에 영향을 미쳐, 많은 극본의 내용이 소설과 관련이 있다. 청 가경년간(1796-1820)에 북경에서 이미 이 책을 고서맹인이 강창하는 것이 유행하였다. 가경 말에 『시공안전』의 인쇄본이 유행하였는데 평서는 이 책을 근거로 부연시켜 만든 것이다.

상연되었는데 그것도 또한 경극이 융통성이 있어 막힘이 없음을 표현하고 있는 것이다.

15. 연대 불명: 신화·저속 희극·극중극·권선징악적인 것이 많다. 『요재지이』[99]에서 제재를 취한 것도 적지 않다.
16. 혁명 현대극: 주로 국민당·일본군·지방 군벌에 대하는 공산당을 위주로 하는 중국 인민의 투쟁의 사실史實에서 제재를 취함.

여기에 열거한 것 외에도 방대한 숫자의 소설·필기·민간설화·전설·가극·지방극·화극·원대의 연극인 원곡·명대를 대표하는 연극인 전기 외에, 탄사彈詞·평서評書·쾌서快書·상서[100] 등 연예장에서의 구연물口演物, 그리고 역대 왕조가 전 왕조의 역사를 엮었던 『사기史記』에서 『명사明史』에까지 이어진 이십사사二十四史라 불리는 정사正史, 이것에 보태어 야사野史라든가 패사稗史라 불리는 민간에서 쓰인 역사 등도 역시 경극의 극본의 텍스트가 되고 있다. 『경극극목사전』에 수록되어 있는 53,000 정도의 공연 제목은 이것들을 텍스트로 하여 생겨났다고 할 수 있다.

이것을 다른 말로 바꾸면, 경극이라는 연극은 모든 인간의 양상뿐만 아니라 중국인이 생각하고, 전승하고, 그리고 문자로나 말로 표현

99) 『요재지이聊齋志異』: 약칭으로 『요재聊齋』라고 하는 데 속칭은 『귀호전鬼狐傳』이다. 중국 청대 저명한 소설가인 포송령이 창작한 문언단편소설집이다. 책에는 단편소설 491편이 수록되어 있다. 제재가 광범하고 내용이 대단히 풍부하여 문학적 가치가 높다. 인물의 형상을 생동하고 선명하게 묘사되어 있는 등 중국고전 문언단편소설의 최고봉으로 일컫는다.

100) 상서相書: 중국 곡예 곡종의 하나로 명청이래 격벽희隔壁戲에서 유래, 휘장 안에서 연기한다. 사천방언을 사용하는데 청대 함풍 동치년간에 사천에 전해져 대도회지에 유행했다. 배우 한 사람이 두 척 오촌 크기의 휘장에서 각종 인물과 동물 기타 소리를 모방해서 성음을 빌어 각종 광경이나 인물을 묘사해낸다. 구기口技에서 발전하여 민간의 소화笑話와 융합한 특징을 지니고 있다. 북경이나 상해 등지에서는 이미 실전되었고 사천지역에만 민간예술로 남아 있다.

해 온 세계 전체를 묘사하려고 하는 것이다. (도표1 참조)

그런데, 무대에서 연출되는 내용과 텍스트를 비교했을 때, 그 가운데는 텍스트에 없는 스토리가 공연된다던가, 텍스트에는 없는 인물이 등장하고, 더욱이 텍스트에서는 살해될 리 없는 사람이 살해되는 예가 때로 나타나는 수가 있다.

도표 1: 경극의 극본을 둘러싼 〈이야기의 세계〉

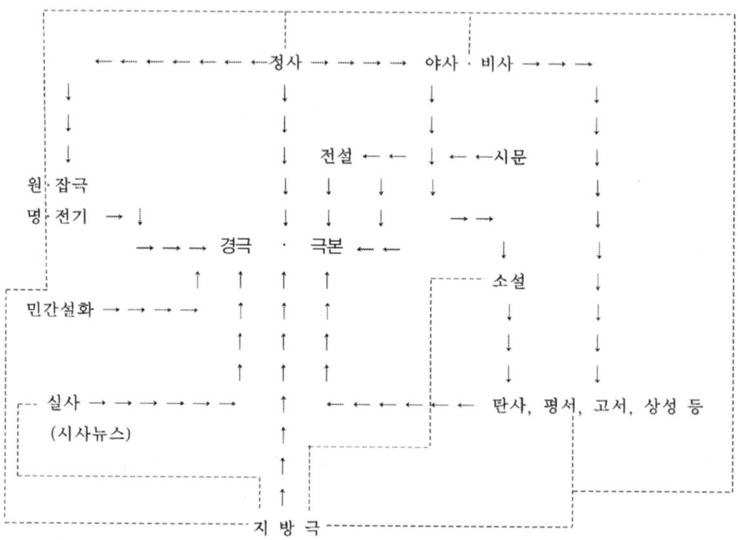

예를 들자면, 아무리해도 쳐부술 수 없는 적을 앞에 둔 관우가 꿈속에서 원숭이에게서 전수 받은 전법으로 적을 격파시킨다는『백원교도白猿教刀』라는 공연 제목은 원작품인『삼국연의三國演義』에는 보이지 않는다. 또한 좁은 소견과 직정直情 때문에 요충지인 가정街亭을 잃은 마속馬謖을 공명이 군대 규율에 따라 눈물을 머금고 참수하라고 명령하는『참마속斬馬謖』은『삼국연의』 제96회를 저본으로 삼고 있지만, 그

저본인 정사『삼국지三國志』에서 마속은 참수형을 받지 않는다.

애처롭고도 아름다운 주군主君에 대한 충절을 묘사하고 있는『이릉비李陵碑』에서는 주인공인 양계업楊繼業은 이릉비에 머리를 몇 번이고 부딪쳐 자살하려고 하는데 저본에서는 절식사絶食死하는 것으로 되어 있다.

이러한 일종의 제멋대로라고 밖에 할 수 없는 손질을 어떻게 해석하면 좋을까. 중국 고대사 연구에 독자적 길을 개척하여 하나의 학파를 연 고힐강顧頡剛[101]은 그의 자전 〈어느 역사가의 생애–고사변자서古史辨自序–〉 중에서 다음과 말하였다.

> 깊이 생각한 끝에 갑자기 이야기의 구성이 이해됐다. 이야기는 변천하는 것으로 사서에서 소설로 오기까지 얼마나 변화했는지 알 수 없다. (중략) 소설에서 연극까지 또한 얼마나 변화되었는지 알 수 없다.
>
> 갑이란 연극과 을이란 연극이 똑같은 하나의 이야기를 묘사하는 경우에도 다른 곳이 얼마나 되는 지 알 수가 없다. 이야기의 본래 모습이 어떠했는가, 또는 정말로 그러한 사실이 있었는가는 우리들은 알 수가 없다. 우리들은 단지 후대 사람들의 상상 속에 있는 이런 이야기가 이렇게 얽혀 있는 것을 알 뿐이다.
>
> 각색가는 옛사람의 사실을 자신의 상상의 세계로 옮겨온 과정을 추측해 보는데, 그것은 작가가 자신의 기분을 만족시키기 위해서, 이야기를 자신의 감정이 기대하는 과정의 결과에 부합시키려고 했기 때문이다. 작자의 기대는 시작 부분에선 위험을 바라보고 마지막 부분에서는 원만함을 바라는 것이 갖춰진 격식이다. 그래서 현실의 삶 속에서는 전연 그렇게 위험도 없고, 더욱이 최후에는 '뜻대로 안 되는 것이 세상사'라는 한숨을 쉬게 되지만, 그것이 이야기가 되면 만회할 희망이 없는 위험 속에서도 갑자기 나타난 행운이 쥐어지게 된다.

---

101) 고힐강顧頡剛(1893—1980): 강소성 오현吳縣출신. 원명은 송곤誦坤, 자字는 명견銘堅. 현대 고사변학파의 창시자. 중국 역사지리학과 민속학의 창시자.

위험과 행운이란 사람이 지어낸 것으로 이야기의 줄거리는 그만큼 다양하다.[102]

이처럼 말하는 것은 무수한 저본에 의해 구성되고 있는 경극 극본, 그것에 기초하여 공연되고 있는 경극의 무대는 중국에서의 이야기, 바꿔 말하자면 중국인이 생각할 수 있는 모든 상념의 세계를 집대성시킨 것이 아닐까?

정사正史에 한하지 않고 야사·패사에서부터 필기·소설·재판 기록 등 모든 '문자로 쓰인 세계'⇒'읽는 세계'에서 탄사·평사·민간설화 등의 '이야기된 세계'⇒'듣는 세계'를 거쳐 '노래하고 공연되는 세계'⇒'보고 듣는 세계'로 변천하면서, 중국인의 상념이 길러진 것이 아닐까? (도표 2 참조)

도표 2: [보고 듣는 세계]

문자 = 읽기	음 = 말하기	음 + 형상 = 말하고 연기하기
정사 ⇒ 야사·비사	탄사, 평서 ┐이야기 고서, 상성 등 ┘	극본 + 배우 + 장면(악대)
소설	민간설화, 전설	
시문	소문, 사건	
읽는 세계 = 눈	듣는 세계 = 귀	보고 듣는 세계 = 눈 + 귀

이와 같이 길러진 중국인의 상념의 세계가 〈읽기讀〉⇒〈듣기聽〉⇒〈보기看+듣기聽〉와 그 획득 수단의 변천에 의해 질·양 쌍방이 확대되고, 또한 쉽게 획득할 수 있게 된 상황을 고려해 보면 압도적 다수의 민중이 문자를 알지 못했던 구 중국에서 〈보고 듣는 세계, 즉 간청세

102) 顧頡剛,『古史辨自序』上(河北教育出版社, 2001), 38-39쪽. (原註)

계看聽世界〉의 중핵을 이루고 있던 연극이 중국인의 상념 형성에 끼친 중요성은 더 이상 이러쿵저러쿵 말할 필요가 없을 정도로 명확하다.

실로 이전의 중국에서 연극은 오락인 동시에 민중의 지혜를 길러내는 방편이자 사회교육에 있어 중요한 수단이었다.

그렇기에 진독수는 다음과 같이 역설하고 대서특필했을 것이다.

> 극장이야말로 온 나라에 퍼진 대학이며, 연극은 풍속을 고치고 민중의 지혜를 계발시키며 조국의 혼을 불러 일으킨다.[103]

그러면 어떻게 해서 풍속을 고치고 민중의 지혜를 계발하고 조국의 혼을 불러일으키는 것일까? 몇 개의 극본을 예로 들어 살펴보자.

여기서 예로 들 극본의 내용은 그 전체를 본 것이 아니라 단정적으로 말할 수는 없지만, '풍속을 고치고, 민중의 지혜를 계발하고 조국의 혼을 불러일으키는' 것만은 아닌 것 같다. 그 가운데는 실로 형편없는 우스운 내용도 들어 있다.

예를 들면, 〈무가파武家坡〉를 보자. 사랑하는 아내 왕옥천王玉釧을 집에 남겨 둔 채 오랜 전쟁에 참가한 설평귀薛平貴, 전공을 세우고 귀향한다. 처는 쓰러져가는 집에서 남편이 무사하게 돌아오기를 기다린다. 그 앞에 갑자기 나타난 남편, 얼굴모습이 변하여 남편임을 알아보지 못한 처는 타인의 장난으로 오해하고 도망을 친다. 그녀를 쫓는 남편, 처는 앞에서 남편은 뒤에서 두 사람이 무대를 돌면서 다음과 같이 노래한다.

---

103) 陳獨秀의 같은 글 〈論戲曲〉. 『陳獨秀文章選編』上(生活讀書新知 三聯書店, 1984) 57-60쪽. (原註)

> 앞에 가는 것은 왕옥천, 뒤에 쫓아가는 설평귀.[104]

이처럼 특별한 의미가 있는 것은 아니다. 다만 무대에서 연기로 펼쳐지는 내용은 '앞에 가는 것은 왕옥천, 뒤를 쫓는 것은 설평귀'라는 것일 뿐이다.

하지만, 이런 식으로 절반쯤은 무의미한 노래가사임에도, 생과 단 두 배우의 호흡이 딱 맞으면, 그것만으로도 재미있는 연극이 되니 신기하다.

이러한 인생론도 있다.

밭둑길에서 소를 지키고 있는 목동, 그곳을 지나던 소녀가 행화촌 가는 길을 묻는다. 이 두 사람의 시시한 그러면서 가끔 찔끔하는 외설스런 대화가 이어지는 〈소방우小放牛〉, 무대에 등장하면서 목동이 노래한다.

> 부귀도 명예도 타고나는 것.
> 인생은 짧아 바람에 흩날리는 등잔 같은 것.
> 어느새 끝나는 날 당도하여 황천길을 떠나게 되네.
> 금은이 설사 백 말을 넘는다 해도,
> 정신 차리고 보니 거의 없네.
> 악착같이 벌어서 뭐하랴
> 그저 목구멍과 몸뚱이 위할 뿐.[105]

이렇게 듣고 보니, 중국 서민들의 살아가는 방법이 지닌 어떤 종류의 체념 같은 것이 '그저 목구멍과 몸뚱이 위할 뿐일세, 목구멍과 몸

---

104) "前面走的王玉釧, 後面跟着薛平貴".

105) "功名不成, 富貴是個天生. 光陰易老, 好似風裏個燈. 有朝大限到, 黃泉路上行. 金銀過百斗, 那個半毫分. 只看奔勞碌, 只爲口和身, 口和身."이 원문이다.

뚱이(只爲口和身, 口和身)'이라는 여덟 글자에 뭉뚱그려져 있다는 느낌도 든다.

이러한 체념의 반대되는 단면으로서, 권력자는 때로 망령되다 할 정도로 처절하게 권력욕·지배욕을 보인다.

『삼국연의三國演義』의 제 4회에서 제재를 취해 동탁董卓 암살에 실패한 조조가 도망치는 것을 진궁陳宮과 사건으로 묘사한 『착방조』[106]도 차츰차츰 클라이맥스를 형성한다. 멀리 도망치고 있는 자신을 환대해 주는 여 일족呂一族을 의심하여, 그들을 모두 살해하고 조조는 도망하여 숨는다. 이에 진궁陳宮이 추궁하여 그의 행위를 힐난한다.

> 의심 많은 귀신이요 살인자, 천하가 비웃고 욕하지 않을 거라 생각했나?

그러자 조조는 지지 않고 대꾸한다.

> 내가 천하 사람들을 배반하더라도, 천하 사람들은 나를 배반하지 못하게 할 것이다.

이 장면을 놓치지 않고 객석에서는 '좋다'라고 추임새가 터져 나온다.

---

106) 『착방조捉放曹』: 『삼국연의』 가운데 하나의 이야기. 삼국시대에 조조가 동탁을 살해하려다 미수에 그쳐 변장을 하고 도주하다 중모현에서 붙잡힌다. 중모현의 현령인 진궁이 심문하는 과정에 조조의 언변에 감동받아 현령 직을 팽개치고 조조와 함께 도주한다. 성고에 이르러 조조는 아버지의 친구인 여백서를 만나 그 집에 머무른다. 밤중에 돼지를 잡기 위해 칼 가는 소리를 조조는 자신과 진궁을 죽이려는 줄로 오해, 여백서 식솔 여덟 명을 죽인다. 나중에 후환을 두려한 나머지 자기들을 위해 술을 사가지고 돌아오는 여백서마저 죽이는 것을 보고 진궁은 조조가 잠든 사이 떠난다.

약간 이야기는 비약하지만 1989년 6월 천안문 사건[107] 때 희미(연극광)로서 신중히 고려하지 않고 『착방조捉放曹』의 장면을 떠올려 보았었다.

민주파 탄압에 군대 투입을 결의한 등소평鄧小平, 이것에 반대하는 조자양趙紫陽, 마침내 군대는 천안문 광장에 돌입하였다. 천안문을 중심으로 북경의 여기저기서 충돌이 일어나고 많은 희생자가 나왔다. 과연 조자양이 말한다.

> 의심 많은 귀신이요 살인자, 천하가 비웃고 욕하지 않을 거라 생각했나?

그러자 등소평이 대꾸한다.

> 차라리 내가 천하 사람들을 배반할지언정 천하 사람들은 나를 배반하지 못하게 할 것이다 ….

이것은 혁명현대경극에 이르면 당연하다면 당연하지만 완전히 모습이 바뀐다.

위호산威虎山에서 굳게 버티던 국민당 비적군匪賊軍을 인민해방군이 일대 사정에 밝은 사냥꾼의 협력을 얻어 타도하는 〈지취위호산智取威虎山〉에서 인민 해방군의 참모장은 말한다.

> 그래 사냥꾼들의 도움은 정말 크다. 모 주석께선 두 번 세 번 이렇게 교시하셨지. "혁명 전쟁은 민중의 전쟁이다. 민중을 동원해서야 비로소 전쟁

---

107) 천안문天安門 사건事件: 1989년 6월 4일 미명에 민주화를 요구하며 베이징의 천안문 광장에서 연좌시위를 벌이던 학생·노동자·시민들을 계엄군을 동원하여 탱크와 장갑차로 해산시키면서 발포, 많은 사상자를 낸 사건.

> 을 수행할 수가 있다. 민중을 의지해서 비로소 전쟁을 수행할 수 있는 것이다"라고. 군중으로부터 유리된다면 우리들은 한 발자국도 전진할 수 없다.

이렇게 해방군은 사냥꾼들의 인도를 받아 전진하여 적을 격멸하게 된다. 중국공산당의 비밀 지령을 사수하는 철도원 이옥화李玉和, 어떻게 해서든지 비밀 지령을 손에 넣고자 하는 일본군의 헌병대장인 하토야마, 두 사람의 각축이 재미있는『홍등기紅燈記』이다. 하토야마의 유혹에 넘어가지 않고, 끝까지 비밀 지령을 지키는 이옥화, 하토야마는 이옥화를 체포하고 처형을 명령한다.

형장에 끌려나오는 이옥화, 최후까지 가슴을 높이 쳐들고 외친다.

> 두 개의 다리, 두 개의 손, 철사로 묶일지라도, 구름을 뚫고 하늘을 꿰뚫으려는 나의 생각. 이렇게 불타는 내 마음은 철사 같은 것에 묶이지 않아.

마침내 처형 시간이다. 이옥화는 가슴을 높이 쳐들고 형장에서 사라진다. '서서 굶주린 자는 …' 어느 인터내셔널의 장엄한 소리가 아무도 없는 무대에 흐른다. 잠시 후 '탕탕–' 하는 총소리, 이옥화는 형장의 이슬로 사라졌다. 하지만 혁명 정신은 다음 세대로 계승되어 마침내 일본군을 타파하는 것이었다.

또한, 한국전쟁에 참가하였던 의용군이 한국 측 최정예인 백호 부대와 싸우는『기습백호단奇襲白虎團』에서 의용군 정찰대 대장은 말한다.

> 그렇습니다. 참으로 모 주석은 우리들에게 이렇게 가르치셨습니다. 아메리카 제국주의가 횡포를 부리고 턱없는 요구를 하루도 포기하지 않고 침략의 음모를 확대시키려 하는 한 한국 국민과 전쟁을 계속하겠다. 이것만이 중국 인민의 결심이다. 동지 제군, 적은 스스로 무기를 내려놓지 않

> 을 것이오. 우리들은 혁명의 두 손을 사용하여 아메리카의 제국주의의 반혁명의 두 손에 맞서지 않으면 안 되오. 지금이야말로 교섭하면서 싸우고, 싸우면서 교섭해야 합니다.

이는 틀림없이 교섭의 테이블도 또한 모습을 바꾼 전장이라는 것 즉 '전술과 전략'의 열쇠를 설명하고 있다.

농민자위군과 반동 지주 계급의 무장단의 싸움을 그린 『두견산杜鵑山』, 여성이자 당대표로서 두견산의 농민자위군을 거느리는 가상은 적 무장단에게 체포된다. 이에 그녀는 적을 응시하며 외친다.

> 핍박이 있는 곳에 틀림없이 공산당이 있다.

이리하여 경극은 시대의 다름, 사상의 차이, 살아가는 방식을 초월하여 지금까지 중국인의 상념이 짜낸 모든 세계를 무대공간 위에 그리고 있는 것이다. 때문에 연극을 상연하는 조그마한 건물은 흥분의 도가니가 되었던 것이다.

6. 색色과 형形의 기호학 : 검보臉譜

보통 일본인이 품고 있는 경극에 대한 이미지는 소란한 음악·높고 날카로운 노래 소리·마지막으로 흉측하고도 화려한 검보가 될 것이다. 검보는 가부키의 쿠마도리[108] 화장술과 비슷하지만, 아무래도 다르다는 느낌이 든다.

검보를 탈로 착각할 수도 있으나, 검보는 배우가 자신의 얼굴을 캔버스 하여 그려내는 것이다. 그린다고 해도 배우가 좋아하는 대로 마음대로 하는 것은 아니다. 역시 색과 형태이다. 그것은 중국인들이 가지고 있는 색에 대한 이미지와 형태에 대한 감각이 표현되어 있는 것이다.

검보의 기원은 남북조와 수당 시대(386-907)에 행해진 '가면가무'이다. 이전에는 '대면'이라고 불렀는데, 용감하기 이를 데 없는 미남자였던 북제의 난릉왕 장공이 적과 대적하였을 때 붙이고 있던 데서 시작되었다 한다. 처음에는 탈을 썼지만 무대 위의 움직임이 심해지면서, 탈을 쓰고 있기가 여의치 않게 되었다. 그래서 현재와 같이 물감을 직접 얼굴에 바르게 되었을 것이다.

이전의 검보를 보면, 현재와 같은 여러 색은 아니지만 기본적으로 색의 대조가 확실한 검정(黑)·빨강(紅)·하양(白)의 세 가지 색으로, 눈·코·입·이마·뺨 등을 구분해서 칠했던 것 같다. 당시 연극이 일반적으로 백주에 노천에서 행해졌기 때문에 먼 곳에서도 분명하게 볼 수 있게 배려했던 것 같다. 시대가 내려오면서 다양한 색을 사용하게

108) 쿠마토리隈取: 가부키에서 배우가 성격·얼굴을 돋보이게 하기 위해 빨강·파랑·검정 등의 선으로 얼굴을 채색하는 법.

되었다. 아마도 연극하는 장소의 설비가 완비되어 조명 효과를 생각하게 되면서부터가 아닐까.

현재 극장은 너무나 커지고 조명도 지나치게 밝아진 느낌이다. 적당하게 밝은 정도라면 그 화려한 배색의 검보가 관객의 마음에 믿음직함·흉악함, 그리고 밉살스러움을 불러일으키게 될 것이다. 눈이 부실 정도로 밝은 무대·얼굴 주름 한 개 한 개까지 부각될 정도의 강렬한 조명. 이러한 무대 환경에서는 검보가 지닌 연출 효과는 반감된다. 그저 화려한 색을 칠한 큰 얼굴에 불과할지도 모른다는 두려움이 전혀 없는 것은 아니다. 과학기술의 진보라는 것은 좋지 않은 일면도 지니고 있는 법이다.

현재, 검보에 사용되는 주된 색은 홍紅·자紫·흑黑·백白·남藍·녹綠·황黃·암홍暗紅·짙은 회록灰綠(瓦灰), 금金·은銀 등이며, 이들 색은 색깔별로 각기 다른 성격을 상징·표현하고 있다. 『중국경극검보中國京劇臉譜』에서 설명하고 있는 내용이다.

홍색은 지성至誠·충의忠義
자색은 지용知勇·강의剛毅
흑색은 염직廉直·고귀高貴
엷은 백색(薄白)은 간악奸惡·간사奸詐
짙은 백색(濃白)은 독립獨立·자존自尊
남색은 용맹勇猛·강의剛毅
녹색은 의협義俠·협기俠氣
황색은 잔인殘忍·광포狂暴
짙은 홍색(老紅)은 덕망德望·충용忠勇
짙은 회록색(瓦灰)은 강의剛毅·지모知謀(智謀)
금색·은색은 신불神佛·요괴妖怪[109]

109) 趙夢林 閻繼靑, 『中國京劇臉譜』(朝華出版社, 1994), 6-7쪽. (原註)

이것을『국극검보예술』[110] 등을 참고하여, 보다 상세하게 설명하면 다음과 같다.

홍색검紅色臉: 이 검보의 대표적인 예는 관우. 홍색은 가장 존경받는 색으로서 진심·지성을 상징하고 있다. 홍색으로 칠한 검보는 용감·강직·적성赤誠·충의忠義 등의 성격을 표현한다.

분홍검粉紅臉: 분홍은 홍색과 같은 성격이지만 노년이 되면서 이전의 패기가 약해지긴 했으나 여전히 용감·강직·적성·충의의 마음을 갖는다.

자색검紫色臉: 붉은 것 다음으로 존중되는 색이 자색이다. 혈기왕성하면서도 숙연한 성격을 표현한다. 홍이나 흑과 병용되어 젊은 날의 직정直情·혈기가 나이를 먹으면서 중후함을 더해가는 것을 나타낸다.

흑색검黑色臉: 삼국극三國劇의 영웅英雄 장비張飛나 수호극水滸劇의 이규李逵 등처럼 끓어오르는 격정을 아무리해도 누르지 못하고, 끝내 난폭하고 과격한 행동을 하지만, 사실은 사심 없는 진심 덩어리와 같은 성격을 표현한다. 또한 포공으로 대표되는 것 같이 얼굴 모양이 추하기는 하지만 청렴강직한 성격도 나타낸다.

유백검油白臉: 흰색은 시기와 의심·음모의 기상이 깃들어 있다. 간지奸智에 능한 무장은 백색. 조조 등이 전형이다. 엷은 흰색은 반드시 대악인大惡人이라는 것은 아니다. 눈썹이나 눈이 세밀하게 묘사되어 있을수록 간계에 능한 대악인이다.

남색검藍色臉: 흑색검黑色臉에 가깝지만, 더 포악한 면을 지닌다. 흑색 위에 남색을 덧칠한 경우로서 단지 조폭粗暴과 강의剛毅한 것만은 아니고 지모에도 뛰어나다.

황색검黃色臉: 조폭粗暴·음험하지만 그것을 겉으로 나타내지 않는 인물이다. 동시에 비할 데 없는 표독·용전분투하는 무장을 나타낸다. 하지만 일반적으로 황색으로 칠한 인물은 그다지 높은

110) 王少洲·曹國麟,『國劇臉譜藝術』(漢光文化事業股份有限公司, 1984) (原註)

지위는 아니다.

녹색검綠色臉: 남색검藍色臉과 서로 비슷한 성격이다. 똑같이 흉포하면서도 남색검이 간계에 능하다면 녹색검은 폭발하려고 한다. 항상 평온하게 있을 수 없는 성격이다.

청색검靑色臉: 별명은 해청검蟹靑臉. 청록검靑綠臉에 가까운 성격. 사악한 신·요괴·악귀·요기·도깨비 등의 색.

금색검金色臉: 불교의 교전敎典에 있는 '몸에 금빛을 나타내는 것'과 관련된 장엄·엄숙함을 표시한다. 신神·불佛에 사용되는 색.

은색검銀色臉: 금 다음으로 고귀한 색. 비교적 지위가 낮은 신이나 부처에 사용된다. 예외로서는 죽은 뒤에 신으로 숭앙되던 관평은 그의 충의忠義·진충盡忠의 성격으로 인해 생전부터 이 색을 사용한다.

자색검赭色臉: 분색검粉色臉과 비슷하며, 노경에 이르렀어도 아직도 의기 왕성한 성격을 표시한다.

회색검灰色臉: 장년의 혈기가 약해진 모양을 표시하기 위해 빛을 반사하지 않도록 안료의 유분油分을 뺀다. 젊었을 때 흑색검黑色臉이었던 사람이 노경에 있는 상태를 표시한다.

홍색紅色이 최상의 색이라고 하는 이유는 아마도 이 색을 인간의 생명력이나 영력의 상징으로 보려고 하는 중국 고래로부터의 주술 종교적인 일면에 기인할 것이다. 또 일본인을 당혹하게 하는 흑과 백에 대한 이미지의 차이는 흑(玄)을 길례吉禮, 백白(素)을 흉례凶禮로 삼은 유가의 고전인 『예기禮記』 등의 기술에 기인하였음에 틀림없다.

어쨌든, 경극의 중요한 요소인 검보라는 것은 중국인이 색에 기탁한 이미지로 인물의 성격을 표상하고자 시도한 것이다.

하지만 검보에 반영된 성격은 색에만 깃들여 있는 것은 아니다. 그 형태에서도 성격은 나타난다. 가령 전체를 한 가지 색으로 칠하고 선명한 눈썹 이외에 이마나 뺨에 어떤 모양도 그리지 않는 정검은 신분이 높은 것을 표시한다. 지성·적성의 인간인 관우의 검보는 홍색, 염직과 정의의 재판관인 포증은 흑색, 그리고 간계와 지모에 뛰어난 조조는 엷은 흰색인데, 이것들이 정검整臉[111]이다.

앞서 열거한 『국극검보예술國劇臉譜藝術』에 의해, 검보를 형태별로 분류하면 18종이다. 이들은 각각 다른 성격을 표시한다. 이외에도 눈썹(眉)이 25종, 눈자위(眼窩)가 9종, 이마(額)가 19종, 코와 입이 7종으로 각각은 서로 다른 성격을 표시하고 있다.

말하자면 검보 가운데는 색채 13가지, 형태 18가지, 눈썹 25가지, 눈자위 9가지, 이마 19가지, 코 7가지, 입 7가지가 있는데 이것들을 순열 조합으로 계산하면, 모두 얼마만큼의 성격이 달리 생겨날까? 생각만 해도 정신이 아득해질 것이다. 이런 종류별 구분에 따라 다양한 성격이 드러나게 된다. 바꿔 말한다면, 중국인 숫자와 같은 다종다양하고 복잡한 인간 성격이라는 것을, 중국인은 검보라는 것으로 유형화하려고 했다.

그래서 실은 검보라는 것은 경극이라는 연극을 연출하는 데 있어서의 기법에 그치는 것이 아니고, 중국인의 인간 관찰의 결과이다. 더 말한다면, 중국인은 인간의 성격을 유형화하여 곤충을 채집하여 핀셋으로 고정시켜 표본으로 삼는 것처럼 색과 형태라는 핀셋으로 인간의 성격의 표본을 무대 위에 만들려고 했다. 이것이 검보에 감추어진 의미가 아닐까?

우리들은 경극의 무대에서 검보를 접할 때 중국인에 의한 중국인

111) 정검整臉: 경극 검보의 일종으로 얼굴부위의 화장색은 기본적으로 한 가지 색조이며 눈썹과 눈 부위만 변화를 주고 구도가 간단한 것을 지칭함. 『찰미안鍘美案』의 포증包拯은 흑색 정검(黑整臉), 『전장사戰長沙』의 관우關羽는 홍색정검(紅整臉), 『적벽지전赤壁之戰』의 조조曹操는 백정검白整臉 등이 그 대표적인 예이다.

관찰의 표본을 볼 수가 있다. 그래서 곤충의 표본이 환하게 빛나고 있는 것과 마찬가지로, 검보도 또한 무대 위에서 환하게 빛나고 있지 않으면 안 된다.

화려하거나, 흉흉하거나, 음산하거나, 가증스럽거나, 믿음직하거나, 경박하거나, 기괴하거나, 기묘한 검보가 관객의 마음을 매료시키는 것은 역시 검보가 생신生身의 인간이 변화(羽化)한 모습이자 살아있는 중국인의 화신이기 때문이다.

이렇게 생각해 보면, 현대 중국의 지도자의 검보는 어떻게 될까? 아마도 등소평은 정검일 것이다. 그러나 때에 따라 색이 변화할 것이다.

홍위병이나 당시 권력 중추에서 완고하고 고루한 실권파로 규탄받았던 문화대혁명 당시 이는 말할 필요 없이 '백색白', 문화대혁명의 맹위가 사라지고 정권 중추에 복귀해 개혁·개방 노선을 내세웠던 당시는 '홍색紅', 1989년의 천안문 사건 때는 민주파 쪽에서 보면 이는 절대적으로 '백색白', 하지만 그 자신이 보자면 단연코 '흑색黑', 1992년의 춘절春節에 '남순강화[112]'를 발표하여 경제 성장에 가일층 박차를 가한 시기는 '홍색紅', 그리고 '관을 덮고 뚜껑을 닫은 뒤로'는 …. 이것은 상상할 수 없다. 다만, 대혼란이 없는 채 나아가면 백색白의 정검이 되는 일은 없을 것이다. 하지만 대혼란은 아니더라도 민주파民主派의 영향력이 커지고, 천안문 사건의 재평가가 이루어지는 사태라도 되면 이미 백색白의 정검 이외는 생각할 수 없게 될 것이다.

112) 남순강화南巡講話: 1992년 1월 말부터 2월 초까지 등소평鄧小平이 천안문天安門 사태 후 중국 지도부의 보수적 분위기를 타파하기 위해 상해上海, 심천深圳, 주해珠海 등 남방 경제특구를 순시하면서 더욱더 개혁과 개방을 확대할 것을 주장한 담화談話.

7. 무에서 무한의 유를 생성해내다 : 정식程式·체말砌末·행두行頭

경극이란 사실寫實이 아니라 어디까지나 배우의 신체 기술이 무대 위에서 표현되는 상징의 세계이다. 극단적으로 미적으로 추상화된 인간의 몸의 움직임은 다음 단계에서는 미적으로 데포르메[113]되고 있다. 그 데포르메한 동작을 잘 나타내기 위하여 도구의 종류는 극단적으로까지 단순화되어 있다. 동시에 대도구도 역시 원칙으로는 무대에서 제거된다.

그리하여 관객이 무대 위에서 보는 것은 체말砌末(소도구)을 지니고 화장한 행두行頭(의상)를 입은 배우, 거기에 단지 약간의 도구와 몇 개의 의자와 몇 개의 책상뿐이다.

그리고 이것뿐인 단순하기 그지없는, 무대장치라고 할 것도 없는 '빈약한 무대장치'를 사용하여 삼라만상을 무대 위에서 그려낸다. 관객을 울게도 하고 도취하게도 하고, 동정하기도 하는가 하면 분노하게 만들기도 한다. 통탄하게도 하고, 즐겁게도 하며, 웃게도 하는가 하면 반성하게도 한다. 회한의 정을 품게 하는가 하면, 용기를 내게도 한다. 망향의 그리움에 젖게 만드는가 하면 힘을 내게도 하고 줄곧 가슴이 두근두근하게도 한다. 유현한 세계에 노닐게도 하는가 하면 극악무도한 지옥 묘사에 끌려가게도 한다. 지장知將·맹장猛將이 역전 분투하는 대접전의 흥분 속으로 이끌어가기도 하며, 청렬한 애정

113) 데포르메(deformation, caricaturization): 회화 · 조각 등에서 의식적으로 대상을 과장 변형시켜 표현하는 일.

이야기뿐만 아니라 비루하고 외설적인 음란한 애욕이야기의 주인공으로 만들어 버리기도 한다.

무대장치는 없다. 없기 때문에 원칙으로는 배우의 육체 기술로 무대장치를 대신한다. 신체 기술로 배우가 처한 환경을 표현해 내지 않으면 안 된다. 이것을 정식程式이라고 한다. 센다(千田是也)는 다음과 같이 말했다.

> 환경을 묘사하거나 암시하거나 혹은 시간의 흐름(추이)을 잡아 늘이거나 줄이거나 비약하기 때문에 새로운 연극 공간이나 시간을 훌륭하게 창조한다.

'배우의 신체를 매개로 하는 표현'[114] 그것이 정식程式이다.

그런데 정식에는 크게 두 가지가 있다.

하나는 앞서 설명한 바 있는 장면場面·성강聲腔·염백念白에 관련된 음악상의 정식이다.

또 하나가 이제부터 설명하고자 하는 배우의 연기에 관계된 정식 즉 연기공연 양식이다. 이러한 두 가지 정식이 경극을 성립시키고 있다고 말할 수 있을 정도이다. 그래서 '정식을 폐지 한다는 것은 경극 예술을 없앤다는 말'로 일컬어진다.

『경극지식사전京劇知識詞典』의 〈정식〉항의 설명을 보자.

> 연기상의 정식은 생활을 기원으로 삼는다. 생활 상의 동작은 일정한 규범에 의해 단련되고, 유형화되고, 미화되어 어느 정도는 꾸며지고 과장되며, 일정한 규율을 지녀, 지킬 수 있는 예술적 표현 형식이 형성된다. 이것

114) 앞의 책 『경극京劇』. (原註)

이 연기상의 정식이다.[115]

문을 열고자 해도 거기에 문이 있는 것이 아니다. 두 손으로 빗장을 여는 동작을 하고, 문짝을 양측으로 제쳐 열고, 문턱을 건너는 동작을 한다. 닫을 때에는 문턱을 넘어서 집안에 들어와 몸의 방향을 정면으로 향하고 두 손으로 문짝을 닫고 빗장을 걸어 잠그는 동작을 한다. 이층에 올라갈 때는 약간 허리를 반쯤 올려 일어서려는 자세로 빠른 걸음으로 탁탁탁, 하고 계단을 오르는 이미지, 이층에서 내려올 때는 이것과 반대, 이리하여 일층에서 이층으로, 이층이 일층으로 곧 순식간에 변화한다.

배를 저을 때는 형태를 변형시킨 노라는 소도구를 가지고 이것을 마치 노를 움직이는 것처럼 움직이면서 무대를 걷는다. 이것으로 배를 표현한다. 그런데 배에 타는 경우는 뱃사공 역할의 배우가 이 노를 내민다. 그러면 이것에 접촉하여 훌쩍 뛰어서 타는 동작을 하고 그 뒤 뱃사공과 손님은 몸을 앞뒤로 흔들흔들, 이것으로 배의 흔들림을 표현하는 것이다.

술을 붙여 화려하게 꾸민 말채찍은 말을 나타낸다. 예를 들면, 무장은 '말을 끌어라'라고 명령하면 마동은 말채찍을 똑바로 서서 들고 등장한다. 그래서 거기에 아주 말이 있는 것처럼 갈기를 어루만지는 동작을 반복한다. 무장은 말채찍의 상단에 달려있는 테(고리)에 오른쪽 작은 손가락을 대고, 말채찍을 일단 등 가운데로 가져가 두 발을 벌려 걸터타기 위해 살짝 앉는다. 여기서 승마는 완료된다. 그리고 나서는 오른손을 똑바로 펴서 말채찍을 가볍게 앞뒤로 흔든다. 이렇게 하면 훌륭한 승마 자세이다.

115) 吳同賓 周亞勳,『京劇知識詞典』〈表演程式〉條(天津人民出版社, 1990) 221쪽. (原註)

말에서 내려올 때는 오른손에 들고 있는 말채찍으로 양다리의 앞쪽을 번갈아 가볍게 때린다. 이렇게 한 뒤 두 손으로 뱅뱅 돌려 고삐를 묶는 동작을 하고 말채찍을 오른손에서 내려놓는다.

여기에 예시한 동작만을 이용하여 다시 한 번 설명을 해보면, 가령 2층에서 달려 내려와 문을 열고 밖으로 뛰어나간다. 거기서 말을 타고 다음으로 배로 옮겨 타고 거기에서 하선하여 다시 말을 타고, 문에서 집에까지 달려와 2층에까지 달려간다. 이만한 동작이 정말로 순식간에 이루어져 이층이 되고 문이 되고 준마가 질주하는 대평원이 되고 물이 넘치는 봄철의 작은 시내로도 변화한다.

지금, 어느 곳에서 무엇을 하고 있는가? 무엇을 표현하고, 거기에서 무엇을 하고자 하는 것인가? 등등 모두는 손가락의 형태, 눈의 움직임, 몸동작, 걷는 방식 등으로 표현하고 있다. 여기에 용투龍套 항목에서 본 것같이 움직임을 겹침으로써 무대 위에 전개되는 모든 정경·환경을 묘사하려고 하지만, 역시 배우의 신체 기교만으로 묘사할 수 없는 경우가 있다. 그래서 약간의 소도구를 사용한다.

두 손으로 구름 모양을 약간 변형시킨 '운편' 한 쌍을 들고 용투가 등장하면, 그곳은 이미 신선의 세계이다. 일 미터 사방 정도의 수기水旗(물결 깃발)가 있는데 여기에는 잉어와 물결무늬 등이 묘사되어 있다. 이 수기는 물결이나 물속 세계를 표현한다. 이 수기를 양손에 들고, 강하게 흔들면서 전후로 걸으면, 그것은 심한 물결이다. 황색 땅에 수레바퀴 무늬, 이것 또한 일 미터 사방 정도의 기이다. 한쪽에는 천보다 조금 긴 장대가 달려 있다. 이것이 수레를 상징하는 수레 깃발이다. 이렇게 용투가 두 손으로 수레깃발을 의미하는 거기車旗를 들고 그 사이에 끼고 나아가면 이것은 귀부인의 행차이다.

성城을 나타내는 것으로는, 한 개의 큰 천에 성벽과 성문을 그린

'포성布城'이 있다. 이것은 한가운데가 갈라져 있어서 여기로 드나들 수 있게 되어 있다. 무대의 양쪽에 포성이 설치되면 이것으로 또한 만리장성까지 표현된다. 두 개의 대나무를 평행하게 세워 놓고 또 한 개를 옆으로 가로질러 결합시킨다. 옆으로 놓은 대나무에 아름다운 색의 천을 펼쳐 놓는다. 이 천에는 금실 은실로 떠오르게 만든 용과 봉황의 자수가 있고 이 또한 중앙에서 좌우로 열린다. 이것이 천으로 만든 휘장이라는 '포장布帳'이다. 이것이 세워져 있으면 침실·침소가 된다. 모양은 포장과 거의 같은데 화려한 색은 아니고 차분한 색으로 용이 자수 놓아져 있다. 여기에 '삼군사령三軍司令'이란 문자가 있으면 이것은 장수를 나타내는 휘장인 사장帥帳이다. 대장군의 군영이 된다.

무기는 여러 종류로 잡다할 만큼 다종다양하다. 마치 중국 무술에 사용되는 무기를 모두 모아 놓은 것 같이 느낄 정도이다.

이러한 도구는 배우들이 직접 들고 등장하지만, 이 외에도 '검장檢場'[116]이라고 부르는 담당이 등장하여 준비하는 장치도 있다. 장치라고 하지만 책상과 의자뿐이다.

지금 연극이 진행되고 있는 무대에서 검장은 책상과 의자를 나란히 하고 다음 장면을 준비하는 것이다. 처음에는 연극의 방해가 되는 검장이지만, 경극도 자주 보게 되면 검장 그것은 '있으면서 없는 것'으로서 관객의 시계에서부터 사라지고 만다니 신기한 일이다.

검장이 몇 개의 의자와 책상으로 표현해 내는 것으로는 연회장·법정·험준한 산·한 사람이 겨우 지나갈 정도의 좁은 잔도·지붕 위·장

116) 검장檢場: 무대감독을 검장檢場 또는 검장인檢場人이라고 한다. 경극 공연 중에 의자와 책상 등의 도구를 운반하거나 설치하는 일, 불을 이용하여 특수 효과를 내는 일, 깔개를 던지는 일, 배우의 무대 의상 착용을 돕는 일 등을 책임진다. 따라서 무대감독은 경극의 업무에 대해 해박한 지식을 갖추어야 하고, 무대의 공연 상황에 익숙한 사람이라야 했다.

군의 막사·침실 등이 된다.

예를 들면, 객석에서 보아 무대 가운데 정도의 좌우에 책상과 의자를 한 개씩 배치한다. 위로부터 보면 팔八자와 같이 보이기 때문에 '팔자탁八字桌'이라 한다. 이것으로 연회장이 완성된다. 무대 중앙에 책상이 하나, 그 좌우 양쪽에 의자가 한 개씩 있다. 이것을 '팔자과의八字跨倚'라 한다. 관청의 집무·접객·가정에서의 단란한 장면 등을 표현한다. 무대 중앙에 책상을 한 개 놓는다. 그 위에 의자를 한 개 설치하여 책상을 향해서 오른쪽 의자의 등을 관객 쪽으로 향하도록 두고, 배우는 의자를 사용하여 책상에 올라가고, 때로는 책상 위의 의자에 앉는다. 이러한 형태가 '자그마한 고대高臺'로, 황족(귀족)이 타는 배·산언덕·장군의 지휘대 등을 나타낸다. 무대 중앙에 책상을 한 개 놓는다. 그 뒤에 의자를 둔다. 책상의 약간 안쪽에 끼워 의자를 두 개 놓는다. 어느 것이든 객석을 향해 등을 돌려 둔다. 이 의자에 사장帥帳을 나타내는 두 개의 대나무로 된 막대를 묶어 고정시킨다. 이것으로 대장군의 막사가 완성된다. 여기에서 사장帥帳 대신에 포장布帳을 펴고, 책상을 쑥 들어가게 하고 남은 의자를 포장의 내측에 두면 이것은 침실·침소가 된다.

의자와 책상의 조합은 이 또한 천변만화이다. 그렇다고 무수히 사용되는 것은 아니다. 많으면 책상 3개에 의자 4개 정도이다. 장면이나 용투의 항목에서 설명한 것처럼 원칙으로는 여기에서도 객석에서 무대를 향하여 좌우 대칭으로 배치된다.

도구라고 해도 다만 이것뿐이다. 그러므로 이것 또한 장면 전개는 대단히 빠르다.

행두行頭는 희의戱衣(의상)·회두灰頭(쓰개)·염구髯口(수염)·화혜靴鞋(신발) 등이다. 희의는 원칙적으로 위로는 황제에서부터 아래는 서민까지 경극이 생겨난 청대말기의 의상을 기본으로 하여 그것에 장식을 덧보태었다. 그러므로 은殷나라를 무대로 하는 공연물이든, 신선 세계의 이야기든 의상은 기본적으로 청대말기의 것을 토대로 하고 있다.

갑옷을 표시하는 '고靠'를 입은 무장 역은 등 가운데에 삼각형의 '고기靠旗'를 4개 꽂는다. 이것은 대병단을 표시하며, 이것을 등에 지고서 고靠를 입고 있으면 대병단을 통솔하는 장군이다.

회두灰頭·염구髯口·화혜靴鞋 등에는 또한 위계·직업·연령 등 세밀한 구별이 있다. 어쨌든 정식程式·체말砌末·행두行頭야말로 배우의 신체기예(體技)를 두드러지게 하고 재빠른 장면 전개를 가능하게 만드는 것이다.

무대에는 배우만 있으면 된다. 배우의 숙달된 기술만으로도 중국인이 생각하는 모든 세계를 무대 위에 묘사할 수 있다. 배우 이외의 도구는 필요 최저한도로 제한된다. 바꿔 말하면, 무의 무대에서 무한의 세계를 묘사해 내는 것이 배우라는 살아 있는 몸을 지닌 인간일진대 중국인은 어디까지 인간에게 기대하는 것일까?

8. 연극 공간의 안과 바깥 : 무대와 관객

배우가 갖춰진 의상을 입고, 목소리의 음을 조정하는 것이 끝나고, 악대에 의한 개장라開場鑼가 거의 끝난다 해도, 역시 관객이 없는 한, 연극은 시작되지 않는다. 그러므로 관객도 또한 연극을 성립시키는 중요한 요소이다.

배우가 관객을 단련시키고, 관객은 배우에게 엄격하게 주문을 한다. 이리하여 무대는 무한의 세계로 향하여 질주하고, 거기에 '초지상적인 찬란함'을 지닌 세계를 그려낼 수 있는 것이다. 배우뿐만 아니라 관객도 연극이라는 순간 예술의 창조에 참여하고 있다.

일찍이 이러한 경험을 했던 적이 있다.

1976년이었을까. 상해 경극단이 혁명현대경극을 가지고 일본에 와서 공연한 첫날이었다. 장소는 시부야(澁谷)의 NHK 홀이었다.

그 넓은 회장에는 일본 공연을 축하하는 대기업의 화환이 무수하게 장식되어 더욱 '중일우호日中友好 무드'를 돋우었다.

그 당시 '중일우호 유명인'들을 비롯하여 중국 진출에 의욕적이었던 대기업의 경영자나 거기에 업무차 달려간 기업 관계자들로 회장은 열기에 휩싸였다.

곧이어 공연 시작을 알리는 벨이 울린다.

매란방으로 이미지가 된 휘황찬란한 경극을 드디어 보게 되는구나!

경극을 본적이 있는 사람이나 못 보았던 사람이나 아마도 객석의 대부분은 이런 기대로 가득 차 있었을 것이다.

NHK 홀의 거대한 커튼이 오른다. 기대에 찬 객석에서는 우레와 같은 박수가 터져 나왔다. 첫번째 공연 제목은『지취위호산智取威虎山』이었다.

시대는 1946년. 동북 지방의 어느 곳, 깊은 산림 속, 주변은 온통 은세계, 얼어붙은 것 같은 차가운 날씨 속에 홍기를 내세우고 한 떼의 해방군 부대가 씩씩하게 등장한다. 곧 명령이 떨어진다.

앞으로 갓! 정지!

그리고 다음과 같은 대사가 이어진다.

참모장께 삼거리입구 도착을 보고합니다!
좋아, 잠시 쉬어!

여기서부터 연극은 시작되지만 이러한 무대장면에 접한 객석의 모습이 우습다. 배우가 입고 있는 것은 찬란한 의상이 아니라 해방군의 군복, 그래서 화려한 경극의 무대를 기대했던 대다수의 관객은 낙담의 빛을 감추지 못한다. 약간 과장되게 표현한다면, 놀람과 실망감이 객석을 뒤덮는데 오랜 시간이 걸리지 않았다.

한편 무대 위를 보자.

그만큼 호화롭고 청결하고 밝은 근대적인 설비를 지닌 무대는 중국이 넓다고 해도 드문 것, 배우들도 처음 무대라 똑같이 긴장의 빛을 감추지 못한다. 확실히 최선을 다하는 연기이다. 하지만 잠시 후 분명하게 목소리를 떨어뜨리게 되고 연기동작을 빼먹기 시작했다. 그것은 객석의 기대가 실망으로 바뀐 직후이다. 아마도 객석의 대부분이 그들이 연기하는 혁명현대경극에 흥미를 가지고 있지 않다는 것을 직감하였음에 틀림없다.

그리하여 배우에게도 관객에게도 불행한 형태로 아무튼 흥미가 고조되는 것 없이 혁명현대경극의 일본 초연 공연은 막을 내렸다.

종연 벨이 울리자 앙코르의 박수가 있었지만, 그것은 의무감에서 외치는 것이라는 것쯤은 배우들은 잘 알고 있었을 것이다. 물론 관객도 그렇고….

이 때 만큼 관객도 또한 연극의 세계를 이루는 아주 긴요한 요소라는 것을 통감하였던 적은 없었다. 아마도 먼 옛날 사람들이 기예라고 하는 것을 몸에 익히고 그것을 타인 앞에서 연출할 때 연출하는 측도 보는 측도 일종의 쾌감을 느꼈을 때, 그것이 바로 연극·연예의 시작이었겠지만, 아마도 당시는 무대 같은 것은 없었을 것이다. 얼마동안은 비바람을 그대로 맞는 고대高臺 그것이 무대였을 것이다. 이윽고 배우·예인이라는 전문직이 생겨났다.

한대漢代가 되자 휘장으로 둘러치게 되었고, 이윽고 당대에는 객석과 무대가 구별되게 되었다.

고정식은 벽돌로 만들어지고, 임시의 경우에는 목재를 조립하여 각각 무대를 만들었지만 그것 또한 기둥도 덮지 않아 비바람을 맞는 노대였다. 이런 종류의 무대를 정면에서 바라보는 것으로 관극 장소가 지어졌는데 이것이 난간으로, 아마도 난간이 진화를 거듭하여 현재의 객석이 되었을 것이다.

이윽고 11세기 말이 되면 무대의 전면에서부터 3분의 2에 해당하는 부분에 기둥을 두 개 세우고, 그 기둥 사이를 칸막이하거나 또는 판으로 가리게 되었다. 이것이 후대後臺라는 분장실의 탄생이었다. 객석으로부터 무대를 향해 좌측이 상장문, 우측이 하장문이다. 그래서 배우는 후대에서 준비를 갖추고 상장 문으로 등장하여 하장문으로 퇴장하게 되었다. 이 당시 관객은 무대의 세 방향에서 배우의 연기를 즐겼다.

그리고 농촌에는 도시보다 일찍 지붕이 있는 정亭이라고도 부르는 고정식의 무대가 출현했다. 후대도 사방을 둘러싸고 보니 분장실처럼 되었다. 묘에 병설된 무대인 희대가 그것인데, 일반적으로 관객은 서서 보았다. 여성 관람객에게는 임시로 높게 만든 관람석이 마련되는 경우도 있었다.

근대에 들어오자, 무대와 객석을 하나의 건물 속에 수용하는 형태의 연극演劇 공연장이 생겨나게 되었다. 청대말기의 판화 등을 보면 북경의 다원茶園이라고 부르는 건축물 등에서 관객은 무대를 향해 직각으로 나란한 긴 걸상에 앉아서 무대를 즐기고 있다. 아마도 머리를 좌우로 돌리고 얼굴을 무대 방향으로 계속 향하고 있기 때문에 머리가 아팠을 것이다. 그래서 그랬는지 객석은 긴 의자지만 방향을 현재처럼 무대와 평행하게 배치해 관객은 정면에서 무대를 즐기게 되었다.

이윽고 유럽풍의 건축이 근대 도시인 상해 주변에 등장, 현재와 같은 대극장 식의 무대에서 연극이 공연되게 되었다. 그래서 일찍이 앞과 좌우 세 방향에서 보았던 연기는 정면에서만 보게 되었다.

아마도 정면에서만 보이는 무대보다는 정면과 함께 좌우 세 방향에서 관객의 눈에 드러나는 쪽이 배우로서는 힘들었을 것이며 그런 여건에서 고도의 기예가 요구되었던 것은 아니었을까? 무대 구조의 진화가 기예藝의 퇴화를 초래하는지도 모르겠다.

오쿠노의 말을 들어보자.

> 현재의 피황희에 있어서는 이미 옛날 무기武技의 신성한 정신은 모두 상실되어서, 전쟁이나 요괴 정벌이나 죄인을 잡을 때의 난투에 불과한 것이 되고 말았다. 옛날과 비교해 무대 위의 특수한 장치 등이 없어지게 된 점을 보아도 상당히 간이화된 것이다. 이전은 철봉 장치가 있어서, 무공도 이것을 이용한 한압부수·순풍기·괘운·천금추·방차·삼견면·타연환·기고탕과 같은 명칭의 기법이 있었지만, 지금에 와서는 장치도 없지만 또한 이런 기법도 없어졌다.이화원頤和園의 이악전頤樂殿의 희대戱臺에는 천장에 움푹 들어간 곳에 구환鉤鐶(갈고리)의 장치가 현존하고 있어 이거야말로 최근까지 이른바 공중타기 기법이 성행되고 있었다는 것을 말해준다.[117]

'한압부수寒鴨浮水·순풍기順風旗·괘운掛雲·천금추千金墜·방차紡車·삼견면三見面·타연환打連環·기고탕幾股蕩' 등 한자로 표시해 놓는 것들의 의미를 파악해 보는 것만으로도 재미있을 예능들이다. 이러한 예능을 연출하는 배우들이 없어지고 기예가 쇠퇴했기 때문에 '철봉鐵棒 장치'가 없어지고 그것이 불필요하였으니 무대에서 없어지고 마침내 기예 그 자체도 없어졌다. 그렇지 않다면 무대의 구조적 변화가 '철봉의 장치'를 없애고 마침내는 '한압부수·순풍기·괘운·천금추·방거·삼견면·타연환·기고탕' 등을 위주로 한 기예도 계승자가 없어졌다고 해야 할까.

어쨌든 무대의 구조적 변화는 또한 기예 그것을 변질시키는 것 같다.

그런데, 어떤 무대가 경극의 '개성'을 최대한 발휘시킬까? 그것은 아마도 자금성 안에 있는 세 개의 무대 중 하나인 창음각暢音閣 대무대大舞臺일 것이다.

---

117) 오쿠노(奧野信太郎), 〈中國演劇의 諸問題〉 3 '武技의 마음', 앞의 책『藝文おりおり草〉. (原註)

자금성 내에는 3개의 무대가 있다. 가장 크고 훌륭한 것은 지상 3층 지하 1층으로 된 창음각의 무대이다. 각층에는 정밀한 부조로 장식된 용마루가 드러나 있고, 소벽은 아름다운 그림으로 채워져 있다. 각 층의 마루를 제거할 수 있게 되어 있어, 십여 미터의 높이에서 배우가 뛰어내리는 모양은 실로 호쾌하다. 거꾸로 공중돌기를 해서 일층에서 삼층까지 뛰어오르는 것도 가능하다.

이와 같은 장치를 사용하여 요괴 변화나 신화에서 제재를 취한 훌륭한 연극이 상연된다. 손오공이나 관음보살이 하늘에서 춤을 추고 내려오거나, 순혜낭의 혼이 땅 밑에서 나타나는 장면은 창음각의 대무대에는 안성맞춤이다. 이외에 불을 토한다거나 물을 내뿜는다거나 하는 장치도 충분하다.[118]

이 정도의 무대로 경극을 접할 수 있다면 그것은 희미에게는 꿈에 속한다.

그런데 배우와 관객이 무대를 끼고서 이쪽과 저쪽, 바꿔 말하면 연극 공연장 속에서 마음 편하게만 세계를 묘사하고 있으면 좋았던 것은 아니다. 역시 거기에는 정치권력이라는 "보이지 않는 손"이 있었다. 연극공연장이라고 해서, 거기에서 마음대로 권력을 비판할 수는 없었다.

청대淸代의 법령집法令集인『대청율례大淸律例 권제34』에는 대략 다음과 같은 규정이 있다.

> 배우가 연극을 공연하는 경우 역대황제歷代皇帝·후비后妃·선성宣聖·선현先賢·충신忠臣·열사烈士·신상神像으로 분장해서는 안 된다. 위반하는 경

118) 앞의 책『最後一個太監』, 85쪽. (原註)

우에는 백대의 곤장의 형벌이 가해진다. 다만 의부절부義夫節婦·효자순손孝子順孫으로 분장하여 사람들에게 권면하는 경우는 이것의 범위에 들지 않는다.

이 규정은 청대뿐만이 아니고 그 전인 명대 또는 그 전인 원대에도 있었던 것 같다. 결국, '역대황제·후비·선성·선현·충신·열사·신상으로 분장할 수 없다'라고 말하는 것은 왕조가 '옳다고 여기는' 것에 비평 투의 해석을 더구나 비판 등을 해서는 안 된다. 기껏 서민은 한층 좋은 가정 질서를 지키기 위해 '의부절부義夫節婦·효자순손孝子順孫'을 주제로 삼은 연극이나 보고 있어라 하는 것이다. 그런데 백대의 곤장이라는 형이 중한 것인가 경한 것인가? 당시 '해금海禁'이라고 해서 일반인의 해외 도항은 엄금되었다. 그것을 위반해서 해외 도항을 기도하는 경우, 백대의 곤장 형이었다. 결국 천하의 정도政道를 연극으로 비판하는 것도 외국과의 통상 금지를 어기는 것과 똑같은 죄이다.

이것은 연극 공연 목록에 걸친 규정이지만 연극 그 자체를 금하는 법령도 보인다.

옹정 6년(1728)에 아래와 같은 명령이 나와 있다.

마을의 사당(廟)의 젯날 돈을 추렴해서 연극을 하였지만 남녀가 집단으로 모이면 풍기가 문란하였다. 해당 지역의 부랑자들은 연극 공연을 빌미로 금품을 긁어모았다. 무뢰한은 도박장을 열었다. 이러저러한 것은 낭비니까 금지하라.[119]

그 뒤를 보면 그렇다고 해서 사당의 제삿날에 마을 연극을 그만둘 리는 결코 없었다.

---

119) 『憲皇帝實錄』卷六十七. (原註)

함풍咸豊 2년(1852)이 되면 "연극이라는 것은 원래 권선징악을 취지로 한 것이었다. 유약한 음악이나 광포한 연예는 악인을 찬양하고 도둑질을 부추기는 것이다. 이 폐해는 심하여 사람들의 마음이나 풍속에 깊이 관계되고 있다. 조속히 엄금토록 하라"[120]라고 되어 있지만 역시 '그 즉시 엄금'된 적은 없었다.

아니 이것만이 아니다. 청조 황실은 안으로 지탱해 온 고위 고관·환관, 그 위에 청조를 보호하는 군사 조직의 핵심인 팔기八旗의 병사에 이르기까지 모두 배우를 자신의 저택에 불러 연극을 즐기고 심지어는 배우들의 후원자가 되어 공금을 유용해가면서까지 배우에게 금품을 제공하고 연극공연장에 죽치고 오랫동안 눌러앉아 있는 것은 그나마 나은 편에 속한다 하겠는데, 그런 부류 가운데는 끝내 배우가 된 자도 있었다.

경극이란 연극의 구조를 여러 가지로 생각해 보는 가운데 단지 배우만이 공연하는 것도, 관객의 좋아하는 대로의 무대가 제공되는 것도 아닌 것을 알게 되었다. 경극이 중국인들의 사고와 일상생활에 유형·무형으로 크나큰 영향을 주어 왔기에, 경극에 가해진 정치권력이라는 존재를 역시 생각하지 않을 수 없을 것이다.

그렇기에 경극이란 연극이나 중국인과 연극과의 관계를 알기 위해서도, 무대를 떠나 연극 공연장을 벗어나 정치와 역사의 세계로 고찰의 대상을 확대하지 않으면 안 된다.

---

120)『大淸文宗顯黃帝聖訓』卷五十一. (原註)

제이본第二本

변증개희辨證改戲: 희곡개혁을 논함

— 중국공산당은 경극을 어떻게 개혁하고자 하였는가?

희개(戲改)

희곡개혁의 약칭. 중국의 희곡유산은 풍부하다. 이러한 유산을 비판적으로 계승하여 이것을 빛나게 하는 것은 대단히 필요한 일이다. 다만 역대 반동 통치자는 희곡을 인민을 해치고 마비시키는 도구로써 이용하였다. 따라서 봉건성의 찌꺼기를 제거하고 민주성의 정화를 흡수하여 새로운 기초위에 개조하고 발전시킴으로써 비로소 사회주의와 인민의 필요에 합치시킬 수 있다.[1]

1) 上海藝術研究所·中國戲劇家協會上海分會 編,『中國戲曲曲藝詞典』(上海辭書出版社, 1983년), 1쪽. (原註)

지금까지 살펴본 구조를 지닌 경극이란 것이 중국인 사회, 그것도 청조말기의 황제에서부터 시정의 일반서민에 이르기까지 받아들여지고 있는 최대의 이유를 약간 과장해서 표현해 본다면 경극이라는 연극이 중국인의 정신생활에 합치되고 있었다는 것이 될 것이다. 솔직하게 중국인이라는 민족의 취향대로 중국인의 민족성의 훌륭한 점도 나쁜 점도 경극이 그대로 고스란히 무대 위에 표현해 온 것이다.

이것을 와쓰지(和辻哲郎)의 말로 바꿔보면, 경극의 '무대 위에 만들어진 세계 즉 상상력에 의해 나타난 세계'라고 느껴지는 '초지상적인 광휘'[2]에 중국인이라는 민족이 매료되어 버렸다는 말이 된다.

> 배우의 오체五體와 목소리에 의지하는 경극이 그것만으로 삼천 대세계에 꿈틀거리며 살아있는 모든 인간들을 묘사하며, 목석(木石)에까지 생명을 불어넣고 요괴마저도 영웅으로 만들어낸다.
> 기쁨과 고뇌, 쾌락과 처참함, 즐거움과 슬픔의 사이에서 요동하는 인간이라는 살아있는 존재의 행위·마음의 갈등, 아득한 고대세계에서 현대를 뚫고 멀리 미래에 까지, 영웅호걸이 떼 지어 모이고 천지를 진동케 할 만큼 전개되는 대접전의 파노라마에서 시정 무명서민들의 수선을 떠는 어리석은 내용의 희극에 이르기까지, 미남과 미녀의 비련에서 대도적의 흉악무도한 일에 이르기까지.
> 황제·황후의 은밀한 미행에서부터 맹장猛將부부의 애증극에 이르기까지, 남편을 대신하여 전투에 나간 여걸·여자군대가 세운 전투의 업적, 애국진충의 지사의 비극적 결말, 활개 치는 후안무치의 매국노의 피로 물든 비참한 극에서부터 한가한 농촌풍경, 가난한 서생이 성공하는 이야기에서부터 위대한 성인에 대한 과장된 이야기, 근엄한 인생교훈에 대한 야유, 태만하게 세월 보내는 것에 대한 찬가, 부모효행에 자식불효, 신선이 노는 기쁨에 가득한 풍요로운 세계, 꿈과 혼동할만한 찬란한 선계, 영원히 씻을 수 없는 한을 품은 영혼들이 모여 있는 황천세계, 아비규환의 지

2) 앞의 책『日本藝術史』第一卷. (原註)

> 옥의 그림 곧 삼라만상, 무릇 인간이 생각할 수 있는 인간의 상념이 묘사할 수 있는 모든 세계를 무대 위에 그려내려고 하는 것이다.

이러한 경극에 빨려 들어간 중국인의 세계에 1949년 10월 모택동이 이끈 사회주의정권이 통치하는 '신新'자를 덧붙인 중국, 즉 중화인민공화국이 탄생하였다. 지금 새삼스럽게 이야기할 것도 없이 이 신중국은 그 이전에 존재했던 수천 년의 역사를 지녔던 중국에 '구舊'라는 한 글자를 덧씌워서 그것을 전면적으로 부정하고 말았다. 그렇게 되면 구 중국에서 태어나 성장했던 위로는 황제에서부터 아래로는 서민까지 바로 생활 구석구석에까지 침투했던 경극도 또한 본래는 전면적으로 부정되어야 할 것이었다.

그런데 끈질긴 경극은 죽지 않았다. 신중국에서 경극은 마치 불사조와 같이 화려하게 날개를 달았다. 매란방·정연추·주신방·마련량·담부영·소장화 등 중국 연극의 역사에서 두 번 다시 나타나지 않을 명인명창들이 배출되어, 그들이 등장하는 무대는 전무후무하다고 자신 있게 단언할 수 있을 정도로 활기를 보였다. 그들이야말로 화려하고 현란하고 호화롭고 우아하고 용감하고 비장하다는 그리고 모든 형용사를 사용하여도 형용할 수 없을 정도의 세계를 무대 위에 표출시켰다.

여기에도 중국인 세계에 있어서 경극의 특이성이 있었다. 아무래도 중국인의 체내에 부정할래야 부정할 수 없을 정도로 깊이 뿌리내린 연극애호라는 체질은 '구舊'이든 '신新'이든 시종일관 흔들리지 않았다고 할 수 있다.

그래서 1904년에 혁명파에 의해 발간되었던 중국 최초의 연극평론지인 『20세기 대무대』란 지상誌上에 진독수가 주장한 바와 같이, 중국에서 '극장은 온 나라에 널리 퍼진 대학'이고, 연극은 '풍속을 고치고 민중의 지혜를 계발시키고 조국의 혼을 불러일으키는' 것이며, 배우야말로 '전국 어디에도 있는 위대한 교사'였다.

〈20년대의 4대 명단名旦. 왼쪽 위로부터 순혜성·매란방·상소운 아래는 정연추〉

'온 나라에 널리 퍼진 대학'을 개조하라

여기에서 신중국의 담당자인 공산당정권은 이 '온 나라에 널리 퍼진 대학'에서 '위대한 교사'들에 의해 공연되는 연극도 또한 '신新' 즉 새롭게 하려고 했다. '온 나라에 널리 퍼진 대학'을 새롭게 하고, '전국 어디에도 있는 위대한 교사'를 개조시키기만 하면 '구 사회舊社會'에 오염되었던 '풍속을 고치고 민중의 지혜를 계발하고 조국의 혼을 불러일으키고', 그 결과 전 국민에게 사회주의의 위대함과 중국공산당의 정당성을 알릴 수 있다. '신중국新中國'에 어울리는 중국인민을 만들어 낼 수 있다고 생각했음에 틀림없다.

이 때, 중국공산당이 내걸었던 성전聖典이 신중국의 조정자였던 중국 공산당주석 모택동의 〈문예강화〉[3]이었다.

개혁개방노선을 밀고나가 '경제에 매진하기 시작한 시기'의 한가운데에 있는 현재의 중국에서 모택동 개인의 생활에 관계된 다양한 일화가 화제가 되어, 그의 초상화가 교통안전의 수호신이 되는 일은 있어도, 그의 저작이 국가적 차원에서 화제가 되는 일은 없는 것 같다. 하지만 이전에는 그렇지 않았다. 그의 저작은 "불멸不滅의 대전大典"이고, 이것만이 중국이 아니 세계가 안고 있는 모든 문제를 해결할 수 있는 "만능의 처방전"이었다. 돌이켜보면 예삿일이라고 할 수 없는 참으로 특이한 시대였다는 기분이 든다.

3) 문예강화文藝講話: 정식명칭은 연안 문예회담 석상에서의 강화라는 의미의 〈재연안문예좌담회상의 강화在延安文藝座談會上的講話〉. 1942년 공산당의 근거지인 연안에서 소비에트 주석 모택동이 발표함. 공산당이 내부적으로 강력한 위계질서 확립을 위해 전개되었던 정풍운동의 일환으로 발표됨. 그 이후 연안문예강화는 중국의 문화활동과 문학활동의 전반을 규정하는 원칙으로 자리잡게 되어 사회주의 현실주의 문학이론의 이론적 근거가 됨. 1978년 모택동이 사망하고 문화대혁명의 시대가 막을 내릴 때까지 중국의 학술 문화 문학을 통제하는 최고의 강령으로 군림하였음. 이하 〈문예강화文藝講話〉라 칭함.

'문예강화文藝講話'와 '가져오기 만능주의(나래주의拿來主義)'

중화인민공화국이 성립되기 7년 5개월 전인 1942년 5월, 혁명의 근거지인 연안에서, 모택동은 백 명 전후의 문예담당자들을 모아놓고 문예 강화를 주최하였다. 이 좌담회에서의 모택동의 발언을 재록再錄·가필하여 발표한 것이, 예의 '문예 강화文藝講話'이다. 그 가운데서 모택동은 문학·예술이야말로 혁명의 중요한 구성부분이고, 인민을 단결시키고 교육하고 결국은 적을 멸망시키기 위한 유력한 무기로 규정하였다.

이러한 용감한 발언이 있었고 그래서 이 발언을 입에 올렸던 모택동이 중국공산당을 이끌어 중화인민공화국을 지도하게 되었기 때문에, 중국의 문학·예술이 여러 차례의 정치투쟁의 거센 물결에 휩싸이게 되었다. 물론 경극도 또한 예외는 아니었다. 아니 솔선하여 거센 파도 가운데 뛰어 들어갔던 때조차 있었다.

우선 모택동은 '우리들의 문학·예술'은 '인민대중'의 것으로, '인민대중'은 첫째로 혁명의 지도계급으로서의 노동자, 둘째로 혁명의 동맹군으로서의 농민, 셋째는 혁명투쟁의 주력으로서의 인민무장조직이며, 마지막으로는 도시의 소부르주아지 근로대중 및 지식인이라고 분류하고 있다.

또한 '과거시대의 문학·예술의 형식'의 "이용을 거부한 것은 아니지만 그것들의 낡은 형식도 우리들의 손에 옮겨져 개조를 거치고 새로

운 내용을 담아냄으로써 인민에게 봉사하는 혁명적인 것으로 변화하는 것이다"라고 주장하였다.[4]

즉 모택동의 사고에 따르면, '과거의 시대의 문학 · 예술의 형식'인 경극도 '그 이용을 거부하는 것이 아니라, 그것들의 낡은 형식도 우리들의 손에 옮겨와 개조시켜 새로운 내용을 담아냄으로써 인민에게 봉사하는 혁명적인 것으로 변화된다.'는 것이다.

이처럼 '과거시대의 문학 · 예술'에 대한 모택동의 생각이, 그 뒤의 중국의 문예정책에 결정적인 영향을 주게 되었지만, 이러한 생각은 반드시 그의 독창만은 아니었다. 연안에서 모택동이 열변을 토하기 8년 전인 1934년 6월, 현대중국의 문학 · 예술을 말할 때 잊을 수 없는 노신魯迅이 '가져오기 만능주의'[5]라는 문장을 발표하였기 때문이다.

이 문장에서 노신은 지배계급에 의해 만들어진 문화를 대저택에 비유하였다. 그리고 대저택을 지닌 주인에 반대하는 가난한 청년을 등장시켜, 그가 대저택을 새로이 소유하게 될 주인이 되게 한다. 그런 경우 청년의 태도를 세 가지로 나눠 말한다.

① 원래 소유한 주인의 영향을 받을 것을 두려워하여 저택 안에 발을 들여놓지 않는다면 '의지가 약한' 사람이고
② 대저택에 불을 놓아서 자기의 순결을 지키려한다면 '큰 얼간이'이며
③ 아편을 먹고 은근히 동경했던 원래 주인의 생활을 즐기려하면 '변변치 못한 사람'

---

4) 또 毛는 "어떤 형식의 정치와 경제는 우선 그것에 따른 형태의 문화를 정하고, 그러고 나서 그 문화에 따른 정치와 경제에 영향과 작용을 미친다."라고 하고 있다. (原註)

5) 원래 용어는 '나래주의拿來主義' 1934년 6월7일자 『중화일보中華日報』. 필자명은 곽충霍冲. 후에 『차개정문집且介亭文集』에 수록됨. (原註)

이어서 다음과 같이 결론을 맺는다.

> 어떤 것은 사용하고, 못쓰게 만들고, 두드려 부순다. 새로운 주인에게 새로운 집이라고 하면, 결국 자신을 버리지 않으면 안되는 것이다. 사람에게는 침착·용맹·분별이 있다. 옛날 것 중에 스스로 가서 가져오지 않으면, 사람은 변할 수가 없다. 스스로 나가서 가져오지 않으면 새로운 문예로 바뀔 수가 없다.[6]

모택동의 '우리들의 문화·예술'과 노신이 주장하는 '신문예'는 동일한 것일까? 그것은 크나큰 의문인데 적어도 구문화·예술에 대한 생각은 적극적인 비판적 계승이라는 점에서 일치하고 있다. 그렇다면 역시 문화·예술의 하나인 경극도 또한 이러한 사고를 출발점으로 삼지 않으면 안 될 것이다.

그런데 이러한 적극적인 비판적 계승이 기준이라는 것이 되지만, 문예강화 중에서 탐색해보면 또 다음과 같은 주장이 있다.

> 프롤레타리아 계급은 과거의 유산에 대해 우선 그 인민에 대한 대응을 명확하게 하지 않으면 안 된다. 역사상 진보성이 있는 것인가 없는 것인가? 그것에 따라 다른 대응을 취한다.

그런대로 알 것 같지만 '역사상 진보성이 있는 것인가 없는 것인가'라는 소위 새로운 기준을 적용시키면 또한 이해가 잘 안 된다.

여기서 구체적인 사실을 하나의 예로 삼아 '역사상 진보성이 있다'는 것이 도대체 어떤 것인가를 살펴보고자 한다.

---

6) 여기에서 말하는 '스스로 가서 가져 온다', '자신의 가치판단에 입각해서 가져 온다'라는 것은 '나래拿來'라는 동사의 원래의미이다. 이에 대한 반대어가 '나의 의지에 관계없이 상대방에게서 주어진다'라는 의미에서의 '송래送來'이다. (原註)

우리는 수호水滸의 영웅들이다

문예강화좌담회文藝講話座談會가 행해진 다음해인 1943년 연안延安 중공中共 중앙당교中央黨校의 교직원들이 결성한 아마추어극단인 대중예술연구사大衆藝術研究社에 의해 신 작품 경극인 『핍상양산逼上梁山』이 상연되었다.

이 『핍상양산』은 그때까지 상연되었던 『보천기寶釧記』·『영보도靈寶刀』·『영웅혈루도英雄血淚圖』 등 수호극의 원본인 『수호전水滸傳』에서 제재를 취했던 공연작품들을 바탕으로 삼고, 거기에 송대의 역사적 사실을 가미시켜 양소훤楊紹萱에 의해 쓰인 것이다. 수호극에서 익히 알려진 영웅호걸의 한 사람인 '팔십만八十萬 금군교두禁軍敎頭'인 임충林冲이 주인공이다. 하지만 임충의 활약은 구사회의 수호극에서의 그것과는 크게 다르다.

『핍상양산逼上梁山』의 작품을 만드는데 가담했다고 생각되는 김자광金紫光은 다음과 같이 설명하고 있다.

> 역사적 유물주의의 관점에 기초하여 임충의 이야기를 풍부하게 하여 발전시켰다. 여태까지 임충을 표현하고자했던 모든 문예작품과는 달리, 임충 개인이 어려움에 직면되었던 것을 표현한 것은 아니다. 임충에 얽힌 이야기에 덧붙여 인민대중의 불행과 반항투쟁의 모습을 표현하였다. 박해를 당한 임충이 어쩔 수 없이 양산박에 오르는 스토리를, 봉건통치계급의 압박과 착취에 견딜 수 없는 인민대중의 모습에 중첩시켜, 결국은 조반하는 양산박에 올라 의를 맺어 혁명 대오에 합류해가는 모습을 묘사한 것이다.[7]

7) 金紫光, 『人民畵報』 1978년 2월호에 수록된 〈『逼上梁山』-京劇革命的開端〉. (原註)

실은 진짜 주인공은 봉건계급통치의 무거운 압박에 분노를 터뜨리는 민중들이었던 것이다. 하층계급출신의 군인인 임충은 정의감에 끌려 마침내 이치에 닿지 않는 지배계급에의 반항에 나선다. 이철李鐵·이소이李小二·노지심魯智深 등 이들 또한 잘 알려진 호걸들로, 반봉건·반권력 투쟁의 영웅으로서 차례대로 등장, 이리하여 '인민군중의 혁명정신과 영웅적 행위, 게다가 역사를 전진시키는 위대한 활동을 열렬하게 찬양한다'[8]는 것이다.

바로 쿠로자와 아키라(黑澤明)의 명작인 『7인의 사무라이』[9] 중 감동적인 마지막 장면에서 시무라(志村喬)가 연기하는 노무장老武將이 중얼대는 한마디가 '승리한 것은 농민'이다. 그렇다. 이 정신에 가까운 것인지도 모르겠다. 하지만 『7인의 사무라이』에서는, 한편은 야인 무사에서 몰락한 강도의 무리이고, 또 한편은 힘없고 가난한 농민들이다. 그리고 농민을 돕는 것은 가난하고 약한 백성 그들에게 고용된 낭인집단浪人集團이다. 그러므로 권력자가 인민을 부당하게 대하면 인민은 반항한다는 '관핍민반官逼民反'은 아니다. 이 영화에 일관된 가난한 자를 대하는 휴머니즘은 지나치게 정서적이다. 다만 『핍상양산逼上梁山』을 일관하고 있는 사상은 권력층이 핍박하면 백성은 반항하게 된다는 '관핍민반官逼民反'이다. 그것은 뒤의 문화대혁명의 근본사상이 되었던 반역하는 데는 그만한 이유가 있다는 '조반유리造反有理'와 통하고 있다. 그렇다면 당연한 도리로서의 '반역'하였던 빈약한 농민의 대극에 있으면서 그들을 '핍박(逼)'하는 '권력자(官)'는 어디까지나 악

---

8) 『中國大百科全書』〈戲曲曲藝〉(北京·上海: 中國大百科全書出版社, 1983), 20쪽.

9) 『7인의 사무라이』: 16세기 일본 막부시대를 배경으로 산적들에게 매년 식량과 여자를 약탈당한 산간의 농민들이 일곱 명의 사무라이를 고용하여 산적과 싸운다는 내용으로 1954년에 공개된 일본영화.

덕 봉건지배계급이 아니면 안 된다.

『7인의 사무라이』와 같이 가문 성씨도 없는 굶주린 이리와 같은 강도의 무리여서는 곤란하다. 차라리 모택동의 기준에서 말하면, 『7인의 사무라이』에서 적의 역할인 강도들도 또한 어느 쪽인가 하면 '관官'에게 부당한 대우를 받았던 피해자이고, 약한 인민 측으로 분류되어야 할 만한 사람들이다.[10] 역시 모택동의 기준에서 보면 봉건지배계급은 인민의 원망과 한탄의 소리에는 아랑곳없고 어디까지나 가렴주구에 애쓰며 인민을 고통의 바닥에 빠뜨리고도 태연하게 미소 짓는 냉혈귀가 되지 않으면 안 된다. 그래서 지배계급의 악덕에 인민은 도탄의 고통을 맛본다. 아니 철저하게 맛본다. 그래서 인민은 궐기하지 않을 수 없다. 그리고 '반봉건지배계급의 투쟁'의 선두에 선 것이 누구라도 아는 임충 등 『수호전水滸傳』에 등장하는 영웅호걸들이라는 것이다.

1944년 정월 공연 때, 『핍상양산逼上梁山』의 무대를 두 차례 본 모택동은, 극단이 준비한 손으로 쓴 각본에 붉은 글자로 수정하고, 게다가 편지로 연출 제작진을 극구 칭찬하고, 동시에 경극혁명의 방향을 지시하고 있다. 그 후 모택동의 '수정필적'을 담은 『핍상양산』은 연안

---

10) 『상항지가上杭之歌』는 또 '하지만 포로가 된 병사들은 다르다 / 저들은 우리들과 같이 가난한 사람들 / 아아, 참으로 가난한 사람들이다!'라고 노래한다. 이 노래에 표현된 모택동 등의 생각으로 보면 아마도 『7인의 사무라이』에서 가난한 촌락을 습격하는 강도들도 또한 '저들은 우리들과 같이 가난한 사람들 / 아아, 참으로 가난한 사람들이다!'라는 것이 아닌가? 모택동에게 말하라고 하면 『7인의 사무라이』는 학대받는 민중간의 싸움(내부모순)을 묘사한 것에 불과하다는 것이 될 것이다. 아마도 모택동 사상으로 『7인의 사무라이』를 다시 찍으면 것은 좌복전左卜全 등은 농민, 시무라志村喬는 낭인浪人 무사, 거기서 강도들이 싸우는 중에 화해하여, 저들을 학대하고 있는 봉건영주에 대한 싸움에 도전한다라는 것이 된다. 아니 그래야만이 이전에 '백전백승'이라고 찬양된 모택동 사상이라는 것이 될 것이다. 아니 모택동 사상이라는 것은 그렇지 않으면 안 된다. (原註)

을 시작으로 각지의 해방구에서 공연되었다.

모택동이 연출 제작진에게 보낸 편지를 보자.

> 역사는 인민이 창조하는 것이다. 구극舊劇의 무대 즉 인민으로부터 동떨어진 일체의 구문학·구예술은 참으로 이상하게도 인민의 찌꺼기가 되어 버렸다. 어르신老爺·대감마님太太·도련님小爺·아가씨小姐들에 의해 무대는 지배되어 왔었다. 이러한 뒤집힌 역사는 지금 그대들에 의해 다시 뒤집어져서 역사의 진실한 모습을 되찾게 되었다. 지금 이 때부터 구극은 새로운 면을 개척해냈다. 이것을 기뻐하지 않을 수 있으랴?
> 그대들이 말하는 선구라는 것은 확실히 구극혁명에 대해 획기적인 선구이다. 이렇게 생각하는 바이며. 또한 기쁘다. 각본을 많이 써서 많은 작품을 공연하여 이 열정을 전국에 확대시킬 것을 그대들에게 바란다.

참으로 절찬이었다.

다만 아마도 모택동은 『핍상양산』이 무대 위에서 그가 이상으로 여기는 역사의 '진실한 모습'을 묘사하였다고 해서, '혁명 구극'을 마음 놓고 칭찬한 것은 아니었을 것이다.

『핍상양산』 가운데 이러한 노래가사가 있다.

> 일로상 민원비 걸토유랑　一路上民怨沸乞討流浪
> 농전황 백골한 천리처량　農田荒白骨寒千里悽涼
>
> 안견득 민빈구사 여호초　眼見得民瀕九死如蒿草
> 권귀부호 탐관오리 낙소요　權貴富豪貪官汚吏樂逍遙
> 중백성성 구유원구 불능보　衆百生姓俱有冤仇不能報
>
> 간기래 약요파 건곤재조　看起來若要把乾坤再造
> 필수요 창대창 래도대도　必須要槍對槍來刀對刀
>
> 저세도 관핍민반 민필반　這世道官逼民反民必反

반도타 잔인무도 조송왕조 反掉它殘忍無道趙宋王朝
뇨타개 천번지복 해비산요 鬧它个天翻地覆海沸山搖[11]

이 가사를 번역해 보자면 다음과 같다.

어디나 백성 원성 들끓고 거지는 길에 넘치는구나.
논밭은 황폐하고 백골은 천리 들판에 가득하여 눈물콧물 쏟아지네.
눈에 들어오는 건, 시든 풀 같이 쌓인 빈사의 백성들인데
부귀 권세 탐관오리들 웃으며 여유 있게 즐기는구나.
백성들 억울함 있어도 죽여서 보복할 수 없는 이 원수들.

다시 한 번 세상천지를 뒤바꾸려면
창과 칼에는 창과 칼을 어떻게든 들이대야 해.

관이 핍박하면 백성들 들고일어나. 기필코 모반 하는 건 세상의 도리
잔인무도한 조송趙宋 왕조 이놈들을 뒤집지 않으면 안 돼
이놈들을 해치우면 천지가 뒤바뀌고 바다가 끓고 땅이 요동 칠거야.

이러한 의미지만, 구극의 대부분의 공연목록에서 이렇게도 용감하고 이렇게도 반권력적인 내용을 지닌 노래가사를 보기란 아마도 어려울 것이다.

그런데 노래가사를 읽으니 무언가 중국 홍군이 자신들 생각을 널리 퍼뜨리기 위해 노래 불렀던 『상항上杭의 노래』가 생각난다.

이 노래의 무대가 되었던 상항上杭은 복건성 남서부의 거리이다. 여

---

11) 1943년 중앙당학교 구락부연출본中央黨學校俱樂部演出本에 의거함. 이 노래가사의 각 구절 맨 마지막 한 글자는 랑浪(Lang)·량凉(Liang)·초草(Cao)·요遙(Yao)·보報(Bao)·조造(Zao)·도刀(Dao)·조朝(Chao)·요搖(Yao)가 되어 〈앙ang〉·〈아오ao〉 운이 가지런하게 되어 있음을 알 수 있다. 연극내용은 어떻든 노래가사에서의 '십삼철十三轍'의 정식程式은 빈틈없이 지켜지고 있다. 결국 어느 연극이 경극이라면 경극이 지닌 정식을 벗어날 수 없다. 아니 벗어나는 일은 안한다. (原註)

기에 뿌리를 둔 군벌들을 타도하고 새로운 혁명의 근거지를 수립하고자했던 홍군은, 1929년 10월 주덕朱德의 지휘 아래 진격을 시작하였다. 당시 주덕朱德과 함께 홍군을 지휘하였던 모택동은 말라리아에 걸려 작전에는 참가하지 않았다.

그 때 홍군병사들이 예부터 있었던 민요가락에 맞춰 농민들에게 들려주고 함축적으로 가르친 것이 『상항의 노래』이다.

자! 모두 이리 와서 내 노래 들어봐요
노동자 농민은 지독하게 가난해도
지주는 고기 먹고, 우리는 고생을 먹어.
지주는 놀고, 우리는 부림 받는다.
아아, 괴로워서 견딜 수 없구나.
우선 먼저 합세하여 적기를 올려라
두 번째는 소매에 빨간 표시를 달아라.
세 번째는 마을 전체의 반동분자를 해치워라
네 번째는 지주에게서 총을 빼앗아라.
모두 무장하라.
(중략)

잊어서는 안 돼. 백 개의 머리를 가진 지주들을,
군벌을, 고리대금업자를, 장관을,
세리를, 경찰서장을, 민단의 머리를,
상인들의 단체를, 국민당의 간부들을,
어느 놈도 다 개다!

적위군과 농민들이여, 분명히 하자.
상항을 공격하는 날이 결정되었다.
중추절에 진군한다.
사람을 먹는 지주는 죽는다.
인민은 산다.[12]

---

12) 아그네스 스메들리 著 홍수원 譯, 『위대한 길』(두레, 1993), 266-267쪽.

여기서 말하는 적위군이란 중국 홍군을 말한다. 상항의 전투 등을 거친 뒤, 홍군은 장개석 휘하의 국민당군의 본격적인 공격을 받아, 1934년 10월에는 2만 5천리의 장정의 길에 오르게 된다. 이윽고 모택동은 국민당군의 집요한 추격을 물리치고, 1937년 1월 연안에 도착한다. 그리고 거기서 중국혁명이 새롭게 전개되었다.

그것은 차치하고라도 『핍상양산逼上梁山』에 들어있는 노래가사와 '가난한 사람들에 대한 동정과 복건남부의 '상항'이라는 성벽도시에 꼭 유럽 중세귀족들이 살고 있는 것과 마찬가지로 생활하고 있는지주들에 대한 증오의 감정을 쏟아내고 있는'[13] 『상항의 노래』는 그 사상면에서 기묘하게 일치하는 부분이 있는 것 같다.

왜 인민은 가난한가. 왜 인민은 고생하지 않으면 안 되는가. 인민이 도탄의 괴로움에 헐떡이는데 왜 권력자는 토실토실 살찌면서 살고 있는가. 그러므로 '관핍민반官逼民反'이 된다. 인민은 무기를 들고 일어나라. 인민이 무기를 들고 궐기하는 것은 정말로 옳은 일이다고 하는 사상을 『핍상양산』이라는 경극으로, 『상항의 노래』라는 노래로 각각 압도적인 다수의 학대받는 사람들에게 전해지게해서 지지를 얻으려 했던 것이다.

조금 더 생각해보면 다음과 같은 도식이 가능하지 않을까?

학대받는 절대다수의 인민

『핍상양산』	: 북송 선화 년대의 농민들
『상항의 노래』	: 1920년대 말기의 복건성의 농민들

정의감에 넘치는 자각자들

『핍상양산』	: 임충을 필두로 하는 이철李鐵·이소이李小二·노지심魯智深 등 수호극의 영웅들

13) 앞 책 『위대한 길』, 226쪽.

『상항의 노래』	: 모택동·주덕들을 지도자로 하는 홍군병사들

인민을 착취하는 권력자

『핍상양산』	: 권귀·부호·탐관오리와 그것의 총괄자인 잔인무도한 조송 왕조
『상항의 노래』	: 백두지주·군벌·고리대금업자·장관·세리·경찰서장·민단의 우두머리·상공회와 그의 총괄자로서의 국민당 간부들.

인민들이 무기를 지니고

『핍상양산』	: '반드시 창은 창으로, 칼은 칼로'
『상항의 노래』	: '지주들로부터 총을 탈취하여 모두 무장하라'

이와 같이 도식화한 『핍상양산』과 『상항의 노래』를 비교하면, 무대가 된 시대는 8백년 이상의 차이가 있다. 하지만 전자는 허구와 역사적 사실史實에서 제재를 취했던 경극이고, 후자는 농민들에게 익숙한 소박한 리듬으로 노래한 사실事實이라는 차이가 있음에도, 학대받는 압도적인 다수의 인민을 둘러싼 환경은 동일했다는 점이다. 송 왕조는 국민당 간부들이기도 하고, 수호극의 영웅은 모택동·주덕 등을 지도자로 삼는 홍군병사들인 것이다. 그리고 영웅의 지도로 새로운 세계를 구축하는 것은 역시 압도적인 다수의 학대받는 인민들이 되지 않을 수 없다.

결국 『핍상양산』이 무대에 표현해내고자 했던 세계와 『상항의 노래』가 지어져 노래 불리는 사회 상황은 어쨌든 비슷하다. 더욱이 『핍상양산』이 지어진 연안延安이 혁명의 성지가 된 것은, 후에 중국공산당이 정권을 수립하여 중화인민공화국을 건국했기 때문이다. 당시 연안에 모인 사람들에게 '이 세상을 뒤집어 버려!(鬧它个天翻地覆海沸山搖)' 하고 기개가 넘치고 있었지만, 그 세력은 아직 산의 것과 바다의 것을 분간할 수 없었을 것이다.

분명 당시의 연안은 국민당을 정점으로 하는 '관官'에 핍박받은 '민民'이 결집한 근거지요, 그곳은 정의감에 넘치는 수호극의 영웅들의 성채이고, '관官'에 '반反'하는 민중들의 최후의 근거지일 수밖에 없었다. 1930년대의 연안은 수호극의 영웅들의 성채인 양산박이었다.

아마도 모택동 등은 중국인이면 누구라도 알고 있는 수호극을 이용하여 자신들의 입장을 전하고자 하였을 것이다. 더욱 다가서서 이야기 하자면 모택동 등은 자신들을 수호극의 영웅에 빗대어 연안을 양산박에 비유하고, 은밀히 자신들의 행동을 고무하고 있었던 것은 아닐까? 그래서 『핍상양산』은 "박해를 받은 임충이 어쩔 수 없이 양산박에 오르는 스토리를 봉건통치계급의 압박과 착취에 견디지 못한 인민대중의 모습과 겹치게 하고 결국 조반하여 양산박에 올라 의를 맺는 혁명의 격류에 합류하는 모습을 묘사하고 있는 것"[14]이지 않으면 안 되었던 것이다.

연안에 사회주의사상·공산주의 이론을 본격적으로 들여와 국민당이나 일본군과의 투쟁 가운데 중국공산당을 위해 새로운 중국건설을 위해 권면함과 동시에 사선을 넘었던 전우들 사이를 주의주장·사상·이론으로 묶었던 것은 아마도 조금 시대를 내려온 뒤의 일이었을 것이다.

모택동의 눈앞 무대에서 공연되고 있는 『핍상양산』의 세계는 분명 당시 자신들을 에워싼 정황 그것이었고, 그들은 무대 위에서 종횡무진하게 활약을 보이는 임충 등에게 자신을 비겼음에 틀림없다. 그래

14) 金紫光의 같은 책. (原註)

서 모택동이 『핍상양산』을 절찬하였던 것도 결코 이상한 일이 아니다.

2만 5천리에 달하는 대장정을 끝내고 연안에 도착한 다음, 다시 국민당과의 싸움터에 나아가고자 하였던 모택동 등에게는 분명 당시의 연안은 수호극의 영웅이 군집하였던 양산박이었음에 틀림없다.

모택동이 그의 '접련가蝶戀歌 제8수 〈정주汀州에서 장사長沙로 향했던 1930년 7월〉' 가운데 〈국제비가〉로 표현하였던 〈국제노동가(인터내셔널)〉의 번역은 다음과 같다.

> 일어나라 일어나, 가난한 집 노예들이여.
> 일어서라 일어서 전 세계 학대받는 자들이여.
> ……
> 낡은 세계를 산산이 부수고
> 노예들이여 일어나라, 일어나.

『핍상양산』·『상항의 노래』·『국제비가國際悲歌』, 이것들을 일관하는 사상은 모두 똑같이 다음과 같은 것이 아니었을까?

> 일어나라 가난한 노예들이여, 일어서라 세계의 학대받는 자들이여…낡은 세계를 산산이 부서뜨리고 노예들이여 일어나라!

상항의 전투가 『상항의 노래』를 생겨나게 한 것처럼 연안에서의 전투하던 나날들이 『핍상양산』이라는 공연물을 만들어내었다. 그래서 '혁명의 성지'인 연안에서뿐만 아니라 중국 전국토의 각지에 점점이 박혀있던 해방구에서도 『핍상양산』의 공연이 계속되었던 것은, 『핍상양산』이야말로 저들의 하루하루를 정당화하고 저들을 고무하고 중국 해방의 싸움에 달려 나가게 하는 경극이었기 때문이다.

적을 포위 섬멸하라

연안이 『핍상양산』으로 들끓었던 것은 1943년 이후인데, 그 이전의 연안에서 경극이 공연되지 않았다는 것은 아니다. 일찍이 1940년 초쯤부터 많은 전통연극작품이 무대에 올랐다. 그렇다고 해서 무원칙적으로 아무거나 상연되었던 것은 아니다. 그곳은 혁명의 성지인 연안이다. 그 나름대로 기준과 절도라는 것이 있었다. 이른바 사회주의 도덕에 따른 기준이라는 문제에 대해서는 뒤에 상술할 생각이기에 여기서는 생략한다.

또한 전통연극작품을 개량시켰던 『양홍옥』[15]·『육문룡』[16]·『악모자자』[17]·『오삼계』[18]·『송강』[19] 등도 공연되었다. 이전부터 있었던 『전금산戰

---

15) 양홍옥梁紅玉(1102-1135): 남송의 저명한 금나라에 저항했던 여자영웅의 이름이다. 역사서에는 그 이름이 보이지 않고 양씨로 일컫고 있다. 홍옥은 전사한 뒤 야사와 화본 등에서 취한 이름이다.

16) 육문룡陸文龍: 『설악전전說岳全傳』에 나오는 인물이다. 육문룡은 원래 송대 노안주潞安州의 절도사 육등陸登의 아들인데 김올출金兀術이 노안주를 공격하여 육등 부부는 순국한다. 김올출은 어린애인 육문룡을 금나라에 데려가 키운다. 나중에 육문룡은 자신의 신세身世를 알게 되어 송나라로 돌아온 뒤 많은 전공을 세운다. 악뢰가 이끄는 북벌에 출전하여 금나라의 맹장들을 죽이는 등 전공을 세워 나중에는 총병에 봉해진다.

17) 악모자자岳母刺字: 악비의 어머니 요태부인은 고대 사대四大 현모賢母의 하나로 추앙받음. 악비는 송 왕조가 금나라 침입을 받아 위기에 처했을 때, 일신의 안전을 도모하지 않고 목숨을 걸고 금을 물리친 인물로서, 그의 어머니가 등에다 정충보국이란 네 글자를 바늘로 새겨 국가에 충성을 다할 것을 독려한 내용의 작품.

18) 오삼계吳三桂(1612-1678): 중국 명말 청초의 무장武將. 유적 이자성이 베이징을 함락하고 귀순을 권하자 청나라의 중국 본토 진출을 도왔다. 중국 전토 평정에도 앞장서 삼번 중 하나가 되었고 후에 '삼번의 난'을 일으켰으나 실패했다.

金山』을 개량시켜 서북에서 송을 침략하는 이민족 왕조인 금에 대항하여 마침내 타파하는 양홍옥을 주인공으로 삼은 『양홍옥』에서 상징적으로 보이는 바와 같이, 이러한 개량 전통연극작품은 중국을 침략하는 이민족에 대한 저항·반격을 주제로 삼은 것이 주류였다고 하겠다. 이른 바 '차고풍금借古諷今'이다. 필시 연안 주민들은 양홍옥에 격파되어 패주하는 금군金軍에 일본군을 중첩시켜 놓고 박수갈채를 보냈을 것이다.

1943년에는 연안평극원의 손으로 『난민곡難民曲』·『상천당上天堂』·『회두시안回頭是岸』·『변구자위군邊區自衛軍』 등의 현대경극이 시도되고 있었다. 구 중국에서 생겨나 구 중국을 표현해왔던 경극을 통해 사회주의적인 현대생활을 묘사하려는 획기적인 시도였지만, 그 뒤 이들 현대경극이 연안 경극공연의 주류가 되었던 것은 아니다. 연극으로서의 완성도가 높지 않았던 것인가. 그렇지 않으면 줄거리가 시시했던가. 어떻든 현대경극이 흐지부지한 상태가 되었던 최대의 이유는 모택동이 관심을 보이지 않았던 점에 귀결된다는 생각이다. 결국 현대경극은 시기상조였던 셈이다.

현대경극이 다시 인기를 끌게 되기까지는 이때부터 20년 정도의 시간이 필요하였다. 무엇보다도 그 때에는 현대경극에 다시 혁명이라는 두 글자가 덧보태진 혁명현대경극이 되어서 크게 변신했던 것이다.

현대의 경극뿐만이 아니고 중국연극의 역사를 말할 경우에는, 아무래도 무시할 수 없는 것이 혁명현대경극인데, 이 흉흉하고 문자 그대

---

19) 송강宋江: 송강은 실제 인물이며, 1121년 회남淮南에서 농민반란을 일으켜 36명의 부하를 이끌고 한때 상당한 기세를 올렸으나, 그 후 항복한 사실이 『송사(宋史)』에 기록되어 있다. 남송으로부터 원대元代에 걸쳐, 이야깃거리로 흔히 채택되었다. 『수호지』에 나오는 호걸들 중 노지심魯智深·이규李逵는 분방한 야인野人으로, 두목격인 송강은 틀에 박힌 인간형으로 묘사되었다.

로의 혁명적이고, 그래서 어딘가 크나큰 시대작풍의 영향을 지닌 경극이 등장하게 된 것은, 1960년대 중기부터 약10년 계속하여, 지금은 '대 후퇴의 10년'으로 단죄되지만, 당시는 저 광대한 중국의 전 국토뿐만 아니라 바다건너 일본, 아니 전 세계의 '성난 젊은이'를 정치적 열광의 도가니에 빠지게 한 문화대혁명의 전야의 일이다. 그것은 북경 상층부에서 피투성이 권력투쟁에의 적극 참여개입을 목표로 삼은 모택동 부인인 강청 여사의 손에 단단히 쥐어져있었다. 여하튼 그녀에 의한 혁명현대경극은 당시 북경을 좌지우지하였던 실권파를 공격하는 유일·최강의 정치적 무기였다. 혁명현대경극으로 아마도 최초로 경극의 세계에 반란의 폭풍을 일으키고, 그 폭풍이 정치세계를 흔들어, 마침내는 문화대혁명이라는 질풍노도의 시대를 불러일으킨 것이다. 혁명현대경극이 어떻게 해서 창작되고, 어떻게 사용되었으며, 어떻게 위력을 발휘하고 그리고 어떤 말로를 걸었는지, 혁명현대경극이든지 문화대혁명이든지 간에 지금 생각해보면 제정신의 사태는 아니었다. 다만 당시엔 그것이 본모습이라고 통용되고 있었기 때문에 두렵다면 두려운 시대였다.

지금 와서 어떻든 그립다고 하면 어폐가 있지만, 어쨌든 경극의 역사를 말하는 경우, 무시할 수 없는 혁명현대경극에 대해서는 말해 둘 것이 산처럼 많다. 역시 페이지를 달리하여야겠다.

모택동이 절찬했던『핍상양산』이 초연되었던 1944년 말에는 남태평양의 섬들을 징검다리로 삼아 북상해온 미군의 공격은 더욱 치열해졌다. 사이판 기지를 발판으로 삼은 미 공군의 일본 본토 폭격도 시작되었다. 이듬해 1945년에는 유황도의 일본군은 전멸하였다. B29의 대편대가 동경을 습격하게 되었다. 초토화된 일본열도. 처참한 오키

나와(沖繩)결전도 눈앞에 임박했다. 일본의 열세는 만회하기 어렵고 화평교섭은 교착상태에 빠져 패전으로 향한 가파른 언덕을 내려가는 길밖에 남아있지 않았다.

중국전선에서는 모든 항일전쟁은 전면적인 반격단계에 돌입하고, 중국 측은 일본군이 지배한 도시를 탈환하는 작전을 옮기기 시작했다. 점에서 선으로, 선에서 면으로의 지배지역의 확대를 노렸던 일본군의 작전은 중국의 광대한 국토와 방대한 인구를 앞에 두고 어찌지도 못하고, 기사회생을 노린 대륙 타개打開 작전도 소기의 목표를 달성하지 못한 채, 끝내 선에서 점으로의 후퇴를 부득이하게 할 수밖에 없었다.

이에 대해 중국 측은 농촌에서부터 도시를 포위하고, 면에서 점을 고립시켜 일본군을 한 발 한 발 목 조이는 작전으로 바꾸고 있었다. 광대한 농촌에서부터 도시를 포위하라는 모택동 군사전략 그대로인 것이다.

이러한 상황 하에서 생겨나고, 또한 모택동에게 주목받은 경극 두 작품이 있다. 하나는 1944년 가을 창작되어 1945년 원단에 산동성山東省 교동膠東 항일근거지抗日根據地에서 초연되었던 『틈왕진경闖王進京』이다. 나머지 하나는 똑같이 1944년에 창작되고 다음해인 1945년 2월에 연안평극연구원에서 초연되었던 『삼타축가장三打祝家莊』이다.

1945년 벽두라 하면 크리미아 반도의 얄타에서 연합국측 수뇌진에 의해 대일전쟁의 전후처리문제를 담판 짓기 위한 얄타회담이 열리고 있던 무렵이다. 서방에서 대일전쟁의 전후처리를 위한 얄타회담이 있었다면, 동쪽에서는 민족의 총력을 결집시켜서 일본군에게 최후의 공격을 암시하는 『틈왕진경』과 『삼타축가장』의 초연이 있었다고 말할 수 있다. 역사라는 것은 때에 따라서 기묘한 조합을 보여준다. 『틈왕진경』은 명말의 혼란을 틈타서 북경을 점거하였던 이자성李自成이 주인공이다. 서안에서 농민을 결집시켜 궐기·북경점령·지도부의 내부붕괴·북으로부터 중국에 공격해 들어오는 만주(청조)군의 북경입성을 거쳐 서안에서의 패배까지를 묘사하고 있어 현재 중국에서는 다음과 같이 평가되고 있다.

> 저들(이자성 등)의 지도에 의한 농민궐기의 작용과 한계를 묘사하고 있다. 아울러 이자성이 승리부터 실패까지의 과정을 통해서 농민궐기 실패의 역사적 교훈을 생생하게 제시하고 있다.
> 『틈왕진경』은 항일전쟁이 반항단계에 돌입되는 전야에 쓰였다. 옛날의 일을 현재의 교훈으로 삼아 혁명의 대오를 깨우치고 어떠한 유리한 조건하에 있어도 냉정한 사고를 지니게 하여 항일전쟁 해방전쟁을 승리시키기 위한 적극적인 활동을 겨냥한 창작이었다.[20]

그렇기 때문에 모택동은 〈학습과 시국〉이라는 논문에서 『틈왕진경』을 높이 평가하고 중공중앙선전부와 중앙군사 총정치부는 그 학습을 전국 각지의 항일근거지나 각 군구에 지시하였다. 이 지시를 받고 전국 각지의 항일근거지나 각 군구에 소속되어 던 극단이 『틈왕진경』을 상연하였던 것은 말할 것도 없다.

한편, 『수호전水滸傳』의 제46회에서 제50회까지에서 제재를 취한 『삼타축가장』은 '지략이라는 관점에 서서 양산의 농민 기의군의 패배에서 교훈을 배우고, 대중에 기반을 두고 조사연구를 진척시켜 적을 분산시키고 적의 내부에 만든 아군과 연합하여, 마침내 승리하는 모습을 묘사한 것'[21]인데, 그 설명으로는 도대체 뭘 말하고 있는지 알 수

20) 『中國大百科全書』〈戲曲曲藝〉(北京·上海: 中國大百科全書出版社, 1983년), 47쪽. (原註)

21) 『中國大百科全書』〈戲曲曲藝〉(北京·上海: 中國大百科全書出版社, 1983년), 334쪽. (原註)

없다.

여기서 줄거리를 따라가면서 설명해보면, 양산박을 근거지로 삼고 있던 무장세력(이것을 양산의 농민 기의군으로 표현하고 있지만…)이 봉건지주들이 차지하고 있는 축가장을 공격하게 된다. 제1회의 공격 때, 본대는 정면에서 축가장으로 돌격하여 패배한다. 별동대가 축가장을 고립시키는 데 성공하지만, 이것 또한 정면에서만의 공격이고, 견고한 방비에 막히고 만다. 이에 이은 두 번째의 공격에서도 실패하지만 축가장 내부에 아군을 만드는데 성공한다. 그래서 내외 호응한 제3차 공격에서 마침내 축가장을 공격 함락시킨다. 이것이 '세 차례 축가장을 친다'라는 『삼타축가장』의 대체적인 줄거리이다.

모택동은 연안평극연구원에 서한을 보내어 『삼타축가장』은 ① 교육적 의의가 대단히 높고 ② 희곡개혁사업에 있어서 역사적 지위를 획득하였으며 ③ 『핍상양산』의 뒤를 이어 경극개혁의 노선을 확고하게 한 것이라는 의견을 분명히 하였다.

여기에서 '축가장祝家莊'을 일본군이 웅거하고 있는 도시로 간주하고 '양산의 농민기의군'을 연안을 필두로 하여 전국각지의 해방구에 결집한 중국공산당지휘하에 있는 무장 세력으로 본다면, 이것이 바로 모택동이 말하는 교육적 의의 즉 대중에 기반을 두고, 조사연구를 진행하여 적을 분단시키고, 적의 내부에 심은 아군과 제휴하여 마침내는 승리한다는 이른 바 "모택동 군사전략"의 참뜻이 될 것이다.

『핍상양산』에서 『틈왕진경』·『삼타축가장』에 이르기까지 모택동이 칭찬했던 경극은 역시 그들을 둘러싼 시대상황의 변화를 반영하고 저들의 입장을 부각시키는 것이었다.

봉건지주세력에 저항하다 쫓겨난 사람들이 양산박에 결집하는 『핍상양산』에서 농민기의군의 실패를 교훈으로 삼는 『틈왕진경』으로, 그리고 결국에는 봉건지주세력이 궤멸하는 싸움에 출격하는 『삼타축가장』에 이르는 세 개의 경극의 스토리의 변화는 국민당군의 추격을 뿌리치고 연안에 근거지를 찾았던 모택동 등 공산당세력이 성장을 계속하여 마침내는 도시에 몰아넣은 적을 포위·섬멸하기까지 성장하는 모습과 훌륭하게 겹쳐진다. 모택동이 칭찬했던 세 개의 경극 스토리의 변화는 그대로 모택동 그들의 변화에 상응해 있었던 것이다. 연안이나 항일근거지에서의 경극은 그대로 그들의 입장을 반영하고 있었다. 단지 병사를 위문하기 위한 것만은 아니었다는 것은 두말할 것도 없다.

'점령구'에서의 경극 …

당시, 중국공산당은 자신들의 영향 아래 있던 지역을 '해방구', 일본군의 지배지역을 '점령구', 그리고 국민당의 지배구역을 '국통구'라고 불러 구별하였다.

그러면 점령구나 국통구에서는 경극은 어떠한 상황에 놓여 있었을까? 분명 중국공산당의 싸움을 찬미하는 『핍상양산』이나 『삼타축가장』이 상연될 사정은 아니었을 것이다.

『경극만화京劇漫話』에서 말하는 점령구·북경에서의 정황은 이렇다.

> 당시, 경극의 무대에서 대대적으로 상연되었던 것은 황당무계한 내용으로 미신이나 공포감을 특별히 조장하는 『활유산滑油山』·『살자보殺子報』·『탐음산探陰山』·『강시복구기僵尸復仇記』·『대벽관大劈棺』·『방금화紡錦

> 花』·『탐환보貪歡報』 등의 에로틱하고 그로테스크한 연극이었다. 지위가 높은 배우나 귀인·대상인·불량배·깡패·소상인·소시민들의 기호에 영합하기 위해 연기는 저속으로 흐르고, 생각할 수도 없는 내용들이 무대에 올려졌다. 완전히 무대의 끝에서 끝까지 검은 구름으로 뒤덮이고 전통적인 경극예술과는 비교할 수 없을 정도로 파멸적인 상황에 떨어졌다.[22]

역시 그곳은 그곳대로 전쟁이라는 시대를 배경으로 하여 일종의 퇴폐적인 공연물이 유행하고 있었던 것이다.

1940년에 발간된 『지나극대관支那劇大觀』[23]에서 『사랑탐모四郎探母』를 '북경에서 구경할 수 있는 가장 재미있는 연극의 하나'로 소개하고 있고, 『관공현성關公顯聖』이 '현재 상해의 각 극장에서는 이 연극을 상연하여 대환영을 받고 있는데 북경에서는 아직 공연한 것을 본 적이 없다'고 소개하고 있는 것을 보면, 북경에서는 『사랑탐모四郎探母』가, 상해에서는 『관공현성關公顯聖』이 유행하고 있었다는 말이 된다.

여기서 흥미를 끄는 것은 『경극만화京劇漫話』에서 들고 있는 『활유산滑油山』·『살자보殺子報』·『탐음산探陰山』·『강시복구기僵尸復仇記』·『대벽관大劈棺』·『방금화紡錦花』·『탐환보貪歡報』 뿐만 아니라 『지나극대관』에서 말하는 『사랑탐모四郎探母』·『관공현성關公顯聖』도 또한 그 내용 때문에 1949년에 신중국 성립 뒤 상연할 때마다 항상 물의를 일으켰던 상연물이었다는 것이다.

『활유산滑油山』의 경우를 보자. 당唐의 명승인 목련目蓮의 집에서는 아버지도 형제도 불문佛門에 귀의한다. 그래서 모친은 자포자기로 불교경전을 태우고 마는데, 그녀는 죽은 뒤에 지옥에 떨어져 활유산에 오르게 되어 도탄의 괴로움을 맛보게 된다. 매란방이 〈나쁜 연극은

22) 張夢庚·佟志賢·王雁, 『京劇漫話』(北京出版社, 1982), 94쪽. (原註)

23) 波多野乾 著 『支那劇大觀』(大東出版社). (原註)

상연하지 않음과 반우파투쟁에 관한 견해〉[24]에서 '색정과 공포 외에 볼만한 것은 아무 것도 없다'라고 혹평하였던『살자보殺子報』는 청대 말기의 사실을 각색한 것이다. 남편이 병사하여 두 명의 자식을 끌어안고 고생스런 생활을 하지 않을 수 없었던 여성은 사실은 애초부터 남자를 좋아하여 주지승과 불의의 사통을 반복한다. 자식은 주지승을 힐난한다. 자신의 쾌락에 자식이 방해가 되자, 어머니는 자신의 손으로 자식을 잘게 잘라 기름이 펄펄 끓는 주전자에 넣었다. 때가 지나 자식의 혼령은 자신이 다니던 학교 선생의 베갯머리에 나타난다. 이리하여 사건은 해결되고 모친과 주지승은 죽을죄에 처한다. 인과응보의 형태이다.

무협소설 대표작의 하나인『칠협오의七俠五義』에서 제재를 취해 만든『탐음산探陰山』이 송대를 무대로 한 재판 이야기라면, 주역은 잘 알려진 포공 이외에 다른 인물이 있을 리가 없다. 혼인을 허락한 유금선柳金蟬을 능욕 치사케 한 죄를 뒤집어쓴 젊은이의 무고함을 밝히기 위해, 포공은 음산(지옥)에서 유금선의 혼령을 찾아내 마침내 사실의 진상을 밝힌다는 내용이다.

이『탐음산探陰山』등은 주역 포공의 온통 흑색인 검보가 상징하는 정의·적성赤誠·엄정嚴正·염직廉直·무사無私함을 유감없이 발휘하는 연극인데,『사랑탐모四郎探母』를 제외하고는 거의가 불의의 간통·부부의 사랑싸움과 사통·유곽 이야기·잔인하고 비정한 살인·애욕과 애증·불도의 존엄성·지옥의 모습·사자死者가 신이 되는 영력을 발휘하는 인연 있는 사람을 비호하는 이야기 등이다. 어쨌든 고상함이라든가 '사회주의의 과학성' 등과는 거리가 멀고 어리석음·상스러움·기상

24) 〈談不演壞演和反右派鬪爭問題〉,『甘肅日報』(1957년 8월 28일자). (原註)

천외함·비도덕적인 이야기뿐이다. 민중교화 등을 기대한다는 것은 원래부터가 무리이다.

그래서 사회주의의 도덕을 기준으로 삼은 중국의 공식적 평은 '황당무계한 내용으로 미신이나 공포를 더욱 강조' 하고, 관객의 '기호에 영합하기 위해 연기는 저속에 흘렀다'라고 평가하고 있다. 하지만 그것은 그동안 계속되는 중일전쟁·일본군에 의한 군사적 지배·적과 아군이 뒤섞이게 된 사정, 말하자면 일종의 찰나적인 감정이 지배하고 있던 점령구라는 특수한 사정이 만들어냈던 것이었다.

해방구도 아니고, 공산주의 사상의 소유자도 아니다. 더구나 내일을 알 수 없는 신세이다. 그렇다면 아니 그렇지 않다고 해도, 딱딱하고 긴장되는 것보다는 부드러운 것, 이치를 앞세우는 내용보다는 에로·그로테스크·난센스의 황색 장면을 많이 이용한 무대를 좋아할 것이다. 이것이 인간이라는 것으로, 여하튼 관객이란 말할 것 없이 먹고 마시고 계집질하고 도박질하는 백성들이다. '연기가 저속함으로 흐르는' 것은 자연의 섭리이다.

전쟁이 끝나고 이어서 새로운 시대의 문이 열리기까지는 '정말로 무대 끝에서 끝까지 암운에 덮힌 채 전통적인 경극예술과는 비교할 수도 없이 파멸적인 상황에 빠지게 되었다' 해도 그것 또한 어쩔 수 없는 일이다.

그리고 '국통구國統區'에서는

1945년 8월, 일본의 패배로 중일 15년 전쟁이 끝났다. 다만 중국 전국토에 평화가 찾아온 것은 아니고, 국공내전이라는 민족의 비극이 막을 열게 되었다.

국민당과 공산당의 조직적으로는 일란성쌍둥이 같은 정당간의 '근친증오'는 최대의 적인 일본군이 물러갔기 때문에 격렬하게 타올랐다.

일본제국주의를 추방한 뒤의 중국은 도대체 누가 다스릴 것인가? 중국의 정통 정권을 담당하는 자는 누구인가? 중화민족끼리의 피로 피를 부르는 내전의 포문은 일본군의 패배와 함께 둑이 터진 것 처럼 치열하게 되었다. 만주 방면에서 노도와 같이 남하하는 중국인민해방군, 이것을 맞아 싸우는 국민당군, 광대한 중국대륙에서 양군의 총력을 투입한 대접전이 계속되었다.

그 당시 결국 점령구에서 국통구에 이르기까지, 북경의 운명이 격변했던 1945년을 낀 수년간의 북경의 경극사정을 알고 싶은데, 그것에 대해서는 많은 우수한 인재를 경극계에 보내어 경극융성의 기초를 닦은 부련성과반富連成科班[25]의 최후를 끝까지 지켜보았던 엽룡장

25) 부련성과반富連成科班: 부련성과반富連成科班의 별명은 부련성사富連成社. 과반科班이란 배우양성학교를 말한다. 1903년, 길림吉林의 상인이던 우자후牛子厚가 출자하여 개교했다. 6살부터 11살까지의 남자아이만 입교가 허용되었다. 당초, 희련승喜連陞이라고 불렀는데 후에 부련성富連成으로 개명하였다. 전후 40여년 사이에 약 7백 명 가량의 배우들을 배출했다. 또한 매란방 등과 같이 정식으로 입학하지 않았지만, 여기에서 수업 받았던 배우도 적지 않았다. 아마도 20년 이래에 활약했던 경극 관계자 가운데 이 부련성富連成의 교문을 거치지 않았던 사람은 없었던 것은 아닐까? 생도는 전체 7기로 나누고 1기생을 희과喜科라 부르

의 회상록인 〈희부련성과반의 전말〉에서 살펴보는 것이 좋을 것 같다. 〈희부련성과반의 전말〉에서 해당되는 부분을 보면 다음과 같이 적고 있다.

1944년(민국 33년). 일본군은 연패하고 세상은 불안정했다. 북경에 있는 경극극단은 상연하다 말다 하였지만 우리는 극단을 어쨌든 경영을 계속 하였다.

1945년(민국 34년). 일본군은 패배하여 투항을 선언하였다. 국민당정부나 군정부의 관계자는 강권을 동원해 강탈·등치기·날치기를 마음껏 자행했다. 세상인심은 혼란의 극에 달했고, 군대규율을 잃은 군인들이나 불량배들이나 진배없는 군인들이 제멋대로 굴었다. 명배우라고 해도 무대를 지킬 수 없었다. 어쩌다 연극을 하려해도, 부상병이나 불량배 같은 군인들이 무대를 엉망진창으로 만들고 말았다. 관객이 입장료를 지불하고 극장으로 들어와도, 객석은 전부 부상병들이 차지하고 말았다. 극장의 출입문을 지키는 사람을 불러도 해결이 안됐다. 그들도 어떻게 손을 쓸 수가 없었다. 뭐라고 말하려고 하면 갑자기 얻어맞고 쓰러져버렸다.
무대 위에서는 연극, 객석에서는 큰 싸움이 벌어졌다. 심하면 의자를 부셔서 무기로 삼는 등 때로는 이러한 일이 일어나곤 했다.

1948년(민국 37년), 해방되기 이전의 북경은 국민당반동파에 짓밟히고 번화한 거리도 사람들의 생활도 갈기갈기 찢겨졌다. 장사라는 장사는 전혀 되지 않고 먹을 것도 손에 넣을 수 없고 극장은 닫히고 극단도 공연을 중지하였다.[26]

고 이하 차례로 '연連'·'부富'·'성盛'·'세世'·'원元'·'운韻'으로 이어진다. 제8기생(경과慶科)은 입학직후 학교가 폐쇄되었다. 이 때 졸업생은 각각 배웠던 학과를 따라서, 예를 들면 마련량馬連良·담부영譚富英·원세해袁世海라는 예명을 가지고 있다. 또한 예능을 익히는 방법이 다른 것에 대해서는 제4본에서 상세하게 다루었다. (原註)

26) 엽룡장葉龍章, 〈喜(富)連成科班的始末〉, 中國人民政治協商會議北京委員會·文史資

시대가 시대인지라 방법이 없다고 하면 어쩔 수 없지만 그렇다 해도 너무 지나치다. 관객이 있어야 배우가 있는 것이지만, 극장의 안팎으로 이렇게 황폐하여서는 연극을 즐길 분위기가 아니다. 관객의 질이 떨어지면 배우도 역시 의욕을 잃는 법이다.

〈희부련성 과반의 전말〉에서 1945년(중화민국 34년)의 항목에 이렇게 기술되어 있다.

> 언젠가 한 극단이 『타앵도打櫻桃』무대를 가다듬고 있었다. 사숙에서 수업을 받는 아이 즉 서동書童으로 분장한 배우가 앵두櫻桃나무 아래에 아무렇게나 드러누워 "참 이상한 일도 있다. 나무에서 '호떡'이 떨어졌다"라는 대사를 지껄이자, 그 자리에 있던 헌병이 연극을 그치라고 소리치며 무대로 뛰어올라와 배우를 때렸다. 주위에 있던 사람이 말려 간신이 헌병을 떼어놓았다. 그래서 사정을 알아봤더니 그 헌병은 노발대발하면서, "어째서 '헌병'이 나무에서 떨어져야 되느냐"고 했다.[27]

어처구니없게도 이 헌병은 똑같이 '셴Xian 빙Bing'으로 발음하는 데서 '셴빙餡餅'과 '셴빙憲兵'을 잘못 이해하고 있었다. 아니, 어떻게 그런 무식한 촌뜨기 헌병이 있었는지 모른다. 이래서는 연극이 황폐해지는 것도 당연하다고 하겠다.

온 나라가 전쟁시대였다. 사람들은 예능 같은 데 얽매여 있을 수 없었다. 누구도 내일의 운명조차 알 수 없었다. 배우가 오르는 무대가 그렇게 아무데나 널려있는 것은 아니었다. 그러다보니 배우의 생활은 압박을 받게 되고 마침내는 객사할 운명이 기다리고 있다 해도 이

料研究委員會 編,『京劇談往錄』(北京出版社, 1996年), 24-25쪽. (原註)

27) 〈喜(富)連成科班的始末〉, 中國人民政治協商會議北京委員會·文史資料研究委員會 編,『京劇談往錄』(北京出版社, 1985年), 24쪽. (原註)

상할 것이 못되었다. 왕년에 명인 베테랑이라 불린 배우들마저도 이러한 운명은 피할 수가 없게 되었다. 예를 들자면, 화검花臉의 명배우인 금소산 같은 경우, 팔 수 있는 것은 모두 다 팔아버리고, 최후에는 관조차 살 수 없을 정도가 되었다 한다. 배우에 한하지 않고 무릇 연극에 관계되었던 업계의 사람들은 겨우 끼니나 잇는 상황이 계속되었을 것이다. 경극뿐만 아니라 전국의 모든 지방극관계자들도 같은 운명에 있었다.

저축이 있었던 배우들이라면 그런대로 괜찮았겠지만, 그보다 못한 경우로서 그날 그날 빌어먹으면서 근근이 생계를 유지하는 다른 배우들은 길거리에서 헤맬 수밖에 없었다. 즉시 장사를 나서서 길거리에서 신문을 팔거나 손수레를 끌어서야 적은 수입으로나마 간신히 일가를 먹여 살릴 수밖에 없었다. 이름도 이렇다 할 예능(재주)도 없는 연극단체에서 최저층에 속하는 '저포底包'라 불리는 배우들 가운데는 힘든 날품팔이 노동자나 돈 많은 집의 혼례나 장례식에 고용되어 허드렛일을 하는 사람도 있을 정도였다. 개중에는 무대에서밖에 살아갈 길이 없다고, '채두희采頭戲'라고 불리는 칼싸움이나 도깨비연극, 그 위에 요염한 연극을 하면서 생계를 이어간 배우도 있었던 것 같다.

하지만 그렇지 않은 일단의 배우들이 있었다. 소위 매란방梅蘭芳·정연추程硯秋·주신방周信芳·개규천蓋叫天·마련량馬連良 등은 말하자면 완전히 여유롭고 부족함 없는 명배우들이었다.

명배우들의 중일전쟁中日戰爭

경극은 중국을 대표하는 연극이기 때문에 국극國劇이라고 불린다. 그래서 매란방梅蘭芳·주신방周信芳·개규천蓋叫天·마련량馬連良 등의 명배우들은 이 국극을 연기하는 불세출의 배우들로서 말하자면 '무형문화재'이자 '인간국보'들인 것이다. 따라서 저들을 자신들의 진영에 끌어들이면 저들 인간국보의 지지를 받아서 자신들의 정치적 정당성을 중국의 서민들에 강하게 인상을 심어줄 수 있는 동시에, 상대방 진영에 대해서는 무언의 정치적 압력이 된다. 이렇게 생각한 사람들이 있었다.

맨 먼저 일본군이 정연추程硯秋에 눈을 돌린 것 같다.

그의 자전自傳인 〈내가 걸어온 길〉에 의하면, '일구日寇' 즉 일본 침략군이 북경을 장악한 뒤, 그들은 3일도 안돼서 정연추를 찾아서 공연시키려 했지만, 그는 단호하게 거부하였다. 이것이 일본군당국을 거슬리게 했음은 물론이다. 언젠가 천진에서 북경으로 돌아가기 위해 역으로 가는 데, 일본군 헌병과 그 하수인인 중국인 앞잡이 특무가 시비를 걸고 소지품검사를 했다고 한다. 그들은 정연추를 보고 '네놈 태도가 좋지 않아' 하고 트집을 잡고는 구속하여 작은 구치소에다 집어넣었다. 그리고 20여 명이 둘러싸고는 대놓고 닥치는대로 때리고 차고 폭행을 했다.[28]

그런 일이 있은 뒤 정연추는 이렇게 회상하고 있다. 덧붙여 말하면, 정연추는 단역旦役 가운데서도 청의靑衣배우였다.

---

28) 程硯秋: 〈我所走過的道路〉, 中國戲曲硏究院 편, 『程硯秋文集』(中國戲劇出版社, 1981), 5쪽. (原註)

> 나도 어린아이 때부터 무공 역을 연습하고 있었기 때문에, 무술은 본디부터 익혔던 터였지요. 저항하여 구치소를 뛰어넘어 단숨에 역으로 내달려, 쏜살같이 집으로 돌아갔지요. 그때부터 이화원의 뒤에 있던 청룡교로 이사하여 농가에서 농민생활을 시작했어요. 그러나 일본침략군은 단념하지 않고 교대로 와서 감시하고 있었지요. 내가 호미나 가래로 밭일을 하거나, 제대로 식사를 하지 못하는 것을 보고는 결국은 맥없이 철수하더군요.[29]

요즘 일본에서 말하는 옥삼랑[30]이다. 요염·전아·부드럽고 우아함 이런 무대 모습을 장기로 하는 배우가 날이면 날마다 밭 가운데에 엎드려 왔다 갔다 하면서 흙을 파고 호미나 가래를 가지고 밭을 간다. 뱅어와 같던 손가락도 어느새 마디가 생겨나자, 일본군이 아니라도 누구라도 이건 무대를 단념한 것으로 여기고, 더 이상 쫓아가지 않았을 것이다.

일본군의 공연요청을 아예 거부하여 무대를 단념한 증거로서 농민생활을 계속하였다. 이러한 정연추의 태도에 대해 현재 중국에서 높은 평가를 내리고 있다.

> 그는 가는 곳마다 일본 침략군이 횡행하고 국토가 상실되어 인민이 도탄의 괴로움에 내몰린 참상을 목도하였다. 마음속에는 비분이 가득 찼다. 이리하여 결연히 무대를 버리고 북경 서쪽근교인 청룡교에 돌아가 농업에 정성을 쏟으며 반항의 의지를 보여주어 민족의 고귀한 의지를 나타냈다.[31]

---

29) 中國戱曲研究院 편, 『程硯秋文集』(中國戱劇出版社, 1981), 5-6쪽. (原註)

30) 옥삼랑玉三郞: 1950년생의 가부키배우, 영화감독, 연출가. 본명은 모리타신이치.

31) 張夢庚·佟志賢·王雁, 『京劇漫話』(北京出版社, 1982), 92쪽. (原註)

무대에 서지 않겠다는 결의를 분명히 하기 위해 아예 농민 생활을 계속하였다. 이것은 일본군에 대한 협력을 거부한 것으로 '반항 의지를 나타내며 민족의 고귀한 의지를 나타낸' 것이다. 이는 바로 중국에서 경극과 경극배우가 문화적 통합의 상징이라는 것을 보여주는 사건이었다고 하겠다.

우락부락한 단旦이라면 끔찍하다 하겠다. 더구나 그가 원래 배우로서 콧수염을 달고 그것도 훌륭한 수염을 붙였다면 그건 끔찍하다기보다는 골계라 하겠다. 누구라도 처음에는 깜짝 놀라고 잘못된 농담이라고 생각하지만 끝에 가서는 그가 무대를 버렸구나, 경극 무대에 서기를 단념했구나 하고 느꼈음에 틀림없다. 더욱이 경극계를 짊어지고 있던 배우였다면 연극 팬이 아니더라도 앗! 하고 놀랐을 것이다. 그가 바로 경극의 대명사와 같은 매란방이었으니 세간은 앗! 하고 놀랐고, 연극광들은 가슴이 철렁하고 놀랐던 것이다.

확실히 지금에 와서 수염을 기른 매란방 사진을 들여다보면, 솔직히 말해서 얼마나 보잘 것 없는 얼굴인가. 실례를 무릅쓰고 비유하면 도쿄 아사쿠사淺草의 경연극輕演劇 역사에서 한 시기를 주름잡아 관객들을 웃고 울게 만들었던 오미야 덴조[32]가 아닐까.

1931년 9월 유조호사건柳條湖事件을 계기로 만주사변이 발발하였는데, 매란방은 전화戰火를 피하듯 북경에서 상해로 거처를 옮겼다.

---

32) 오미야 덴조(大宮デン助): 본명이 츠네카와토시오(1913-1976)로 쇼와시대에 아사쿠사를 중심으로 활약한 코메디언이다. 오미야 덴조 혹은 단지 덴조라고 하는 애칭으로 널리 알려진 인물. 그가 연기하는 캐릭터 '덴조'는 전후 아사쿠사 희극계나 텔레비전으로 일세를 풍미했다.

여기에서 '침략자에게 복수하기 위해 인민을 일어나게 할 의도'[33]에서 『항금병抗金兵』·『생사한生死恨』 등의 신작이 창작되었다.

다음 해인 1932년 일본군은 청조 최후의 황제인 손제遜帝 부의溥儀를 집정에 추대하여 만주국 건설을 선언하는데, 청조 유신遺臣 가운데서 매란방의 무대를 이용하여 청조의 재흥을 의미하는 만주국 건국에 꽃을 곁들이면 어떨까 하고 생각하는 사람이 있었다. 이러한 사람을 고지식한 시대착오적인 것이라고 말할 수 있을까?

매란방은 출연을 재삼 고사하였다. 그래서 일부러 상해까지 와서 이렇게까지 말한 사람이 있었던 것 같다.

> 그대들 매씨 집안의 부자 3대는 대청조의 은혜를 입었지 않는가. 지금 대청조가 재흥하고자 하고 있다. 이 은혜에 보답하고 축원하는데 참여해야 하지 않겠습니까?[34]

그러자 평상시에는 온화한 것으로 알려진 매란방도 정말 화를 내면서 냉담하게 이렇게 내뱉었다.

> 청조는 이미 멸망해서 보좌는 이미 망가지고 부의는 평민이 되었소. 그런데 지금 무슨 일본의 괴뢰황제가 되어서 일구日寇를 위해 힘을 써서 중국 인민의 적이 되라는 말이오. 어떻게 내가 괴뢰국가인 만주를 위해 무대에서서 천하에 치욕을 당할 수 있겠소?[35]

---

33) 朱振華·吳迎·梅葆玖 著『德藝雙馨〉 藝術大師梅蘭芳』(山東大學出版社, 1994년), 232쪽. (原註)

34) 朱振華·吳迎·梅葆玖 著『德藝雙馨〉 藝術大師梅蘭芳』(山東大學出版社, 1994년), 232쪽. (原註)

35) 朱振華·吳迎·梅葆玖 著『德藝雙馨〉 藝術大師梅蘭芳』(山東大學出版社, 1994년), 232쪽. (原註)

1937년 7월 북경교외의 노구교에서 일어난 발포사건을 계기로 전화戰火는 중국 전토로 확대된다. 매란방이 있던 상해도 예외는 아니어서 중국 측이 송호항일전쟁淞滬抗日戰爭이라고 부르는 전쟁이 8월 13일에 발발하게 된다.

당시 상해에 있던 일본군 당국은 매란방에게 정중하게 접촉하여 자주 연석 등에 초대했지만 매란방은 그때마다 모두 거절하였다. 그러나 일본군당국은 매란방의 태도를 불손다고 힐난하는 일은 없었다. 그 원인을 앞서 인용한 『덕예쌍형德藝雙馨 예술대사藝術大師 매란방梅蘭芳』은 '매란방은 국제적으로 특히 일본인의 마음속에 중요한 위치를 차지하고 있기 때문'[36]이라고 적고 있다.

확실히 1919년 최초의 일본공연 이래 매란방은 일본의 가부키계(연극계)의 중진들[37] 뿐만 아니라 나이코內藤湖南이나 나가이永井荷風 등 문인묵객, 오쿠라(大倉喜八郞) 등 경제인, 일본 중요 인물들의 마음을 사로잡았다. 더군다나 그는 중국문화의 지극한 보물이었다. 일본군당국은 공연은 무리일지라도, 적어도 라디오에라도 출연해 줄 수 없을까하고 자주 교섭을 했다. 이것은 '라디오에서 매란방의 목소리라도 내보내면 항일세력의 기세를 꺾고 와해시킬 수 있을 것이다. 동시에 매란방이 친일분자임을 증명할 수 있다'[38]는 계산이었다.

36) 朱振華·吳迎·梅葆玖 著『德藝雙馨〉藝術大師梅蘭芳』(山東大學出版社, 1994년), 234쪽. (原註)

37) 이들은 오대五代 나카무라(中村歌右衛門)·십오대十五代 이치무라(市村羽左衛門)·이대二代 이치카와(市川左團次)·칠대七代 마쓰모토(松本幸四郞)·십삼대十三代 모리타(守田勘彌)·초대初代 나카무라(中村鴈治郞)·삼대목三代 나카무라(中村雀右衛門)이다. (原註)

38) 朱振華·吳迎·梅葆玖 著『德藝雙馨〉藝術大師梅蘭芳』(山東大學出版社, 1994년), 234쪽. (原註)

목소리 상태가 나쁘고 몸 상태가 좋지 못하다고, 라디오 출연을 거부했던 매란방은 마침내 신변의 위험을 감지하고 거처를 홍콩으로 옮기기로 결심한다.

1940년 가을 상해의 대부호로 알려진 두월생杜月笙이 돌연 홍콩의 매란방의 자택을 방문하였다. 당시 국민당정부 소재지였던 중경重慶에서 공연해 달라는 뜻을 전했다. 그러나 매란방은 두월생의 부탁도 거절했다. 상해의 큰 갑부는 당연히 전 중국에서 큰 갑부이다. 그의 뜻을 거스른다면 앞으로 중국 어디에서도 무대에 설 수가 없다. 정상적인 사람이라면 누구도 그렇게 생각했을 것이다. 그러나 매란방은 그렇게 생각하지 않았다. 매란방의 결의도 결연했지만 매란방이라는 경극배우를 자유롭게 움직이는 것은 전중국의 대부호로도 쉽지 않게 되었다는 것이다. 더구나 일본군은 말할 것도 없다.

그런 뒤 머지않아 일본은 태평양전쟁에 돌입하여 홍콩에도 전화戰火가 일어났다. 평소부터 청결함을 좋아했고, 단 역旦役배우의 생명이라고도 할 수 있는 얼굴을 관리하기에 여념이 없던 매란방은 이 무렵부터 게으름을 피우며 콧수염을 길렀다.

그러한 매란방을 북경어가 유창한 구로키(黑木)라는 일본인이 방문하여 찾았다. 온 뜻을 묻자, 사카이(酒井) 사령관이 면담하고 싶어한다고 말했다. 여기서 매란방梅蘭芳은 주위에서 말리는 것을 듣지 않고 사카이 사령관이 기다리는 사령부가 있던 반도주점半島酒店[39]로 향했다.

북경에 있는 일본대사관 주재무관駐在武官·천진 주둔군에서 사령관을 지낸데다 이전부터 매란방의 무대를 아는 사카이는 악수를 하자마자 곧 매란방의 코 밑 수염에 신경쓰고는 한마디 내뱉었다.

---

39) 반도주점半島酒店: 당시엔 일본 젊은 여성들에 의해 홍콩 쇼핑관광의 메카가 되어버린 돌로 지어진 고풍스런 호텔이었음. (原註)

어떻게 콧수염을!

그러자 매란방은 단호히 말했다.

단 역 배우인 나도 나이를 먹어, 화장을 해도 뜻대로 되지 않고 목소리도 나빠져 버렸습니다. 더 이상 무대에는 서지 않겠습니다.

그 말을 묵묵히 듣고 있던 사카이는 그대로 매란방을 집에 돌아가게 했다고 한다.[40]

이 때 매란방의 나이 48세, 11세 때의 첫무대부터 세어서 37년간의 무대생활, 매란방의 예술을 접해본 사람은 누구도 '화장을 해도 뜻대로 되지 않고 목소리도 나빠져 버렸다'고 생각할 수 없을 것이다. 더구나 매란방 자신이 '더 이상 무대에 서지 않겠다'라는 건 마음속에 생각조차도 없었을 것이다.

그렇게 둘러대 속였던 매란방이 훌륭했을까, 아니면 속은 사카이가 멍청했을까. 어쩌면 사카이는 매란방의 심정을 알고는 속은 척 했을까? 그의 예술을 사랑하였기 때문에 거짓말인 줄 알면서도 매란방을 돌려보냈다. 매란방에게 무대를 강요하는 일은 없었다. 사카이와 같은 일본인, 더구나 연극광으로서는 '제국군인'인 사카이에게 이 정도의 멋과 여유를 바라고 싶을 뿐이다. 굳센 것만이 무인은 아니다. 위로부터의 명령을 준수하는 것만이 군인은 아니다. 임기응변, 상대방의 예술에 대한 프라이드와 민족을 생각하는 심정을 고려하는 것도 또한 무인의 바람직한 행실이 아닐까?

어쨌든 사카이가 매란방을 강요하지 않았다는 것은 연극광으로서

40) 許姬傳 許源來 著, 『憶藝術大師梅蘭芳』(中國戲劇出版社 1986년), 152-153쪽. (原註)

는 안심이다. 역시 명배우가 마음에서 우러나는 무대가 아닌 한, 지극한 예술을 펼칠 수는 없기 때문이다. 일본군이 강권을 발동하여 매란방을 극장으로 납치하지 않은 것만으로도 조금은 죄가 줄어드는 기분이 든다. 그 당시 사카이의 힘을 사용하면 매란방을 강제로 데려가서 무대에 오르게 할 수도 있었을 것이다. 그러나 그렇게 했더라면 아마도 매란방에게 그 뒤의 무대인생은 크게 달라졌을 것이다. 아무리 중국예술계의 최대 보물이었을지라도, 전후의 중국에서는 역시 '일본군의 선무공작에 협력하였다'는 표지가 죽을 때까지 따라다녔을 것이다. 그랬더라면 전후, 그의 무대인생을 어둡게 하고 말았을 것이다.

매란방의 무대는 어디까지나 밝고 휘황찬란하지 않으면 안 된다. 그 밝고 휘황찬란한 예술분위기를 지키려 했던 것이 반도주점에서의 사카이의 판단이었다고 생각하는 것은 사카이와 같은 일본인으로서 너무 제멋대로 한 망상일까?

그 뒤 몇 번인가 일본군으로부터 공연요청이 있었지만, 그 때마다 '이가 아프다', '심장상태가 나쁘다'고 하여 일본군의 제의를 거부하였지만 홍콩도 위험하다고 생각한 매란방은 다시 상해로 돌아간다.

그러나 상해에서 기다리고 있었던 것은 남경에 정부를 수립하였던 왕정위王精衛 일파였다. 왕정위는 강경했던 대결에서 화해로 중일관계를 모색하고, 중경의 국민당정권과도 또 연안의 공산당정권과도 달리 일본과의 공존공생의 길을 걸으려고 했다. 그런 만큼 당시부터 가짜 정권이니 한민족과 중화민족의 혼을 적에게 팔아넘긴 간신이라고 비난받았다. 왕정위 정권관계자는 중국공산당과 국민당 쌍방의 공식적 견해로는 지금도 중화민족의 적이다.

1940년 3월 일본 측의 강력한 지원 하에 남경에 세워진 왕정위 정권王精衛政權은 1942년 가을 '대동아전쟁승리 일주년'을 축하하려고,

매란방을 단장으로 남경南京·장춘長春·동경東京·중국(왕정위 정권하에 있는 곳)·만주, 그리고 일본 삼국의 수도에서의 경극공연을 계획하여 집요하게 매란방에게 출연을 부탁하였다. 매란방이 계속 거절하자, 다음으로 등장했던 것이 일본군의 화북주둔군 보도부장인 산가소좌山家少佐이다.

이 시기에 이르러서는 평범한 방법으로는 출연의뢰를 거절할 수 없다고 생각하게 되어, 매란방은 어느 의사 친구에게 감기예방주사를 놓게 하여 일부러 감기에 걸려 출연의뢰를 거부할 생각이었다. 그러자 의사는 '몸에 위험하다'고 주사 놓기를 주저하자 이렇게 외쳤다.

> 놈들을 위해 무대에 설 수 없다고 결심하였소. 죽어도 후회는 없소. 죽는 것이 소망이오. 여기가 죽을 곳이요.

주사를 맞기를 전후 3차례, 42도의 열이 났기 때문에 틀림없이 심신은 허약해졌을 것이다.

훌륭하다고 감탄할만한 결의라 해야 할까, 고통스럽기까지 한 애국심이라고 해야 할까, 아니 매란방이 지닌 중국문화의 정수인 경극의 배우로서의 자부심이며, 중국문화의 지극한 보배로서의 자각이, 일련의 저항을 마음속에서 지탱케 하고 있었던 것일까. 어쨌든 일본측도 집요한 것이었지만 그만큼 중국문화에서 차지하는 경극의 역할, 중국인들에게 주는 경극배우 매란방의 영향력을 알고 있었다고 하겠다. 하여간 매란방을 떠받들어 모시기만 하면, 중국인의 몇 할쯤은 일본 편을 들어줄 것임에 틀림없다. 매란방이 일본군에 협력했다는 뉴스가 중국 전 국토에 퍼지면, 항일의 창끝도 무디어질 것이 분명하다. 가령 당시 일본군의 문화공작 담당자에게 이러한 '계산'이 작용하고 있었다면 판다 곰을 받고서 환희 작약하였던 70년대 이후의 일본 정치가나 외무 관료보다도, 저들 쪽이 훨씬 중국문화와 중국인을 알고 있었다는 생각이 든다. 하지만 한편에서는 매란방을 업고 나오는데 실패하여, 항일·반일의 기운을 중국전토에 확대시키고 말았다. 그리고 또 한편으로는 그 때 이래로 무원칙이라고 말할 정도의 좋은 조건으로 북경에 막대한 차관을 제공하고 있었다. 그런 경박한 방식은 오십 보 백보라고 할 수 있을 것이다. 앞선 사람의 잘못된 흔적을 배워서 조금 더 마음에 들게 할 수는 없었을까.

어쨌든 매란방에게 그렇게도 미움을 산 당시 일본이라는 존재는 도대체 뭐였을까 하는 생각이 문득 떠오른다. 아마도 매란방이 품고 있던 완고하리 만큼의 원한이나 저항의 밑바닥에 흐르고 있는 심정을 생각하고 밝혀나가지 않는 한, '자자손손까지 이어질 중일우호' 등과 같은 공허한 말로 상징되는 우스꽝스럽고 비참한 거짓말이 '자자손손까지 계속'이 될 것임에 틀림없다.

배우가 무대에 서는 것을 단념한다는 것은 그대로 수입의 길을 스스로 끊는다는 의미이다. 천하의 명배우인 매란방이라도 결코 예외는 아니다. 역시 이 세계에서는 무대에 올라 얼마라도 벌어야 했을 것이다. 그래서 매란방의 생활을 걱정하던 상해 중국 대희원中國大戲院의 경영자가 매란방을 위해 공연을 고려했다. 당장의 생활비를 마련하는 게 어떠냐고 권하였지만, 그는 그렇게 제안한 경영자에게 대꾸했다.

> 사소한 이익 때문에 무대에 설 수 없습니다. 생각해 보십시오. 생활비를 벌기 위해 연극을 하면 어찌 적敵이나 가짜 정부政府를 위해서도 공연을 할 수가 없겠습니까?

이렇게 말한 뒤, 입주위에 길렀던 콧수염을 어루만지면서 자기의 뜻을 가까이 지내는 사람에게 다음과 같이 전하였다.

> 나의 이 수염도 잘 자라지 않아요. 만약 깎아버리고 생활비 때문에 연극을 한다면, 놈들은 나를 단념할 수 있을까요. 목전의 이익을 위해서 극단 전체와 내 자신의 생활문제를 해결하면 나의 뜻이 꺾이고 말 것입니다. 그런 일은 단연코 할 수 없습니다.

그 뒤 가구·서화·골동·고서 등을 팔아서 연명하고, 막판에는 연습해 두었던 솜씨로 그림을 그려서 근근이 생활을 해나갔다. 물론 콧수염은 그대로인 채….

1945년 8월 일본의 무조건 항복이 전해지자 매란방은 북경에 남아 있던 아들에게 다음과 같은 편지를 전했다.

> 항일전쟁은 승리하였다. 나의 몸은 건강하다. 전쟁의 승리를 축하하기 위해 다시 무대에 나설 준비를 하고 있다. 콧수염은 몽땅 깎아 없앴다. 이미 8년이나 무대에 오르지 않았지만, 승리를 축하하기 위해 무슨 일이 있어도 훌륭한 무대를 만들어 보여야겠다.[41]

10월 매란방은 상해上海의 미기대희원美琪大戲院의 무대에 섰다. 공연共演은 오랫동안 콤비였던 소생小生 유진비兪振飛였다. 공연제목은 이 콤비가 맡았던 것으로 알려진 『단교斷交』·『유원경몽遊園驚夢』·『기쌍회奇雙會』로서 어느 것이나 애절하고 슬픈 남자와 여자의 이야기이다. 공연을 알리는 전단이 거리에 뿌려지자, 사흘 연속 공연 티켓은 순식간에 팔려나갔다. 괴로운 전쟁의 시대도 지나갔고 게다가 콧수염을 길러 무대에 서기를 완강하게 거절했던 매란방이 곱고 깨끗하게 턱수염을 자르고 오랫동안의 단짝과 무대에 선 것이다. 연극광이 아니

41) 梅葆琛,『懷念父親梅蘭芳』(中國社會出版社, 2005), 24쪽. (原註)

라도 기다렸던 새로운 시대가 왔구나 하고 생각하였음에 틀림없다.

어쨌든 길게 늘어놨지만, 어쨌든 매란방을 이야기할 때 빼놓을 수 없는 것이 콧수염을 길러 항일의 뜻을 분명히 하였다는 '축수명지蓄鬚明志'이다.[42] 도대체 수염을 기르는 것 정도를 가지고 민족의 독립과 자존의 뜻을 천명할 수 있는 것인가? 큰 의문이라기보다 전혀 믿을 수 없다. 하지만 그처럼 믿어질 것 같지 않은 일로 민족의 긍지로 전하려고 하는 것이 중국인 사회이고, 그런 경우를 일으켰던 단 한 사람이 경극배우 매란방이라는 정도는 확실하게 알아둘 필요가 있을 것이다.

농민 노릇도 하지 않았고, 콧수염도 기르지 않았다. 하지만 일본군에 협력한 사람들의 출연요청을 거부하였던 배우도 있었다. 그 대표가 무공武工에 독특한 기풍을 확립한 개규천蓋叫天(1888-1971)이다.

1942년부터 1943년 사이. 그가 55세, 56세 때의 일이었다. 매란방의 경우와 똑같이 스파이는 일본인을 위로하고자 경극 공연을 생각하였다. 공연제목은 『철공계鐵公鷄』. 이 연극은 19세기 반에 중국남부에서 일어나 청나라 왕실을 놀라게 한 태평천국을 주제로 한 활극이다. 스토리 전개도 빠르고 경극의 경자도 모르는 아마추어들이 보아도 재

42) 매란방의 항목에 인용된 책은 모두 매란방의 자손이나 측근의 손으로 쓰인 것으로 매란방에 대한 애착이 강하다. 그런 만큼 약간 깎아서 생각해야할 면도 있을 듯하다. '다른 이유가 있어서 매란방이 콧수염을 기르기 시작했다'라고 말해준 것은 방콕에서 알게 된 운남성 출신의 나이 많은 화교였다. 필자가 방콕에서 주재하던 당시 가끔 그의 집을 방문해서 부인이 직접 만든 운남 요리를 먹으면서, 그가 홍콩에서 입수했다는 경극 비디오를 보곤 했다. 물론 볼륨을 최대로 크게 하고서…. 그는 홍콩에 칩거하던 당시의 매란방을 아는 나이 많은 연극광이었는데 작년에 갑자기 죽고 말았다. 결국 매란방이 수염을 길렀다는 '다른 이유'를 들을 기회가 없어졌다. 정말로 유감스럽다. 이렇게 될 줄 알았다면 일찍이 들어두었으면 좋았을 걸하고 이제 와서 후회하고 있다. (原註)

미있다. 특히 마지막 장면에 주인공이 2, 3미터 넓이나 되는 기를 휘두르면서 난투를 벌이는 장면은 압권이다.

무대중앙에 기를 들고 서 있는 주인공, 그를 멀리서 둘러싼 적은 차츰차츰 그에게로 공격한다. 그는 그의 기를 좌우로 흔들어대어 적을 쳐서 쓰러뜨린다. 팔락팔락하는 소리를 내면서 무대중앙을 좌우로 물결치듯 흔들리는 깃발, 때로는 그 위를, 때로는 그 아래를 적의 역할을 맡은 배우가 공중제비를 하면서 넘어진다. 『철공계鐵公鷄』의 하이라이트 장면이다.

물론 개규천의 『철공계』인가 『철공계』의 개규천인가라고 말할 정도로 개규천이 성공했던 공연이다.

하지만, 그는 이러한 제안을 단호하게 거절하였다. 여하튼 완고하고 옹고집으로 알려진 개규천이었다. 일본군 헌병이 와도 안 되는 것은 안 되는 거였다. 부귀고관들이 생일을 축하하기 위해 극단을 불러 자택 내에 설치된 무대에서 연극을 공연케 하였다. 이것이 당회堂會인데, 남경의 왕정위王精衛 정권政權 관계자라면 고관의 누구겠지만, 그들이 당회의 출연을 의뢰해도 승낙하지 않았다.[43]

정연추程硯秋 · 매란방梅蘭芳 · 개규천蓋叫天 등과는 달리, 무대에 서서 연극을 계속하면서 정면에서 일본군에게 저항의 의지를 나타낸 배우도 있었다. 그 대표적인 존재가 7살에 처음 무대에 올랐던 것에서 연유해 예명이 '일곱 살짜리 아이'라는 칠령동七齡童, 뒤이어 '일곱 살짜리 영특스러운 아이'라는 칠령동七靈童, 그 뒤에 기린동麒麟童[44]으로 불린 해파海派 즉 상해파 경극을 대표하는 노생老生 배우인 주신방周信芳(1895-1975)이다.

---

43) 蓋叫天 口述, 『紛墨春秋』(中國戲劇出版社, 1984), 374쪽. (原註)

44) 칠령七齡 · 칠령七靈 · 기린麒麟은 모두 'Qiling'으로 같은 음이다. (原註)

'전투적인 무대 예술가이자 거듭되는 사회변혁에서 항상 진보적이었으며 소위 암흑세력과 용감하게 싸웠다. 그는 연극을 전투의 무기로 하고, "연극의 주목적인 관객을 고무시키는 일이야말로 연극의 진정한 가치이다"라고 명확하게 인식하고 있었다.'[45]

그렇다. 그래서 1937년 7월 노구교사건이 일어난 뒤, 자진해서 『휘흠이제徽欽二帝』를 상연하여 무대의 양 날개에는 다음 공연물인 『문천상文天祥』·『사가법史可法』의 예고를 내어 붙이고 있었다고 한다.

『문천상』·『사가법』은 예고대로 상연되었을까? 그러한 일은 사실 어떠해도 괜찮다. 『휘흠이제』·『문천상』·『사가법』이라면 중국인 누구라도 이것들이 구국·애국에의 애절한 심정으로 충만한 공연물이라는 것쯤은 너무나 잘 알고 있었다.

한민족이 일으킨 대왕조인 송조말기에 등장한 것이, 휘종과 흠종 두 황제이다. 그들은 서북방의 이민족국가인 금의 침략을 받고, 마침내 비극적 죽음을 맞았다. 그리고 문천상은 금나라의 추격으로 수도를 남경으로 옮긴 남송조의 구국영웅이다. 그는 몽고군의 남침으로부터 남송왕조를 지키며 분전하고 용감하게 싸웠다. 최후엔 몽고군의 포로가 되었지만 끝내 굴복하지 않고 〈정기가正氣歌〉를 남기고 죽었다. 사가법 또한 중화 국토를 이민족의 침략으로부터 지키려다 비명에 죽어간 구국 영웅이었다. 명말, 양주의 총진總鎭을 역임하고 있던 그는 양주의 관민을 지휘하여 만주군에 대항하였다. 최후는 중과부적이었다. 마침내는 그는 군문에 떨어졌으나 항복을 거부하고 죽음을 선택하였다.

『휘흠이제』의 무대는 송宋, 문천상文天祥이 죽음으로 맞서 지키려했

45) 『中國大百科全書』〈戱曲曲藝〉(北京·上海: 中國大百科全書出版社, 1983년), 611쪽. (原註)

던 남송, 그리고 사가법史可法이 절개를 지켰던 명明, 이들은 모두 한민족이 일으켜 세운 왕조였다. 이에 대해 송을 멸망시킨 금, 남송을 침략했던 몽고군, 거기에 명을 지상에서 쓸어버린 만주군, 이들은 모두 이민족이다. 틀림없이 주신방周信芳은 아주 옛날의 망국과 구국을 주제로 하는 경극을 연기함으로써 일본군 침략 앞에 망국 상태에 빠져 있는 중국을 암시하며, 관객을 향하여 '일본의 침략에 기죽지마라'·'문천상이 되어라'·'사가법을 잊지 마라'라고 호소하였다.

> '연극공연장은 누구라도 애쓰지 않고도 배울 수 있는 대학이고, 연극이란 민중을 계몽하고 조국의 정신을 환기하여 깨우칠 수 있는 것이고, 배우란 누구라도 배울 수 있는 위대한 교사이다'라는 진독수의 말을 다시 한 번 생각한다면 주신방은 참으로 '위대한 교사'였다고 하겠다. 전후가 되어서의 일이지만 '긍지를 갖고 말하자면 우리들은 교사가 되지 않으면 안 된다. 예술인은 인류의 영혼의 기술자입니다.'[46]

이렇게 그는 분명히 말하고 있다.

하지만, 정연추程硯秋이건 매란방梅蘭芳이건 개규천蓋叫天이건 누구나 제각각 각자의 방법으로 일본의 중국침략에 저항의 뜻을 나타내었기 때문에 이 또한 '위대한 교사'라고 할 수 있다. 더구나 콧수염을 기른 것만으로 '위대한 교사'가 되어버리니 약간 알 수 없는 느낌이 들기도 하지만….

'위대한 교사'들이 있던 반면, 일본군당국의 뜻에 복종하여 점령구나 만주에서 경극을 계속해서 공연한 배우들도 있었다. 다만 경극 무대에 서는 행위도 현대중국의 역사관에서 보면 침략자를 돕고 민족의 절개를 팔아넘긴 매국적 범죄가 되는 듯하다. 그 때문에 '위대한 교사'

46) 〈戱曲工作會議的收穫〉,『大公報』, 1951년 2월 1일자. (原註)

가 될 수 없었던 경극 배우 중에는 1949년의 중화인민공화국 성립이후 자신의 전력 때문에 괴로워하지 않을 수 없었던 사람도 있었다.

공산당의 깃발 아래 규합된 '위대한 교사'들

1945년 8월 15일 일본의 무조건 항복을 알고 상해에 있던 매란방은 부인에게 눈물을 흘리며 이렇게 쾌재를 불렀다.

> 날이 밝았소. 일본 강도들 꼬락서니를 봅시다![47]

북경교외에서 농민생활을 하고 있던 정연추는 다음과 같이 회상했다.

> 이 세상에 삶을 누린 이래 이처럼 유쾌한 날은 없었습니다.[48]

다만 '여명'은 그렇게 오래 지속되지 않았다. 곧 국민당과 공산당이 피로 피를 씻는 내전시대로 돌입하고 만다.

내전이 공산당의 승리로 기울어가는 시대의 흐름 속에서 경극배우도 서서히 그 정치적 입장을 확인당하게 된다. 언제까지나 정치에 관계없는 예술인인 채로는 있을 수 없었다. 공산당 지지인가 아니면 국민당을 따를 것인가? 그들은 국민적 유명인이었기에 그만큼 더 정치적 기치를 선명하게 하지 않으면 안 되었다.

---

47) 許姬傳 許源來 著,『憶藝術大師梅蘭芳』(中國戲劇出版社 1986년), 160쪽. (原註)

48) 中國戲曲研究院 編,『程硯秋全集』 6쪽. (原註)

그래서 경극배우를 후대하는 것이 자신들에 대한 국민의 신뢰를 증대하는 것에 연결됨을 공산당 당국도 역시 잘 알고 있었던 것 같다. 이러한 공산당 당국의 경극배우에 대한 대응을 보자면 공산당 역시 '라디오에서 매란방의 음성만이라도 내보내면 항일세력의 기세를 꺾고 와해시킬 수 있다. 동시에 매란방이 친일분자인 것을 증명할 수 있다'[49]라고 생각했던 일본군 문화정책 담당자와 같은 감각을 지니고 있었을 것이다. 공산당 역시 중국문화 전체에서 차지하는 경극의 뛰어난 상징적 입장, 중국인의 국민적 분위기에 미치는 경극배우의 강한 영향력을 알고 있었다는 점은 결코 부정될 수 없을 것이다. 아니 꽤 아슬아슬한 코스에 도착했다라고 할까.

1949년 북경이 인민해방군의 손에 넘어간 직후의 어느 날 오후, 주인 없는 정연추의 집에 주은래가 방문하였다. 정연추의 가족은 영락없이 집을 접수하러 온 것으로 순간 잘못 생각하게 되어, 어쨌거나 상대방이 중국공산당 최고 간부임에도 불구하고 실례를 저지르는 대응을 하였다. 아무리 상대방이 천하에 소문난 경극의 대 간판의 저택이라 해도 중국공산당의 최고 간부가 특별히 접수하러 발걸음을 옮기지는 않을 것인데도, 정연추의 가족들도 아주 잘못 이해했다. 아니 정치에 대해서 무관심하게 지냈던 서민들의 눈으로 보면 공산당이란 그런 일을 하는 세력으로 생각했는지도 모른다.

정연추가 없는 것을 안 주은래는 메모를 남기고 갔다. 집에 돌아와 주은래의 메모를 읽은 정연추는 크게 기뻐하였다. 급히 북경반점으로 가 주은래를 방문하였다. "이 또한 내 인생에 있어서 가장 유쾌한 일의 하나였다"라고 전한다. 그 뒤 공산당 수뇌부를 앞에 두고 경극을

49) 朱振華·吳迎·梅葆玖 著『德藝雙馨 藝術大師梅蘭芳』(山東大學出版社, 1994년), 234쪽. (原註)

공연하였는데 이런 사정을 정연추의 〈내가 걸어온 길我所走過的道路〉에서 다음과 같이 밝힌다.

> 무대에 오르기 전, 화장을 하고 있는데, 주 총리가 일부러 분장실까지 위문하러 오셨다. 그 때 그 이상 없는 감동을 받았다. 구 사회를 돌이켜 생각해보면 우리 같은 업계의 인간은 좋게 말해서 예술인, 나쁘게 말하면 '광대[50]'라고 불리고 있었다. 개중에는 우리들을 장난감 또는 위안거리로 간주하는 사람도 있었다. 새로운 사회가 되어 당은 나를 이처럼 존중해 주었다. 어찌 감동되지 않겠는가?[51]

이 〈내가 걸어온 길〉은 1957년 즉 중화인민공화국이 발족되고 8년이 지난 시점에 발표된 것이고, 공산당에 대한 평가는 약간 깎아서 생각할 필요가 있긴 하지만 그렇다 치더라도 상대방은 주은래이다. 정연추가 아니더라도 '어떻게 감동하지 않을 수 있을까?'라고 말하는 것은 당연하다고 하겠다.

정연추가 북경에서 공산당의 대접에 감동하였을 무렵, 상해에 있던 매란방은 무엇을 하고 있었을까?

그 당시의 매란방梅蘭芳의 행동을 〈매란방연표梅蘭芳年表〉에서 찾아보자.

> 1949년-56세
> 5월 27일, 상해 해방. 상해시민과 함께 가두에서 해방군 지도원을 환영하였다. 해방군병사가 가두에서 야영을 하는데 규율이 엄격한 것을 자신의 눈으로 확인하게 되자 마음으로부터 존경과 애호를 나타냈다.
> 5월 31일, 상해 중국대희원에서 3일간 공연. 해방군 지도원을 초대하여

---

50) 원문은 '唱戲的'이다.

51) 中國戲曲研究院 編, 『程硯秋全集』, 6쪽. (原註)

마음으로 위문함. 해방직후, 진의陳毅 시장 초대를 받아 상해 각계의 저명인 좌담회에 참가하였다.
7월, 주신방과 함께 초청을 받아 북경 제 1차 문학예술계 대표대회文學藝術界代表大會에 참가하였다. 모택동 주석, 주은래 총리와 회견.
9월, 제1회 중국 인민정치협상회의中國人民政治協商會議에 출석하였다.[52]

이 〈매란방연표梅蘭芳年表〉는 1980년대 중반쯤에 만들어진 것이라 분식이 가해졌을 가능성도 있지만 그래도 중국공산당의 경극배우에 대한 대응은 훌륭했다고 하겠다.

그들도 연안 산중에서 경극은 보았을 것이다. 하지만 지금 북경을 해방시키고 상해에서 국민당 세력을 쫓아내고, 경극의 명배우들의 화려한 무대를 접했을 때, 공산당 수뇌 가운데의 연극광들뿐만 아니라, 도회지 풍에 접할 수 없었던 해방군병사들이 '어떻게 감동되지 않을 수 있겠는가!'

공산당은 경극의 명배우 즉 '위대한 교사'를 후대하고, 그들의 지지를 얻어냄으로써 새로운 시대의 '부담 없이 배울 수 있는 대학'을 재흥시키고 경극이라는 연극으로 '민중을 계몽하고 조국의 정신을 환기시키고'자 하였다.[53]

---

52) 朱振華·吳迎·梅葆玖 著『德藝雙馨 藝術大師梅蘭芳』(山東大學出版社, 1994년), 344쪽. (原註)

53) 공산당에 패배한 국민당 정부와 함께 대만으로 이주한 경극관계자들도 있다. 가장 유명한 사람으로는 매란방의 조언자라 할 수 있는 존재이고, 매란방을 위해 40 작품이상 극본을 썼던 제여산이다. 북경, 상해에 많은 명배우들이 살고 있고 있어서 공산당은 그들을 후대하였다. 대만으로 도망한 배우는 모두 2선급 이하. 또한 홍콩에 잠시 피난해있던 배우 중에는 북경에 들어가는 것을 주저하고 대만 이주를 결심한 사람도 있었지만 대부분은 공산당 중앙의 열성적인 설득을 받고 북경으로 옮겼다. 그 대표가 마련량馬連良이다. 경극배우 쟁탈전에서도 국민당은 패배하였다. (原註)

희극 개혁공작에 착수하라

공산당에 유리하게 기울기 시작한 국공내전國共內戰에서 승리를 결정적으로 만든 것은 1948년의 요번遼潘(9월)·회해淮海(11월)·평진平津(12월)에서의 세 차례의 대접전이었다.

이른바, 전면적 승리를 향해 당과 군이 총력을 결집시켰던 1948년 11월, 공산당은 석가장石家莊에 화북 희극음악공작위원회華北戲劇音樂工作委員會를 설치하였다. 사회주의 관점에서 구 사회에서 상연되었던 연극을 계획적·체계적으로 개혁하여 그것으로 민중에 대한 사상교육을 실시하여, 구 사회에서 학대받으며 살았던 그들을 '신중국新中國'과 함께 사는 '새로운 중국인'으로 변화시키고자 하였다.

화북 희극음악공작위원회의 성립전후 공산당 기관지인 『인민일보人民日報(華北版)』에 '계획을 가지고 단계적으로 구극개혁공작을 진행하라[54]'라는 제목의 논문이 발표되었는데 이것을 보면 도대체 어떤 관점에서 '구극개혁공작舊劇改革工作'을 추진하고자 하였는지, 당시 공산당의 생각을 어느 정도 판단할 수 있을 것이다.

이 논문에서는 당시 상연되었던 구극을 '유익한 것' '무해한 것' '유해한 것' 등 세 가지로 나누고 있는데, 그 기준은 다음과 같다.

1. 유익한 것: 봉건적 압박에 반대하여 탐관오리라 부르는 불공정한 악덕관리에 반항하고 민족의 기개를 찬양하며, 통치계급의 내부모순을 풍자하고, 자유결혼이나 공적인 정의를 위해 목숨을 바치고 그 위에 각

---

54) '有計劃有步驟地進行舊劇改革工作'이 원문.

고면려하여 집안을 일으키는 것을 칭찬하는 연극작품.

2. 무해한 것: 대부분의 역사이야기 같은 것으로, 민중에게는 그다지 이익되는 게 없고 해로움도 없는 연극작품. 이러한 것에서는 역사지식과 역사적 교훈을 배우고 민중을 계발하며 그 지혜를 증진시킬 수 있다.
3. 유해한 것: 봉건적 압박·봉건 노예도덕·뜻을 버리고 민족의 적에게 투항하는 것·미신이나 우매·색정을 퍼뜨리고 찬양하는 일체의 공연작품. 이러한 것은 상연을 금지하거나 또는 근본적으로 수정한 뒤 상연해야 한다.

이 방침에 기준하여 초보적인 심사가 시작되었다. 그리고 당시 실제로 공연되었던 공연물 가운데 상연을 허가받은 351작품, 잠시 상연을 보류할 82작품을 지정하고, 동시에 연극개혁의 중점을 경극개혁과 지방극에 둠과 동시에, 중국민족의 새로운 가극을 창조하는 방향을 천명하였다. 하지만 화북 희극음악공작위원회가 마련한 방침이 구체적이고 효과적으로 현실의 무대에 반영되었던 것은 아니다. 여하튼 당시는 당도 군도 내전승리를 향해 최후의, 말하자면 건곤일척의 승부를 걸었던 시기였다. 여기에 사회 혼란이 가중되었기 때문에 연극에 정말로 정성을 쏟을 수는 없었을 것이다.

1949년 4월 21일 중국 인민개혁군사위원회주석인 모택동과 중국인민해방군총사령인 주덕 두 사람이 연명한 총공격명령을 받은 인민해방군은 '일체의 국민당반동파를 섬멸시키고 전국인민을 해방시키고 중국의 영토주권의 독립과 안전성을 지키기 위해서'[55]는, 동쪽은 황해까지 서쪽은 고비사막에 걸친 장대한 전선에서 전진을 시작했다. 국민당군에게는 패주하는 길밖에 남아있지 않았다.

그로부터 2개월 정도 경과한 7월, 북경에서 매란방과 주신방이 참

55) 『毛澤東選集』第四卷. (原註)

가한 제1회 문학예술계 대표대회가 개최되었다. 대회석상에서 주은래는 희곡개혁의 하나의 방법으로 공산당 이외의 예술인의 단결을 호소하였다. 그것은 1951년 5월 '중앙인민정부 정무원 총리 주은래中央人民政府政務院總理·周恩來'의 이름으로 발표된 통칭 5·5지시라는 '희곡개혁공작에 관한 지시'[56]에 연결되고 있는데, 연극 내용을 심사하고 개혁하기 이전에 그것을 공연하는 배우를 확보하는 것이 급선무였을 것이다. 달리 말하면 '위대한 교사'들을 공산당의 깃발 아래 결집시켜서 '누구도 홀가분하게 배울 수 있는 대학'을 확보하고 연극을 통해서 '민중을 계몽하고 조국 정신을 환기시키고자' 하였다. 동시에 '위대한 교사'들이 공산당을 지지하고 있는 것을 국민 전체에 철저하게 주지시킴으로써 국민의 공산당지지 분위기를 고조시키려는 의도도 있지 않았을까?

이 대회에 초대받은 매란방이나 주신방을 이제는 중국세계의 지도자가 된 모택동이나 주은래가 접견하였던 것이다. 그 때 매란방과 주신방은 필시 긴장하고 그리고 감격해 했을 것이다.

'중앙인민정부가 성립되었습니다!'[57]라고 10월 1일 천안문 누대위에 선 모택동은 전 세계를 향해 거만하게 말했다. 그리고 마치 그 때를 기다렸다는 듯이 당과 정부에 의해 연극정책이 본격적으로 시동하게 되었다.

우선 문화부내에 전한田漢을 국장으로 하는 희곡개진국戱曲改進局이 설립된다. 여기에는 경극연구원 등 실험기관도 설치되기에 이른다.

---

56) 원문은 '關于戱曲改革工作的指示'.

57) 원문은 '中央人民政府成立了'.

① 공연 작품과 상연상황 조사
② 연극공작(활동)의 책정·배우의 단결과 개조·신인의 양성
③ 상연가부(可否)의 기준제정과 공연물의 정리·개편
④ 반사班社를 축으로 한 구래의 배우 양성방법의 개혁과 신작의 상연지도
⑤ 연기상의 부적절한 기법의 개혁
⑥ 전국 연극관계자의 정치의식의 향상과 곤궁한 배우의 구제

이상과 같은 실험기관을 통해 전국의 연극 관계자들에게 당의 연극 정책을 주지시키고 관철시키고자 하였다.

또한 북경시에서는 '희곡예인 강습회戱曲藝人講習會'를 연속으로 열어 많은 배우들에게 마르크스주의의 기초지식과 당의 문예방침을 학습시키고 사상적 각오를 높였다. 이어서 사업흥행을 맡고 있었던 암흑가의 불량배나 '경려과經勵科'라는 극장·연극공연장·극단에 웅거하여 배우를 갈취하는 불한당을 일소하는 한편 실업상태인 예인들을 모아서 예인 일단一團을 편성하였다.

어쨌든 배우는 배우들만으로 연극을 할 수 있는 환경을 만들려는 것이었는데 그럼에도 불구하고 어제까지 '라오반(老板)'·'스푸(師傅)' 등이라 서로를 부르며, 연극 이외의 것에는 조금도 인연이 없던 배우들이, 마르크스가 어떻다 공산주의가 어떻다 하는 교육을 받고는 당황하였음에 틀림없다.

그런데 당시 경극연구원이 상연하고 있던 것은 연안에서 자주 상연되었던 『삼타축가장三打祝家莊』을 위시로 『홍낭자紅娘子』·『진장안進長安』·『백토기白兎記』·『대명부大名府』 등으로 이들 내용을 보면 당시의 당과 정부의 연극에 대한 생각의 일단을 알 수 있지 않을까? 그런 의미에서 이들 연극내용을 간단하게 살펴보자.

『삼타축가장』의 내용은 앞서 설명했던 대로이다. 『홍낭자紅娘子』는

하북성河南省 기현杞縣의 현령縣令에게 구애받은 유랑극단의 처녀 연예인인 홍낭자가 농민들과 함께 봉건지배계급 타도의 싸움에 참여하기 위해 이자성 군대에 투신하기까지를 그리고 있다. 『진장안』은 같은 명칭의 작품이 두 개 있다. 하나는 별명을 『황소진장안黃巢進長安』으로 부르는데 당대 말기에 반란을 지도했던 황소군黃巢軍의 장안입성을 묘사한 것이다. 또 하나는 1949년에 화북 평극연구원華北平劇硏究院에서 창작된 것으로 명말의 농민반란을 지도했던 이자성을 주인공으로 삼았는데 그의 백성에 대한 자애와 봉건세력에 대한 증오를 주제로 한 것이다. 아마도 여기에서 말하는 『진장안進長安』은 후자일 것이다. 『백토기白兎記』는 왕조의 흥망이 걸린 당 말기의 오대五代가 무대이다. 사냥 도중에 흰 토끼를 뒤쫓던 아들 앞에 나타난 것은 이전에 죽었다고 들었던 어머니였다. 아들은 아버지에게 이 사실을 알리고 오랫동안 떨어져 있던 부부와 자식이 재회하는 이야기이다. 그리고 『대명부大名府』는 『수호전水滸傳』의 제60회부터 65회까지에서 제재를 취했다. '하북河北의 옥기린玉麒麟'이라고 불리는 노준의盧俊義를 한패로 끌어 들이기 위해 송강宋江·오용吳用, '소선풍小旋風'의 시진柴進·연청燕青·석수石秀·양청楊青 등의 영웅이 차례로 등장한다. 마침내는 대명부大名府를 불태우고 점령하여 전원 양산박으로 모이기까지를 묘사하고 있다. '이 연극은 꽤 큰 배우진용을 갖추지 않으면 도저히 할 수 없다'[58]고 한다.

이자성이든 수호극이든 중국공산당의 이들에 대한 생각을 보면 반봉건의 농민반란이다. 거기에 부부·부자의 애정이야기, 다시 말하자면 당시에 이러한 주제가 '유익한 것'이고 '무해한 것'이 되는 셈이다.

---

58) 『支那劇大觀』 (原註)

그래서 앞서 열거했던 '계획적으로 절차를 따라 구극개혁공작을 진행함[59]에서 말하는 '유익한 것'·'무해한 것'·'유해한 것'이 어떤 것인지를 약간 이해한 느낌이 든다.

해가 바뀌어 1950년 1월, 희곡개진국戲曲改革局은 8년제의 경극 연기과京劇演技科와 6년제의 경극 음악과京劇音樂科를 가진 희극실험학교戱劇實驗學校를 설립하였다. 교장은 전한田漢 국장局長이 겸임하였고 거기에서 구래의 '때리지 않으면 재목이 되지 않는다(不打不成材)'는 식의 교육방법이나 교사가 제자를 사들여 길러내는 봉건적 내제자방식內弟子方式을 고치는 등, 개진국이 목표로 내세웠던 새로운 시대에 어울리는 새로운 배우 교육을 목표로 내세웠다.

그 뒤 이 학교는 북경 희곡학교北京戲曲學校, 중국 희곡학원中國戲曲學院 등으로 교명校名을 바꿨지만 소장화蕭長華·정연추程硯秋·상소운尙小雲·순혜생荀慧生·상화옥尙和玉·우련천于連泉·학수신郝壽臣·강묘향姜妙香·후희서侯喜瑞 등의 명배우들이 교육을 맡아, 많은 인재를 배출했다. 이 점에서 보면 희곡실험학교 설립은 성공적인 계획이었다 할 수 있을 것이다.

59) '有計劃有步驟地進行舊劇改革工作'이 원문이다.

어떤 것이 '유해有害'한 것인가

1950년 7월이 되자, 문화부는 전한田漢·주양周揚 등의 문예정책담당자나 문예이론가와 노사老舍·조우曹禺·애청艾靑 등의 문학자들에다 매란방梅蘭芳·주신방周信芳·정연추程硯秋·상소운尙小雲·순혜생荀慧生·상화옥尙和玉·왕요경王瑤卿·소장화蕭長華 등 경극계의 지도적 입장에 있는 배우들을 가입시켜 희곡개진위원회戱曲改進委員會를 조직組織했다.

제1회 회의석상에서 주임위원에 취임한 주양周揚은 이 회의의 임무를 설명하였다.

① 희곡 개진국이 수정·개편한 극본을 심사한다.
② 희곡개혁공작의 계획과 정책을 감시하고 문화부에 제의한다 등

또한 회의에서는 1949년부터 1950년 사이에 결정되었던 공연물에 대한 심사·지시작업의 결과에 따라 '단순한 행정명령으로 상연을 금지시키는 것도, 자유로 방임시켜 그대로 두는 것도 모두 잘못되고 있다'고 하여 역시 '계획적이고 절차 있게 구극개혁공작을 진행한다'[60]에서 말하는 '유익한 것' '무해한 것' '유해한 것'을 공연심사의 기준으로 삼아야 한다고 결론짓고 '유해한 것'을 지정하고 있다.

① 인민을 취하게 하고 인민을 놀라게 하는 봉건노예도덕이나 미신

60) '有計劃有步驟地進行舊劇改革工作'이 원문이다.

을 고취시키는 것.

② 음란·악독·간교·살인적인 것(淫毒奸殺), 에로틱한 것, 그로테스크한 것, 비정상, 비도덕, 폭력을 고취하는 것.

③ 노동자의 언동을 고의로 추한 것으로 더럽히는 것 등.

다만 연극 작품을 심사하는 경우 신화와 미신, 연애와 음란은 구별해야 한다고도 하고 있다. 이것만으로는 '계획적이고 절차 있게 진행하는 구극개혁공작을 실시한다'라는 지침에서 무엇이 '유해한 것인가'는 전혀 알 수 없다. 다만 회의는 당시의 공연상황에 맞추어, 상연금지시킬 열 두 작품을 제시하고 있다. 말하자면 이 열 두 작품의 내용을 보면 '유해한 것'의 모습을 떠올릴 수 있을 것이며, 당시 중국의 당과 정부가 국민들에게 무엇을 교육시켰는가, 거꾸로 생각하면 당시 국민들은 어떠한 연극을 좋아하였는가를 알 수 있을 것이다. 이러한 연극들은 인기가 있어 사람들이 자진해서 보는 것이기 때문에 당이나 정부는 국민이 그러한 '유해한 것'에 감화될 까봐 두려워했을 것이기 때문이다.

『살자보殺子報』·『구경천九更天』·『활유산滑油山』·『기원보奇冤報』·『해혜사海慧寺』·『쌍정기雙釘記』·『탐음산探陰山』·『대향산大香山』·『관공성현關公聖顯』·『쌍사하雙沙河』·『철공계鐵公鷄』·『활족삼랑活捉三郎』 이 열두 작품이 문제의 '유해한' 작품들이다.

이 가운데 『활유산』·『살자보』·『탐음산』 등에 대해서는 일찍이 설명하였기 때문에 생략하지만 나머지에 대해서 약간 설명을 하고자 한다.

먼저 『구경천』, 미준도米俊塗는 하인인 마의馬義를 데리고 과거시험을 보러 가는 길에 여관에서 잠자는 데, 꿈에 피투성이가 된 형이 나타난다. 그래서 이상한 일이라 하여 귀향하는데 역시 형은 형수와 형수의 불륜상대인 근처에 사는 후에게 살해된다. 한번 나쁜 일을 시작한 바에는 철저히 한다는 말이 있듯이 형수와 후는 후의 아내를 살해하고 그 죄를 미준도米俊塗에게 뒤집어 씌운다. 머리가 없는 후의 아내의 사체死體를 앞에 놓고 '머리를 찾으면 죄를 용서해 주겠다'는 관리. 그것을 정말로 받아들인 마의馬義는 자기 딸을 죽이고 그 머리를 보낸다. 점점 커져가는 미준도米俊塗의 죄. 속았다고 깨달은 마의는 상경하여 두려워하면서 문천상에게 고소한다. 어떤 고통에도 이겨내었던 마의. 문천상은 마의의 말을 믿고 미의 처형을 중지시키기 위해 동분서주한다. 웬일인지 처형의 밤은 길고, 구경九更의 시각을 치자 이윽고 날이 샜다. 미의 처형을 앞에 둔 문천상. 이윽고 미의 죄는 무죄임이 밝혀진다.

별명을 『오분기烏盆記』라고도 부르는 『기원보』는 길 가던 사람이 여관 주인부부에게 돈을 빼앗기고 살해되어 잘게 썰어져 흙과 함께 이겨져서 화분으로 구워지는데, 그 죽은 사람의 영혼은 마침내 정의롭고 진실하며 굳세고 청렴하고 정직한 사람인 포공을 불러서 원한을 씻는다는 내용이다. 주인공의 두 뺨에 영혼이라는 것을 보이는 백지로 만든 '지수(紙穗)'를 늘어뜨리고서, 자신의 몸에 일어났던 불행을 애절하게 노래하는 장면이 관객의 동정을 이끌어낸다.

주인집에 기거하면서 일하는 가난한 주방장. 정이 많고 남자를 좋아하는 그의 아내는 남자를 끌어들여 불륜을 거듭한다. 취해서 집에 돌아온 주방장은 애처롭게도 아내와 그 상대에게 처참하게 죽임을 당한다. 의외의 일로 사건의 진상이 밝혀지는 『해혜사』, 이 외에 불륜을 거듭하는 아내와 그 상대에게 머리에 못을 두 개씩 박아 죽게 하는 『쌍정기』, 전전戰前에 출판된 앞서 말한 『지나극대관支那劇大觀』 조차도 이것을 '음희淫戲로 잔혹하여서 상연 금지되었다'라고 비평하고 있는 것을 보면, 상당히 '음희로서 잔혹한 것'일 것이다.

남편인 송강宋江이 양산박과 비밀스럽게 통하고 있는 것을 안 처 염파석閻婆惜은 이 사실을 핑계로 호색한인 장문원張文遠과 불륜을 계속하지만 마침내는 송강에게 살해되고 만다. 염파석閻婆惜의 영혼이 장문원張文遠에게 일의 자초지종을 알리는『활족삼랑』, 불도에 심취해서 부모가 권하는 결혼을 완고하게 거절하고, 마침내는 득도하여 관음이 된 묘선妙善을 그리고 있는『대향산』, 송 왕조를 지키기 위해 출전한 두 젊은 장군이, 이들을 맞아 싸우는 이민족인 두 미인 장군에게 한눈에 반해 서로 그리워하고 사랑하여 깊은 사이가 되었다는『쌍사하』.

오나라 손권에게 참수되어 죽은 영웅 관우와 그의 아들 관평關平. 원한을 남긴 관우의 영혼은 청룡도靑龍刀를 차고 애마 적토마赤兎馬에 걸터앉아 하늘을 달린다. 친구인 스님이 사당을 세워 제사를 지내자 관우의 영혼은 진정되고 마침내는 원수인 조조와 손권을 원한에 차 죽인다. 이것이『관공성현』의 대강이다. 정사正史인『삼국지三國志』〈위서魏書·무제기武帝紀〉에 '손권은 관우를 쳐서 목을 벤 뒤 그 머리를 넘겨주었다. 경자庚子에 왕인 조조는 낙양에서 죽었다'라고 되어 있고,『삼국지三國志』〈촉서蜀書·장비전張飛傳〉에 '선주先主 유비劉備는 오를 공격하였다. 장비는 병력 만 명을 맡아 이끌고 낭중閬中에서 강주江州로 가 접전을 벌일 참이었다. 출발하기에 앞서 그 막하의 장달영·범강은 장비를 죽여 그 머리를 들고 손권에게 투항하였다'라는 약간의 사실史實을 근거로 하여『삼국연의三國演義』제77회·제78회·제79회, 그리고 제81회가 쓰여졌는데, 신해혁명 때 상해 공방전에 혁명군 일원으로서 참가하여 군공을 세웠던 경극배우 하월항夏月恒·월산月珊·월윤月潤 형제에 의해 관공성현이 대형의 연극으로 꾸며지게 되었다. 바로 중국인의 환골탈태, 즉 조그마한 사실史實에서 몇 개의 이야기를 만들어내는 재능과 에너지의 풍부함이 놀랍다. 이렇게 하여 관객은 이 연극을 보고서, 삼국시대 영웅인 관우가 성현聖顯이 된 유래를 알고, 중국사회 어디에도 있는 관제묘關帝廟에서 경건하게 제사를 지내게 된다.

『철공계』는 앞서 개규천蓋叫天 대목에서 설명하였지만, 19세기 중간쯤의 중국사회를 진동케 한 태평천국을 제재로 삼았다. 원래의 이름은 『홍양전洪楊傳』으로 홍수전洪秀全·홍청의洪秀淸의 금전기의金田起義에서 시작해서 태평천국 수립을 거쳐 마침내 그 수도인 천경天京 남경이 함락되기까지를 묘사한 대형연극이다. '연극의 형태를 빌어 태평천국의 혁명적 업적을 무대 위에 표현하고자'[61]한 것으로 태평천국 군에 투항한 배우들에 의해 태평천국 말기에 창작된 것이다. 『홍양전』의 재미를 귀로 전해들은 사람이 청조말기에 절대 권력을 과시했던 서태후西太后, 하지만 그녀에게 반청사상으로 일관했던 『홍양전』은 보여줄 수 없었다. 자칫하면 연기하는 배우가 터무니없는 의심을 사게 될지도 모르기 때문이었다. 그래서 『홍양전』이라는 태평천국 혁명을 선전하는 대형의 근사한 연극은, 태평천국혁명을 진압하는 『철공계』라는 짧은 단편으로 압축되고 나쁘게 바뀌진 연고가 있는 작품이다.[62]

이렇게 보면, 희곡개진위원회戱曲改進委員會는 단적으로 말해 당시 당과 정부 그 자체일 텐데 불륜不倫·치정癡情·원령·불교숭배·영혼신앙·조국방위의 포기·반 농민혁명 등의 행위를 '유해한 것'으로 인정했다. 다시 말해 연극을 통한 사회주의 교육의 제일보는 국민에게 여기에서 열거한 행위가 '유해'한 것임을 철저히 주지시키는 것이었다.

---

61) 李洪春 著, 『京劇長談』(中國戱劇出版社, 1982년), 47쪽. (原註)

62) 李洪春 著, 『京劇長談』(中國戱劇出版社, 1982년), 49-50쪽. (原註)

뒤집어보면 당시도 여전히 이러한 '유해'한 연극에 감화되었던 국민이 있었다는 것이리라. 중국인 사회에 있어서 사회주의 교육의 앞날에 놓인 곤란함이 뭔지 이해되는 것 같다.

희곡과 사람과 제도를 바꾸다 (개희改戲·개인改人·개제改制)

문화부는 희곡개진국과 희곡개진위원회라는 두 개의 희곡개혁기관을 조직한 후, 이 두 조직을 축으로 하는 전국 희곡공작회의를 1950년 11월말부터 12월 중반까지 북경에서 개최했다.

주신방周信芳은 그의 〈희곡공작회의의 수확〉에서 말하고 있듯이, 분명 이 시기 중국은 나라의 장래를 좌우하는 중대국면에 처해 있었다.

> 전국희곡공작회의가 개최되었던 것은 연극사상의 쾌거이고, 역사상 예가 없는 영광이고, 항미원조抗美援朝, 집을 지키고 나라를 수호하는 시기에 개최된 의의는 대단히 크다.[63]

국내적으로 말하면 5월에 남녀평등을 기본으로 하는 신 혼인법, 10월에는 토지개혁법이, 해가 바뀌어 1951년 1월에는 반혁명처벌조령이 각각 공포되었다. 국제적으로는 1월에 중소 우호동맹 상호원조 조약이 체결되고 스탈린체재하의 대국 소련의 지지를 얻었지만, 6월에는 한국전쟁이 발발, 서전緖戰에서 열세에 놓였던 연합군은 9월 인천에

63) 〈戱曲工作會議的收穫〉,『大公報』, 1951년 2월 1일자. (原註)

상륙한다. 38도선을 넘어 단숨에 북상, 11월에는 중국국경까지 압박해갔다. 그러자 중국은 인민의용군을 투입, 대부대는 압록강을 넘어 연합군을 남쪽으로 밀어내기 시작했다.

이와 같은 내외정세에 연극계도 즉각 반응하여 상해에서는 반 혁명 진압 선전공연주간이 전개되는 한편, 안휘성에서는 토지개혁·항미원조抗美援朝·반혁명진압 등을 주제로 하는 연극이 상연되었다. 교육이요, 교화이다.

실로 '항미원조抗美援朝, 집안을 지키고 나라를 보호하는 시기에 개최' 된 이 회의는 중앙 각급 대단위행정구역·각 군구·각 성·시·자치구의 연극정책담당자·연극음악담당자들에 경극계를 중심으로 하는 지도적 입장에 있는 배우뿐 아니라 곡예 관계자까지, 그리고 전국에 알려져 있는 명배우에서부터 만담계의 명인 베테랑까지 다 모였다. 바꿔 말하면, 연극계에 관계된 '프론트'와 '현장'의 최고책임자가 한 자리에 모인 것이다.

'현장'을 대표한 형태로 회의의 부주석에 취임했던 이가 매란방이다. 한편 '프론트'의 대표로서 부주석에 취임한 전한田漢은 회의가 개최된 직후인 12월 1일 '애국주의적 인민의 새로운 연극을 위해 분투하자[64]'라는 제하의 장대한 보고를 하고, 연극개혁의 현상·목적 등에 대해 보고하였다.[65]

전한은 '이 회의에서 연극개혁공작에 관계된 다음과 같은 몇 개의 방침에 관련된 문제를 명확하게 하기 위해 우리들은 생각합니다.'라고 시작한 뒤, '연극내용의 심사문제' '연극수정과 창작의 문제' '연극

64) 원문은 '爲愛國主義的人民新戱曲而奮鬪'이다.

65) 이 보고요지는 『戱劇報 1951년 제3권 제12호에 게재되었다. 이하 이 보고내용에 대해서는 『희극보』에 수록된 요지에 따랐다. (原註)

개혁의 중점문제' '예술인의 단결과 학습문제' 등 4개 문제를 중심으로 하는 '프론트'로서의 생각 즉 '신중국新中國'이 성립한 이래의 연극개혁을 총괄하고, 앞으로의 방침을 제기하였다.

여기에서 전한의 보고 요점을 본다.

"연극내용의 심사문제"

① 연극심사의 주된 목적은 민주주의적인 민족·과학·인민대중의 입장에서서 지금까지의 연극을 심사하여 그것이 인민에게 이익이 되는 가, 해독이 되는 가, 인민을 찬양하는 가, 폄하하는 가, 나쁘게 말하는 것인가를 판별하는 데 있다.

② 유해한 연극은, 한편으로는 상연을 금지·정지할 것이 아니라 당국과 배우가 상담하여 독소를 제거하는 한편, 될 수 있으면 원래의 형태를 남겨두어야 한다.

③ 신화와 미신·연애와 불륜不倫을 구별하고, 지옥이나 인과응보 이야기로 인민들에게 공포감을 품게 하는 미신이나 음란한 남녀관계를 쓸데없이 과장시킨 저속취미로 흐르는 불륜不倫을 주제로 하는 연극은 금지시킨다. 전족이나 잔혹한 형벌 등 노동인민을 모독하거나 극단적으로 외설스럽고 잡된 추악한 연기를 없애야 한다.

④ 예술인이 수정하고, 당국이 심사한 것이 '정본定本'이지만, 심사·상연금지 등의 조치에 관한 최종 결정권은 중앙문화부가 가진다.

"연극수정과 창작의 문제"

⑤ 상연 중에는 전면금지·자유방임의 어떤 방법도 취하지 않는다.

⑥ 조국과 인민을 사랑하는 '신중국인新中國人'은 조상으로부터 전해진, 인민들이 좋아하는 문화유산을 사랑하지 않으면 안 된다. 독창성이 강한 중국 연극은, 귀중한 유산의 하나이다.

⑦ 연극이 봉건시대의 제왕·귀족·호신豪紳·지주를 기쁘게 했다고 해서 연극을 전면적으로 부정하는 태도는 잘못이다.

⑧ '봉건제 잔재를 제거하고 민주성의 정화를 흡수해야'[66] 비판도 되고 창

66) 毛澤東,『新民主主義論』(原註)

작도 된다는 관점에서 수정한다.

⑨ 유물주의 관점에서, 연극에 등장하는 인물이 당시 조건에서 한 행위를 바르게 평가해야 하지만, 획일적으로 역사상 인물을 현대화하거나 역사상의 자발적 농민전쟁과 현대의 인민혁명투쟁을 무리하게 대비해서는 안 된다.

"연극개혁의 중점문제"

10) 경극개혁을 계속하는 한편, 각 지방극의 개혁도 추진한다. 이 경우 각지의 당국자는 지방극 관계자의 협력을 얻어 함께 후진을 교육시키지 않으면 안 된다.

11) 지방에 묻혀있는 극본 등의 관계 자료를 발굴하여 연극개혁에 활용한다.

12) 매년 전국적인 연극 콩쿠르를 개최하여 연극개혁의 경험과 성과를 교류한다.

"연예인의 단결과 학습문제"

13) 봉건시대에 천한 직업으로 멸시 당했던 배우들은, '신중국新中國'에서는 '예술로 인민을 교육시키는 교사'가 되었다. 공산당과 그 정치운동에 적극적으로 참가함으로써, 배우는 자기를 개조하고, 새로운 인생관을 받아들이고, 예술로 인민에게 봉사함으로써 '신예술인'이 될 수 있다.

그리고 전한은 보고서의 마지막을 이렇게 맺고 있다.

모주석의 문예사상의 지도와 인민정부 문교부분의 지도하에 크나큰 역사적 임무를 완성합시다!

이 전한의 보고서를 읽으면서 생각나는 것은, 어떻게 해서 중국어로 쓰인 정치적 문서는 이렇게도 사각四角으로 모가 난 것이 되는 걸까? 한자가 사각四角이기 때문이기도 하겠지만 그것보다는 중국어 자체가 정치를 말하기에 참으로 훌륭한 것이라는 생각이 든다. 일본어로 번역할 경우, 좀처럼 딱 맞는 말을 발견할 수 없다. 같은 한자를 조합하여 만든 단어임에도 불구하고 중국인의 그것과 일본인의 그것은 미묘하게 뉘앙스가 다르다는 것을 통감한다. 일본인은 중국인과 똑같은 한자를 쓰기 때문에 세계에서 중국인을 가장 잘 이해하고 있는 것이 일본인이라는 생각은 실로 위험한 속설이 아닌가 하는 생각이 문득 든다. 아마도 이런 속설로 인해 일본인의 중국과 중국인에 대한 오해와 불이해, 혹은 이해하고 있다고 여겨 위험을 못 느끼는 위험성의 근원이 있을 것이다.

가령 '신구문예공작자의 협력과 광범위한 사람들의 자각에 기초하여, 중국 고래의 연극과 새로운 가무극의 창조라는 거대한 역사적 임무를 완성시키자' 하고 맞대놓고 이야기를 들었다고 한다면, 우리 일본인은 어떤 반응을 보일까? 아니 그것은 큰일났다고 생각하면서도 '거대한 역사적 임무를 완성시키자'라고 온 마음 온 뜻을 다해 매진할 것이다. 아마도 기가 꺾이는 기분이 돼서 삐딱하게 생각할 일본인은 소수일 것이다.

하지만 중국인들이라면 어떤 반응을 보일까? '위에는 정책이 있으면 아래에는 대책이 있다'고 하니, 이야기를 절반쯤 듣고 흘려버릴 것 같은 생각이 든다. 말하는 쪽도 듣는 쪽도 그 정도밖에 안 듣는다는 것을 알고서 미리 유보할 것을 계산에 넣고 연설하고 있을 것이다. 유보할 것을 계산하고 있기 때문에 자연히 연설내용은 과격, 격앙되기 십상이다. 다섯 개를 일곱 개로도 여덟 개로도, 때에 따라서는 열 개로까지 부풀려서 연설하지 않으면 안 된다. 한편 듣는 쪽도 말하는 사람의 진의는 다섯에서 여섯 정도로 계산한다. 결국 말하는 쪽도 듣는 쪽도 유보를 해서 받아들였으니까, 쌍방의 공통인식으로는 연설 내용의 절반정도 달성하면 성공, 그 이상이면 대성공이라는 것은 아닐까? 분명히 '위에는 정책이 있으면 아래에는 대책이 있다'는 것이지만, 아마도 '아래에는 대책이 있으니'까 위에도 아래의 대책을 계산에 넣은 대책이 있을 것이다.

아무래도 이 점이 '말의 신령한 힘을 믿는 나라의 백성'을 자처한 일본인으로서는 이해하기 어려운 점같이 느껴진다. 그것은 좋다거나 나쁘다는 것이 아니라, 말에 대한 감각의 차이 같은 것이 일본과 중국 사이에 가로 놓인 '엇갈림 현상'을 일으키고 있는 것은 아닐까?

무언가 엉뚱한 소리를 계속했지만, 전한 보고로 돌아가면, 결국 그 요점은 다음과 같이 될 것이다.

① 개혁이든 뭐든 연극정책의 최종결정권은 문화부 중앙이 장악한다.
② 연예인 역시 공산당의 노선에 따라 활동해야 한다.
③ 구래의 연극과는 달리 새로운 가무극을 창조한다.

이것을 배우의 입장에서 바꿔본다면 어떠한 명배우라도 공산당 지시에 따르지 않고서는 연극은 계속할 수 없다는 뜻이다. 폐업하지 않을 수 없을 것이다. 전쟁 전 일본군뿐만 아니라 상해의 '큰 손, 즉 다라오반大老板'인 두월생杜月笙이라 해도 할 수 없었던 것을 공산당은 하려는 것이다. 그러면 예술로 사는 것 외에 길이 없는 배우로서는 나름대로 대책을 세울 수밖에 없다. 배우도 경극도 그렇게 간단하게는 정치적 사상에 굴복하지 않는 법이다.

회의 폐막 때 참가하였던 배우나 예술인의 대표는 15분간 박수를 계속 쳤다고 한다. 이 15분간 박수를 어떻게 볼까? '아래의 대책'이라고 하면 약간 지나친 것일까?

전한 보고를 거의 전적으로 승인한 것 같은 회의 성과는, '개희改戲·개인改人·개제改制'로 알려진 다음해 1951년 5월 5일의 '5·5지시'에 연결되는데, 이 '5·5지시'가 나오기 대략 1개월 전인 4월 3일 문화부는 희곡개진국 소속의 경극연구원을 발전적으로 개조한 중국희곡연구원을 설립했다.

매란방이 원장으로, 정연추·주신방이 부원장으로 받아들여진 것을 보면, 여기가 '현장'의 최고지도기관이 될 것이다. 사실 여기에는 베테랑에서 중견·젊은 유망주까지 다채로운 인재를 모아, 경극에 관한 한 언제나 최고수준의 예술이 유지되었던 것이다.

앞서 말했지만 '5·5지시'의 정식명칭은 '희곡개혁공작에 관한 지시'[67]로서 '중앙 인민정부 정무원총리 주은래'의 명의로 발표되었다.

'인민의 연극은 민주정신과 애국정신으로 광범한 인민을 교육시킬 중요한 무기이다'라는 첫머리로 시작하는 이 지시의 주요한 부분을 보자.

> 현재의 연극개혁공작에 있어서는 예전부터 공연되어온 가장 넓은 범위에서 유행하고 있는 연극작품의 심사에 중점을 두어야 한다. 그 중 좋지 않은 내용, 좋지 않은 연기에 대해서는 필요하고 적절한 수정을 한다. 과도한 해독을 지닌 사상을 나타내는 부분을 삭제하고 그것은 연기 연출방법에 반영되지 않으면 안 된다. 각종 야만적이고 공포감을 주고, 외설적이고, 노예화를 부추기며, 자신의 민족을 모욕하고 애국주의에 반하는 것은 삭제한다. 예전부터 전해오는 극본, 또는 수정해서 좋다고 인정된 극본은, 민족의 전통적 작품으로 긍정하고, 그 가운데 있는 모든 건강하고 진보적인, 그리고 미적 요소를 찾아내어 칭송한다. 구래의 극본을

67) 원문은 '關于戲曲改革工作的指示'이다.

수정할 때 역사적 진실과 인민의 교육효과에 대해 충분한 주의를 기울인다.

배우·연예인은 오락과 인민교육이라는 사업을 추진하는데 중대한 책임을 진다. 정치문화·업무상 학습을 강화하고 자기를 고양시키지 않으면 안 된다. 각지의 연극개혁담당당국은 진지한 배우·연예인교육에 착수함과 동시에 이들 가운데서 연극개혁공작의 간부를 양성해야 한다.

도제제·양녀제·경력과제도 등 옛 극단제도에 나타난 인권과 배우·연예인의 복리후생을 과도하게 침해하는 제도는 확실히 개혁하지 않으면 안 된다. 이런 종류의 개혁은 배우·연예인의 자각과 자주성에 기초해야 한다.

이상을 요약하면 ① 극본내용과 무대 위의 연기에 나타나는 유해한 요소를 고친다는 개희改戲, ② 배우의 사상 개조를 지원하고 그의 정치적 자각과 문화적 사업수준을 높인다는 개인改人, ③ 극단의 유지·경영에 관계된 옛부터 내려온 비합리적 제도를 고친다는 개제改制 등 세 가지 점이다. 이것을 '삼개三改'라 하여 전국에 확대시키려는 것이 '5·5 지시指示'의 목적인데, 내용을 볼 때 전년의 전국희곡공작회의에서의 전한의 보고를 주은래 총리의 명의를 빌어 전국에 철저하게 주지시키고자 한 것이다.

이것을 그대로 받아들이면, 당과 정부는 연극이 '인민을 교육하는 중요한 무기'이고, 그래서 배우의 정치적 자각을 높이고 배우의 대우를 개선하지 않으면 안 된다는 것을 통감했다는 것이다. 하지만 비판적인 견지에서라면 극본도 연기도 배우도 극단에 기식하는 불량배들도 시대가 새롭게 변해가는 걸 자각하지 못하고 그대로 방치해두면 연극을 '인민을 교육하는 중요한 무기'로 쓸 수가 없다. 이러한 그들의 위기감이 '5·5지시'를 만들어냈다고 생각된다.

'5·5지시'가 발표된 뒤, 각지에서 예인강습반, 문화지식반 등 배우나 연예인의 정치적 자각·문화나 교양을 높이기 위한 행사가 개최되었는데, 예를 들면 신중국에서 최초의 국영극장인 북경의 대중극장 등에서는 근대적인 극장관리제도가 채용되어 전국 극장경영의 모범이 되었다고 당시를 전하고 있다. 하지만 제도가 변화됐다고 해서 연극이나 배우가 변하는 것은 아니다. 경극을 경극답게 하기 위한 연기상의 제약인 정식程式에 본격적으로 손대지 않는 한, 결국 핵심인 '인민을 교육시키는 중요한 무기' 그것은 변하지 않을 것이다.

거기에 등장했던 것이 희곡개진위원회 비서장戱曲改進委員會秘書長·중국희곡연구원부원장中國戱曲硏究院副院長 등을 역임하고, 예전에 『틈왕진경闖王進京』을 지은 바 있는 연극이론가인 마소파馬少波였다.

그는 1951년 9월 27일의 『인민일보人民日報』에 '무대상의 병폐·추함·그리고 왜곡된 모습을 깨끗이 제거하자'[68]를 발표하여 구체적으로 전래된 연기법의 문제점을 14항목에 걸쳐 지적하였다. 약간 길기는 하지만 마소파馬少波의 논문을 읽어보자.

왜냐하면 '무대상의 병폐·추태 그리고 왜곡화된 모습'을 구체적으로 살펴 봄으로써, 경극이라는 연극이 지니고 있는 외설스러움, 좋지 않은 풍기, 필시 이들 또한 중국인의 발을 연극공연장에 옮기게 한 큰 요인인 것을 알 수 있다고 보기 때문이다.

마소파가 제일 먼저 지적한 것은 전족이다. 그는 전족은 '봉건통치계급이 자신의 관상용으로 하여, 야만스럽게 여성을 불구로 만들었다'고 보았다. 우리 민족사상 일대 오점이라고 규탄하고, '중국연극의 무대에 나타나는 가장 우매하고 못난 모습'이라고 역설하였다. 그래서 『쌍합인雙合印』 등의 연극작품에 보이는 것과 같이 전족을 쌌던 봉

68) 원문은 '淸除病態醜態歪曲的舞臺形象'이다.

대 같은 천을 풀어, 그것을 가지고 상대방에게 달려든다. 게다가 상대방이 그 천을 물어뜯는 연기는 '참으로 추악의 극치'라고 개탄하며, 전족을 연상시키는 연기·대사·노랫말 등 일체를 없애야 한다고 주장한다.

무대 위에서는 발바닥에 대나무조각을 묶어 붙이고서 발레에서 발끝으로 서는 형태로 소각小脚 연기를 한다. 이것을 '교공蹺工[69]'이라고 하는데, 이것은 발레와 달리 연극 시작부터 끝날 때까지 발끝으로 서 있어야 하기 때문에 배우의 육체적 고통은 상상 이상의 것이다. 물론 중국에서는 '교공蹺工'이 폐지되었지만 필자는 대만에서 목격한 바 있다. 확실히 단아하고 요염하지만 그럼에도 괴로운 것 같았다.

그런데 70년대 초기에 필자는 유학하던 홍콩에서 전족을 한 할머니를 본 적이 있다. 나이는 70대 후반이었다. 몸집이 작고 기품 있는 할머니가 뒤뚱뒤뚱 위험스럽게 걸어가는 모습이 특히 인상적이었다. 몸이 안 좋은가하고 발을 보니 생각보다 작았다. 아아, 이것이 전족인가? 옛날 중국남자들은 참으로 기묘한 것을 좋아했구나. 전족을 '금련金蓮'이라고, 모양에 어울리게 이름이 붙여졌다는 느낌을 아직까지도 갖고 있다. 그 당시 홍콩에서는 전족용 신발가게가 있었다. 골목 안쪽, 약간 어두운 가게, 깨진 유리의 쇼윈도 속에는 정교하게 자수를 놓아서 아름답게 장식한 천으로 만든 작은 신발이 몇 켤레가 있었다. 분명 전족한 늙은이를 위한 신발 가게였으리라. 당연한 일이지만 지금의 홍콩에서는 그러한 신발가게를 볼 수는 없다.

두 번째로 '어느 부류의 후진적 관객들의 저속한 취미에 영합하려는' 음탕하고 외설스러운, 말하자면 섹스 장면을 연상시키듯이 휘장

---

69) 교공蹺工: 중국봉건시대 전족을 한 여자가 길을 걷는 동작을 모방하는 것으로 花旦·武旦·刀馬旦 등에 쓰인다.

을 흔든다든가, 비스듬히 교차시킨 두 사람이 집게 손가락을 위아래로 움직이거나 하는 연기, '남녀가 달라붙음'이라는 '배상配上'·'여인의 엉덩이 불쑥 나온 부분'이라는 '산자고扇子股'와 같은 외설스런 은어, 춘정을 연상시키는 대사는 모두 '어떻게든 용인할 수 없다'고 하고 있다. 하지만 '심한 예로 천진의 어느 극단 등에서는 언젠가 공공연하게 외설스러운 동작을 해버렸다'고 하니 연극개혁 구호도 참으로 무색하다.

세 번째는 미신 공포. 봉건적이고 후진적인 의식의 산물로서, 인민에게 공포심을 일으키는 지옥이나 명부冥府, 그것에 인과응보를 주제로 한 것이다.

네 번째는 잔혹한 형벌이나 참살 장면이다. 마소파 자신이 '연극 속에는 잔혹한 형벌과 야만스러운 살인을 표현하는 장면이 적지 않다'고 인정할 정도로 중국연극에는 잔혹한 형벌이나 참살 장면이 많다. 마소파가 '단호하게 없애지 않으면 안 된다'고 지적하고 있는 것에는 못이 박힌 판자로 고문을 가하는 『구경천九更天』, 조강지처와 자식을 버리고 입신출세했지만 최후는 포공에게 비난받고 마침내 붙잡혀 머리를 잘리는 남자를 묘사한 『찰미안鍘美案』, 배를 갈라 째는 『정녀혈貞女血』과 『살자보殺子報』, 머리에 못을 박는 『쌍정기雙釘記』, 참수되고 난 뒤 머리를 검사하는 『참마속斬馬謖』, 붙잡은 적의 눈알을 꺼내 먹는 『오인의五人義』, 도려낸 여성의 대퇴부를 받치고 적과 격투를 벌이고, 자른 전족의 냄새를 맡는 『황일도黃一刀』, 손에 잘린 머리를 들고 허리까지 머리칼을 늘어뜨린 『취낙양取洛陽』, 살가죽을 벗기는 『풍파정風波亭』, 배가 갈라져 장이 쏟아지는 『계비관界碑關』, 가슴을 찢어 심장을 잘게 썰고, 도려낸 눈알을 불에 태우는 『주왕과 달기紂王與妲己』, 여기에 더하면 인육을 소나 돼지처럼 썰어 팔고 결국에는 인육을 먹는 연극, 이렇게 많은 예를 들다보면 마소파가 아니더라도 '단호하게 없애지 않으면 안 된다'라고 말하고 싶어질 것이다.

이렇게 보면 일본의 이시카와[70]처럼 기름 가마에 삶는다는 것은 참으로 끔찍한 것으로 생각해 볼 일이다.

다섯 번째『타비고打屁股』. 즉 장난이나 형벌 장면에 등장하는 엉덩이 두드리기, 마소파는 이러한 엉덩이 두드리기야말로 '중국인민의 존엄을 현저하게 손상시키는' 것이라 개탄한다.

여섯 번째 상대방에게 절대적 복종을 나타내기 위한 절하는 스타일의 개두磕頭.[71] 마소파는 '이런 종류의 노예 같은 표현이 관객에게 좋은 인상을 준다고 하겠는가?'라고 말하고 있다.

일곱 번째 비과학적이며 위험하기 짝이 없는 무공武工.

여덟 번째 콧물을 핥는 장면.『쌍요회雙摇會』에는 '콧물은 버려서는 안 되오. 영단성약보다 훨씬 유익함이 있소. 자양이 있어 신장을 강하게 해주고 건장한 사람이 되게 해 준다'는 대사가 있는데, 마소파는 '중국의 인민이 도대체 언제 콧물을 영단성약으로 취급했는가?' 하고 개탄했다.

아홉 번째 추악한 검보. 검보에는 나름대로 예술적 미가 있기 때문에 일체를 없앨 수는 없지만 '파검'·'왜검'·'귀검' 등과 같이 '과도하게 사납거나 추악한 것'이나 봉건시대의 미신을 상징화 한 것 예를 들면,

70) 이시카와(石川五右衛門): 아즈찌 모모야마(桃山時代) 시대의 대도大盜. 그의 전기는 명확하지 않지만, 일설에 의하면 엔슈(시즈오카 현) 하마마츠의 태생으로, 처음엔 사나다 하치로라고 하였으며, 1594년 37세 때 잡혀 교토 3조(三條) 강변에서 카즈코와 함께 가마솥에 삶아지는 형에 처해졌다고 한다. 도적이면서, 전무후무의 극형에 처해진 것은 도요토미 히데요시의 생명을 겨냥했다고 하는 뜬소문이 있어 유명하게 되어, 죠루리·가부키 각본에 많이 각색되었다.

71) 개두磕頭: 두 무릎을 꿇고 두 손을 땅에 대고 앞 이마가 땅에 닿거나 지면에 가까이하여 절하는 예절행위.

조광윤의 검보에서 왼쪽 눈썹아래에 그린 제왕을 나타낸 용의 무늬 등은 포기하든지, 간단하게 하든지 혹은 개량해야 할 것이다.

열 번째 불합리한 의상. 예를 들면 진·한·당대를 무대로 삼은 연극이라도 의상은 모두 청대의 것이다. 또한 하급관리·옥졸·늙은 미련쟁이·맹인·의사 등의 의상이 누더기 같은 것, 이것은 모욕이라고 말할 수 있다.

열한 번째 검장檢場. 경극에서는 연극이 진행되고 있는 한편에서 그들이 책상 배치를 변화시킨다든가 의자를 운반하여 다음 장면을 준비하지만, 마소파馬少波는 그것이 연극의 진행을 방해하고 객석에서 연극을 보기 어렵게 한다고 보았다. 따라서 '일단 연극이 시작되면 무대 위에 등장인물 이외는 등장하여 다녀서는 안 된다. 장면場面(악사석)도 객석에서 볼 수 없도록 궁리해야 한다. 그래야 무대가 청결하고 건강하며 합리적으로 아름답게 된다.'라고 말하고 있다.

열두 번째 연기상 죽은 배우가 벌떡 일어나 무대를 내려간다. 이것을 '주시走尸'라고 하는데 마소파는 '어떻게든 고치지 않으면 안 된다'라고 말하고 있다.

열세 번째 배우가 목소리의 톤을 조절하기 위해 연기 도중에 물을 마시는 '음장飮場'. 검장이든, 음장이든 연극의 흐름을 중단시키기 때문에 피해야한다는 것이 마소파의 주장이다.

열네 번째 '파장把場'. 원래는 선생이 제자의 무대에서 잘잘못을 시험하기 위해 함께 무대에 서게 된 데에서 생겼던 제도인데 검장 이상으로 불필요한 것이다.

열다섯 번째 억지로 웃기려고 애쓰는 일. 무대에서 배우가 자신을 우습게 하기 위한 동작이나 대사로서 무리하게 관객의 웃음을 살 필요는 없다. 이전에는 어쨌든 간에 '지금은 인민해방의 시대가 되었다.

당신들 배우·연예인들은 이제 바뀌어져서 인민은 당신들을 기쁘게 맞이하고 당신들을 존중할 시대이다. 당신들은 머리를 들고 자중자애 해야 한다'고 마소파는 배우에게 자부심을 갖도록 격려하고 있다.

마지막으로 열여섯 번째 뱀 장면에는 진짜 뱀을, 소가 나오는 장면에는 진짜 소를 끌고 나온다. 확실히 이러한 속악취미의 연출은 경극을 대표로 하는 중국연극의 특징인 상징성을 부정하고 만다. 마소파가 아니더라도 그만두라고 하고 싶어진다.

이것도 저것도 다 안 된다는, 마소파馬少波의 주장을 하나에서 열여섯 개까지 늘어놓고 보면, 중국연극이라는 것이 희미하게나마 떠오르는 것이 아닌가. 그때까지 중국인이 무대 위에서 묘사해온 세계는 단순히 아름다운 것만이 아니고, 외설스러움·저속함·불건강함 등 모든 부도덕마저도 내포한 중국인 그 자체였다. 따라서 중국인은 '흘·갈·표·도·거청희吃喝嫖賭去聽戱'였다고 이렇게 생각해도 어쩔 수 없다. 그와 동시에 그때까지 무대를 지탱해준 것은 마소파가 규탄해 마지 않았던 연극수법·기술이었고, '신중국新中國'이 되었다고 해도 그 수법과 기술은 그대로 의문시 되지 않고 답습되었다.

아니 거꾸로 결국 연극개혁을 통해 극본 내용을 사상적으로 심사 수정하고 배우에게 정치적 자각을 가지게 한 점만으로는 이전부터 이어져온 연기상의 기법이나 연출상의 기술(아마도 여기에 무대상에 표현된 세계, 즉 연극 그 자체의 내용을 크게 규정하는 열쇠가 감추어져 있다는 생각이 들지만)에의 근본적인 물음이 없는 한, 연극개혁은 실질을 기대할 수 없을 것이다. 다시 말해 경극이라는 연극이 무대 위에서 그려내려는 세계는 다만 극본내용이나 개개의 배우들의 개성이나 역량에 따라 규정되는 것이 아니다. 실은 경극을 경극답게 하는 정식程式도 또한 연극내용을 규정하는 크나큰 요소가 아닐까 하는 점이다.

아마도 마소파의 주장이 철저하게 채용되었다면, 중국 연극도 모습이 크게 변화했을 것이고, 경극도 또한 변화했을 것이다. 하지만 그 뒤에도 거듭 거듭 똑같은 주장이 보이고 있는 것으로 보아, 끈질긴 연극은 그다지 변하지 않았다는 점이다.[72] 연극을 받아들이는 측의 의식이 변하지 않는 한, 연극 그 자체도 변화하기 어려울 것이다. 당시 경극계는 매란방·주신방·정연추라는 불세출의 명배우들을 많이 거느리고 있었다. 단지 그들만이 아니다. 또한 단역 수준까지 중국 연극사상 기적이라고 형용할 수 있을 만큼의 진용을 과시하고 있었다. 더구나 경극은 북경·천진·상해를 중심으로 전중국의 서민에까지 침투했었다. 즉 경극을 매개로 한 배우와 관객의 관계는 전전戰前 그대로이고, 전전戰前과 아무런 변화를 보이지 않는다. 공산당이 정권을 쥐었다고 경극을 매개로 한 배우와 관객과의 관계가 그렇게 간단하게 혁명적으로 변질되지는 않는다. 만약 명배우들이 없었고, 경극이 완전히 황폐해졌다면, 당과 정부의 수뇌진이 '인민교육의 수단'으로서 구래로 전해오는 전통연극인 경극을 고집하지 않고 완전히 새로운 연극형식을 생각했다면, 아마도 연극개혁에 이렇게 고투하는 일은 없었을 것

72) 경극개혁 의논은 '신중국新中國'이 성립되기 이전에도 있었다. 1910년대 중반 미모와 미성 거기에 단아하고 우아한 선을 그리는 육체—중국연극사상 기적이라고 할 수 있는 재능을 지닌 매란방의 등장이 노생 중심이었던 그때까지의 경극을 단 중심으로 변화시켰을 뿐만 아니라, 청조붕괴이후 퇴조기미가 역력했던 경극을 단숨에 전국적인 것으로 만들었지만, 이것 또한 일종의 경극개혁이라고 말할 수 있다. 그런데『京劇讀本』(石原巖鐵 岡崎俊夫 저, 아사히신문사, 1956년)에 의하면, 전전에 이미 전한이나 마소파가 제안하고자한 개혁논의(극본의 내용·연기상의 기법·정식 등의 개량·실제 동물 사용을 무대에 올려놓는 것에 대한 시비)뿐만 아니라, 서양음악 도입에 따른 음악의 혁신 등도 시도되고 있었던 것 같다. 그럼에도 불구하고 개혁논의가 다시 문제가 된 것은, 결국 전전의 개혁논의가 그다지 실효를 거두지 못했던지, 아니면 전전의 단계에서 배우의 질과 양뿐만 아니라 연극 그 자체로서도 경극은 손을 볼 필요가 없을 정도로 완성되어 있었기 때문이었을까? (原註)

이다. 하지만 얄궂게도 명배우들은 마침 연기가 무르익은 한창 나이였다. 경극이 누린 전국구적인 인기를 능가하는 것은 아직 나타나지 않았다. 경극을 대신한 '인민교육의 수단'을 생각할 수 없었다는 점이다.

'개희改戱(희곡개혁)·개인改人(인간개조)·改制(제도개선)'라고 하지만, 그 중심이 '개인改人'이고, 게다가 그 '사람'도 그저 연극을 공연하는 사람인 배우가 아니라, 그것을 관람하는 '인민' 즉 중국인 그 자체라고 하면, 중국인을 변화시키지 않는 한 연극은 변화되지 않을 것이다. 먼저 열거했던 전한의 말을 사용하여 설명한다면 '민주정신과 애국정신으로 광범위한 인민을 교육시키는 중요한 무기'라는 '인민의 연극'을 변혁시키기 위해서는 '인민' 그 자체를 변화시키지 않으면 안 된다는 것이다. 그렇다고 보면, 얄궂게도 '민주정신과 애국정신으로 광범위한 인민을 교육시키는 중요한 무기인 인민의 연극'이 없어져 버린 것이 아닌가? 이러한 불가사의함을 깨닫지 못했거나 혹은 가볍게 여긴 점에, 아무래도 '인민의 연극이 민주정신과 애국정신으로 광범위한 인민을 교육하는 중요한 무기'라고 확신하고 있던 사람들의 비극이 있었던 것 같은 기분이 든다. 전한뿐만 아니다. 그것은 혁명현대경극을 들고 나와 문화대혁명을 일으킨 강청도 똑같을 것이다. 그도 그녀도 '인민의 연극'이 변하면 인민도 변한다고 믿고 있던 모든 중국 지도자들 자신들도, 연극이라는 형식에 강한 뿌리를 내린 고유의 사상성과 그 연극을 좋아하는 중국인의 성향을 오해하고 있던 것이 아니었을까?

그것은 마치 중국인 전체를 모택동사상으로 변화[73]시키기만 하면, 중국에는 "중국인과 똑같은 수의 사회주의적인 성인군자"가 탄생한

73) 이것을 중국어로 피압박의 고난에서 해방된다는 의미인 반신翻身이라고 표현한다. (原註)

다며 중국에 무수한 '사회주의적 성인군자'를 만들어내 보겠다고 맹신한 모택동의 오해에 기초한 장대한 실험과 비슷하다는 느낌이 든다. 아마도 그는 '백묘든 흑묘든 쥐를 잡으면 좋은 고양이다'라고 오만하게 말했던 등소평 정도로 중국인에 대해서 리얼리스트는 될 수 없었던 것 같다.

그 문화대혁명시대에 『모택동어록毛澤東語錄』은 중국인들에게 있어 생활필수품이었다. 적어도 당시의 일본에서 논의되고 보도된 내용을 회고해보면 틀림없이 그랬을 것이다. 중국 본토에서 '혼의 혁명'이 진행되고, 『모택동어록』이 내걸려 암기되고 때로는 『모택동어록』에서 사상적 계시를 받아 그것을 힌트로 수박 매상을 대폭 올렸다는 아저씨 이야기까지 보도되기도 했다. 조심스럽지 못하다는 비방은 피할 수 없겠지만, 중국본토에 긴장과 불행을 초래했던 그 시대는, 한편으로는 참으로 한적한 모습이었던 것 같은 느낌이 든다.

지금 개혁·개방 시대여서 국민 전체가 '12억 총 장사꾼'이 되어 '돈을 추구한다'는 '향전간向錢看'의 시대이다. 그렇다면 농담이 아니라 문화대혁명의 시대에 수박 판매량을 대폭 올렸다는 아저씨의 보도를 따라서, 『모택동어록』을 다시 읽어보면 어떨까? 아니, 이미 그렇게 하는 사람들이 있지만, 겉으로 내색을 하지 않았을 뿐일지도 모른다. 왜냐면, 최고의 기업비밀이니까.

어쨌든 『모택동어록』을 다시 생각할 때마다, '인민의 연극은 민주정신과 애국정신으로 광범위한 인민을 교육시키는 중요한 무기'라는 생각에, 쌍수를 들고 찬성하기는 어렵다.

세 가지 해악을 제거하다(제삼해除三害)와 삼반三反·오반운동五反運動

마소파馬少波의 '병태와 추태와 왜곡된 무대형상을 말끔히 제거함[74]'이 발표된 같은 9월, 모택동은 '생산증가生産增加·절약여행節約勵行·중국인민의용군지원中國人民義勇軍支援'을 전국에 호소하였다. 그에 호응하여 오직汚職·낭비浪費·관료주의官僚主義의 '세 가지 해악三害'에 반대하는 '삼반운동三反運動'이 당黨·정부政府·군軍을 중심으로 전개되어 대중적인 심사·고발·고백이라는 방법으로 구사회가 남긴 악습과 부르주아 사상의 영향에 의해 발생한 '세 가지 해악三害'을 철저하게 파헤치려는 정치운동이 전개된 것이다. 즉 '삼해三害'를 제거하자는 것이 '제삼해除三害'이다.

'제삼해除三害'라고 하면 희미(연극광)들은 노생과 화검이 노래를 주고받는 형식으로 알려진 고대·서진시대를 무대로 한 '제삼해'를 생각했을 것이 틀림없다. 용맹이 남보다 뛰어난 주처周處. 그를 잘 이용하려는 의흥宜興 태수太守인 왕진王晉은 다음과 같이 말한다.

> 요즘 삼해가 있어. 하나는 장교長橋 아래의 재앙을 끼치는 모기 얼문孼蚊.
> 둘째는 삼산三山의 맹호猛虎.
> 그리고 셋째는…

그러자 주처周處는 이렇게 다그친다.

> 그래 셋째는?

74) '淸除病態丑態歪曲的舞臺形象'이 원문.

왕진이 대답한다.

그래 셋째는 그대야!

그래서 격분한다. 얼문을 처치하고 맹호를 베고 마침내 발분한 주처는 학문을 닦고자 한다. 주처로 분장한 원세해袁世海가 1916년부터 연기를 성공적으로 해내었다.

비록 그것에 관련된 의미는 아닐테지만, 연상되는 것이 경극〈제삼해除三害〉가 아닌가. 그렇다 해도 중국정치의 슬로건이라는 것이 우습다. 이 운동이 강력하게 전개되고 있을 당시, 희미 즉 연극광들은 도대체 어떤 감상을 지녔을까. 아마도 왕진이 되거나 주처로 분장하기도 하며 희미들은 거리낌 없이 '제삼해'를 부르짖지 않았을까. 진지하지 않으면 안 되는 정치운동도 조금 견해를 바꿔서 보면 무언가 불가사의한 유희심리가 느껴진다.

이 삼반운동과 병행하여 진행되었던 것이, 국민경제 회복과 함께 부활하기 시작한 자본가계급이 지닌 다섯 가지의 독. 즉 '수뢰·탈세·공력과 재료 속이기·국가자재와 경제정보의 절도'를 제거한다는 '오반운동五反運動'이다.

'삼해三害'와 '오독五毒'을 제거한다. 이 둘을 합쳐 '삼반오반운동三反五反運動'이라고 부르는 운동은 공산당통치하의 중국에서 연속적으로 전개되었던 일련의 정치운동의 선구이다.

잘못된 경향

1951년 9월부터 12월에 걸쳐 중국희곡연구원은 24편의 경극극본에 초보적인 수정을 가해서 이것을 일종의 '정본定本'으로 공표하였다. 그 내역은 『수호전水滸傳』에서 제재를 취한 것이 5편, 『삼국연의三國演義』에서 모범으로 삼은 것이 똑같이 5편, 남자가 활약하는 것이 17편, 여성을 주인공으로 하는 것이 7편이다. 이후 이들 정본定本을 『경극총집京劇叢集』(전16권)으로 출판했는데 그것을 읽어보아도 전체적으로는 구래의 것에 대담하게 손질을 가했다고 생각되지 않는 것이 많다.

그 원인을 유추해보면, 전부 5천 편 정도 있다고 보는 경극의 대본 전부[75]를 단기간 내에 심사수정하기란 물리적으로 불가능하다. 결국 구래의 극본에서 별로 손질을 안 해도 사상적으로 문제가 없는 것을 선별하여 그것을 정본으로 삼을 수밖에 없었을 것이다.

또한 전체로는 5만 편 정도로 알려진 지방극 전체 극본[76]을 심사한다는 것은 참으로 어려운 일이다. 그렇기 때문에 즉시 상연 가능한 연극이 극히 적어 똑같은 연극만을 보게 해서는 관객이 물리게 되고, 관객들이 극장·연극공연장을 떠나는 현상을 초래하게 될 것이다. 아무리 '나라 안에 펴져 누구나가 배울 수 있는 대학'이라도 '학생'이 없어지면, 대학이 아니라 단지 건물이 되어 버린다.

---

75) 〈京劇劇目辭典〉(曾白融 主編 中國戲劇出版社 1989年)에 의하면, '북경·천진·상해 등지에서 수십 년에 출판된 신문에 게재된 연극의 광고·그때까지 출판된 연극관계의 출판물·관계출판사의 출판목록 등을 살펴 경극의 연출목록을 열거하고 전국각지에서 조사하였다. 또한 개개의 연극목록에 대해서는 노 세대의 배우의 구술필기를 참고하였다. 현재까지 5천여 편 정도의 극본이 있다.'고 한다. (原註)

76) 趙尋, 〈讓戲曲更好地爲人民服務〉, 『人民日報』(1962年 9月 23日字). (原註)

현장의 최고부서인 중국희곡연구원조차 그런 형국이다. 지방에서는 어떠한 심사·수정이 가해졌을까?

예를 들면, 1952년 2월 8일자 『하남일보河南日報』에서 하남성에서 진행된 수정을 보자.

> 상연에 보이는 나쁜 경향은 옛날 연극에 새로운 대사를 잘못 끼워 넣은 점을 들 수 있다. 무대 위에서 옛날 사람으로 분장한 배우가 현재의 말을 입에 담아서 적당하게 대사를 보태 스토리 전개와 관계없이 새로운 장면을 삽입시키고 있다. 예를 들어 말하자면, 『양웅살처揚雄殺妻』에서 부정不貞을 저지른 처를 죽이지 않고 '모주석이 정하신 혼인법이다. 이것이 없었더라면 너의 목숨은 없어졌을 것이다.'라고 말하는 형국이다. 또한 『나성요반羅成要飯』에서 나성의 처는 '솔직하게 지난 잘못을 참회하고 미 제국주의에 반대하고 조선원조를 하러 가라. 그렇지 않으면 부근의 마을 사람들을 모아 회합을 열고 일전을 겨루지 않을 수 없게 된다. 인민재판정에 그대를 보내지 않으면 안 된다.'는 등 현재의 인간이 옛날의 복장을 하거나 옛날사람이 지금의 모습을 해 보인다는 것이다. 확실히 노동자를 추하게 연기하는 것이다.[77]

『양웅살처揚雄殺妻』는 수호극의 하나이다. 양산박 영웅의 한 사람인 양웅의 사랑하는 아내인 반교운潘巧雲은 대단한 호색가인 해화상海和尙과 심상치 않은 사이이다. 그녀와 화상이 정을 통하는 것을 본 사람이 양웅의 문경지우인 석수石秀이다. 비밀을 들킨 반교운은 입을 막고자 미인계를 이용하여 석수를 유혹한다. 오해하는 양웅. 당연히 양웅과 석수 간의 대장부 우정에 금이 생긴다. 고뇌 끝에 석수는 해화상을 참살하고 일의 전말을 양웅에게 알린다. 고뇌하고 고뇌한 끝에 양웅은 반교운을 취병산으로 유인하여 석수가 보고 있는 앞에서 처

---

77) 諫嵐, 〈許昌專區農村團的情況和問題〉. (原註)

벌하려고 한다. 하지만 사랑스런 아내 때문에 결단을 머뭇거린다. 결국 친구를 선택하는 양웅, 그리하여 아내를 베어 없애고 석수와 함께 양산박으로 향한다. 본래의 줄거리에도 지기 싫어하는 반교운이 취병산에서 최후의 보기흉한 발버둥과 함께, 석수를 손가락질하며 "저 놈을 취할 것인가, 아내를 취할 것인가"라고 독설을 퍼붓고, 양웅을 보잘 것 없는 얼간이 놈이라며 힐난하는 장면이 있지만, 모주석의 혼인법 등을 입에 올릴 이유는 없다. 아무튼 수호극의 무대는 천년 정도 전인 송대이다. 환골탈태도 여기까지 비약돼 버리면 아연할 수밖에 없다. 하남판의 『양웅살처揚雄殺妻』에는 모택동 주석이라도 깜짝 놀랄 수밖에 없을 것이다.

또 하나, 『나성요반羅成要飯』은 당대唐代가 무대로 나성은 외적토벌에 고생한 장군이다. 당시 한국전쟁에 인민의용군을 파견하고 중국은 거국적으로 미 제국주의와 싸우고 있었기는 하지만, 당대의 나성을 한국전쟁에 출전시키거나 인민재판에 회부시킨다는 것은 온당치 않다. 연극이라고 해도 지나치다. 이래서는 아무리 '인민 연극'이라고 자랑하더라도 '민주정신과 애국정신으로 광범위한 인민을 교육시키는 중요한 무기'는 되지 못할 것이다.

아마도 중국 전역에서 하남성에서 일어난 것과 같은 웃지 못할 정황들이 있었을 것이다.

그래서 정리·수정·상연·개작이라는 절차를 밟아 '유해한 부분'을 제외한 전통 연극작품을 전국적으로 한곳에 모아놓고 상연하여, 상호 학습·비판을 해보자는 시도가 궁리된 것이다.

제1회 전국희곡관마연출대회全國戱曲觀摩[78]演出大會

1952년 7월 문화부는 전국의 관계부처에 '제1회第一回 전국희곡관마연출대회全國戱曲觀摩演出大會'의 개최를 알렸다.

'제1회 전국연극경진·학습·비판대회'라고 번역할 수 있는 대회가 1950년 말 전국희곡공작회의의 석상에서 전한의 보고 〈애국주의의 인민의 신 희곡을 위해 분투하자〉[79] 가운데서 제안을 받은 것인데 그 목적은 다음과 같은 내용들이었을 것이다.

① 전국 각지의 지방극을 한 곳에 모아서 상연하여 연극개혁의 경험을 교류시킨다.
② 경진대회에서 뽑힌 우수작품의 상연을 전국적으로 장려한다.
③ 연극예술의 개혁과 발전을 더욱 진전시킨다.

문화부의 호소에 응하여 매란방·주신방·정연추·개규천 등 경극뿐만 아니라 예극[80]의 상향옥常香玉·월극[81]의 원설분袁雪芬 등 지방극 명배우들이 37개 극단 1,600명 정도의 극 단원을 이끌고 북경에 집결,

78) '관마觀摩': 같은 전문분야인 끼리 상호학습하고 경험을 교류하는 것을 말한다.

79) '爲愛國主義的人民新戱曲而奮鬪'이 원문이다.

80) 예극豫劇: 하남성에서 시작된 희곡양식으로 중국 5대극종의 하나. 창강이 힘 있고 가락이 유창하고 감칠 맛있게 느껴져 인물의 심리정감 표현으로 이름나 있다. 음악반주로 대추나무로 만든 방자를 써서 하남방자라고도 한다. 하남성 외에 호북·안휘·강소·산동·하북·산서·사천·섬서·감숙·신강·대만 등지에 전문예극극단이 분포되어 있다.

81) 월극越劇: 중국의 오대극종의 하나이자 중국 두 번째가 큰 극양식이다. 서정에

경극·평극[82]·하북방자[83]·진극[84]·예극·월극 등 23종의 연극을 공연하였다. 10월 6일부터 11월 14일까지의 기간 동안 무대에서 발표되었던 작품은 전통 극이 63편·신편역사극이 11편·그리고 현대극이 8편 모두 82편이었다.

대회 개회 다음날인 7일, 정연추는 '이처럼 성대하게 연극계를 망라한 대규모의 모임은 예전에는 생각지도 못했다. 인민정부의 지도가 있어서 비로소 가능하게 되었다'[85]고 칭찬하였다. 그래서 주신방은 대회종료 직후인 11월 18일의 『문회보文匯報』에 〈나의 희열과 감개〉[86]라는 짧은 문장을 발표하여, 대회의 성공과 '모택동의 시대에 살아가는' 연예인들의 행운에 대해 늘어놓고 있는데, 여기서 주신방은 '① 지방극에 있어서는 옛날 작품 정리가 일각을 다투는 급선무이다. 만일 유산을 발굴하여 정리하지 않으면 막대한 손실을 입을 것이다. ② 경극

뛰어나며 창을 위주로 하고 소리가 우미하고 아름다워 감동을 자아낸다. 절강성 소흥에서 시작, 상해로 진출하여 상해를 대표하는 연극 양식의 하나로 주로 상해 절강 강소 복건등지에 유행한다. 일찍이 판소리 『춘향전』을 월극 『춘향전』으로 각색한 바 있다.

82) 평극評劇: 중국북방에 유행한 희곡양식의 하나로 중국 5대극종의 하나. 청말 하북 농촌에서부터 시작, 당산에 들어와 당산낙자로 불리었다. 평극은 현재에도 화북 동북일대에 유행한다.

83) 하북방자河北梆子: 하북 지방의 지방희곡양식의 하나. 직예 방자·하북 방자·방자강 등의 명칭으로 불리었고 1952년 이후에는 하북 방자로 통일됨. 북경·천진·하북 향진에 유행, 산동·하남·흑룡강·내몽고 등지에 유행.

84) 진극晉劇: 산서 4대 방자극종의 하나. 산서방자라고도 한다. 산서중부에서 생겨서 중로방자라고도 한다. 산서 중부북부 섬서 내몽고와 하북 일부지역에 유행하였다. 민국이후로는 중로방자가 흥성하게 되자 산서방자라 함은 전적으로 중로방자를 지칭하고 1949년 이후로는 진극이라 칭했다.

85) 〈讓戱曲的百花改得更美麗〉, 『北京日報』, 1952년 10월7일 자. (原註)

86) '我的喜悅和感受'가 원문이다.

처럼 정식화가 진화·고정화된 연극에서는 그 정식을 돌파할 수 있으면, 나날의 생활이나 사람의 사상·감정을 생생하게 표현할 수 있을 것이고, 이 문제가 처리되어야 현대의 생활과 투쟁이 표현될 수 있을 것이다'라고 말하고 있다. 그것은 전통을 무시·경시하는 나머지 '예전에 볼 수 있었던 아름다움을 잃었던' 몇 개인가의 지방극에 대한 애석한 정을 완곡하게 표현한 것으로, 정식이 지닌 의미를 심각하게 묻지 않은 채 경극으로 현대생활을 표현하려는 폭거에 대한 우회적인 비판이라는 느낌이 든다.

대회 최종일 당시 중국 공산당 중앙 선전부 부부장이던 주양周揚은 '민족 희곡예술을 개혁하고 발전시키자'라는 제목으로 총괄보고를 행하고 있다.

> 연극은 이미 이처럼 압도적 다수 대중과 결합한 예술이 되었다. 그렇다면 이것을 우리나라가 실로 나아가는 대규모 경제건설과 문화건설에, 어떻게 합치시키고, 어떻게 하여 인민을 교육시키고, 사회를 개조할 보다 큰 힘으로 만들까. 연극은 국가를 도와서 인민을 올바르게 교육시키고, 애국적·민주적 그리고 사회주의 사상으로 인민을 교육시키고, 사회의 청신한 기풍을 널리 전하고, 인민의 도덕적 품위를 높이고, 인민의 정신생활을 풍부하게 만들어야 한다. 만일 그렇게 안 되면 새로운 인민생활에서도 영광스런 지위는 없어지고 말 것이다.

> 중국 연극, 특히 경극은 원래가 역사상의 이야기에서 제재를 취해, 역사를 표현하는 데 적절하다. 우리들도 또한 새롭게 정확한 관점에 서서 창작한 새로운 역사극을 필요로 하고 있다.
> 우리들의 새로운 연극은 노동자계급의 관점에서 역사적 사건이나 인물을 관찰하여 판단한 것이 아니면 안 된다. 연극은 인민의 인식을 돕고 역사를 전진시키는 것이어야 한다. 인민 측에 서는 자는 어떠한 인물이어야 하는가. 역사의 전진을 저해하고 인민을 압박하고 착취하는 것은 도대체

누구인가.

연극이라는 유산은 과거의 인민생활을 반영하고 있다. 하지만 새로운 인민 생활은 새로운 연극으로 표현되기를 바라고 있다. 그러니까 각종의 연극형식을 어떻게 구사하여 과부족 없고, 그렇다고 기계적이 아니라 인민의 새로운 생활을 표현할 것인가는, 연극인이 지향하는 것이고, 동시에 장기적인 확고한 창조적 임무이다.[87]

어쨌든 판에 박은 양식의 내용을 지닌 총괄이라고는 하지만, 역사극을 표현하는 데 적절한 경극의 특징을 포착하고, '새로운 역사극'의 창조와 '새로운 인민 생활'을 표현하기 위한 '새로운 연극'의 필요성을 주장하고 있는 점은 주목해도 좋을 것이다.

하지만, 다음의 두 부분도 흥미롭다.

① 심한 이야기지만 봉건통치계급과 똑같은 태도로 배우와 예인을 만나는 간부가 있다. 그들의 잘못된 모든 태도 그 자체가 민족예술의 유산·인민의 전통·대중의 기호를 경시하는 것과 관계가 있다. 이러한 잘못된 태도를 극복할 수 없으면, 광범위한 연극관계자들이 국가와 인민에게 복무하도록 지도하는 일을 우리들은 할 수 없다.

② 현대든 역사상이든, 생활을 표현할 때 예술상 최고원칙은 진실이다. 역사상 진실은 왜곡·은폐·분식을 허락하지 않는다. 반역사주의자, 예를 들면 양소훤楊紹萱 동지 등은 분명 이 가장 기본적인 원칙을 이해하지 못하고 있다. 그들은 주관적으로 혁명을 선전하기 위해서는 역사상의 객관적 사실을 무시하고 역사를 마음대로 해석하여 날조해도 좋다고 생각하고 있다. 현대 노동자계급 사상으로 역사를 관찰하여 쓰는 것과, 역사상의 인물로 현대의 노동자계급 사상을 표현하는 것. 이 두

87) 周揚, 〈改革和發展民族戲曲藝術〉, 中國藝術研究院戲曲研究所 編, 『中國戲曲理論研究論文選』下冊(上海文藝出版社 1985년), 489쪽, 499쪽, 499-500쪽, 497쪽. (原註)

가지가 완전히 다르다는 것을 그들은 구별하지 못한다.[88]

이것을 다시 말하면, 간부들 중에는 연극개혁이 무엇인지 모를뿐더러 '민주정신과 애국정신으로 광범위한 인민을 교육하는 중요한 무기'인 '인민의 연극' 담당자인 배우들이 무언지 이해하지 못하는 사람이 있다는 것이고(①), 연극개혁 노선을 둘러싼 의견 대립이 표면화되었다(②)는 것이다.

간부가 이러한 상태라면 '역사상의 객관적 사실을 무시하고 역사를 마음대로 해석하여 날조한' 것 같은 그런 연극이 등장하기 이르렀을지라도 연극개혁의 임무를 제대로 완수할 수 없었을 것이다.

반역사적 신작역사극反歷史的新作歷史劇

반역사주의자라고 비판받은 당시 문화부 희곡개혁 개진국 부국장인 양소휜은 신화극을 당시 중국이 안고 있는 정치적 임무를 관철시키는데 이용하여, 고대의 이야기를 통해 사회가 발전하는 모습을 설명하고 새로운 사회주의의 현실을 묘사하고자 하였다. 그 결과 연극으로서 무리한 줄거리, 불합리한 스토리가 되어, 사실과 다른 결과를 초래하고 말았다.

가령, 견우와 직녀의 연애를 묘사한 『우랑직녀』의 경우, 등장할 수가 없는 비둘기를 등장시켜 세계평화를 호소하고, 황소로 트랙터를

88) 周揚, 〈改革和發展民族戱曲藝術〉, 中國藝術硏究院戱曲硏究所 編, 『中國戱曲理論硏究論文選』 下冊(上海文藝出版社 1985년), 491쪽, 500쪽. (原註)

암시하고, 거기에다가 트루먼에서 비행기와 전차에 이르기까지 등장시키는 형국이었다.

분명히 당시 중국의 정치과제는 반미 조선원조 그리고 생산증강이었다. 그 때문에 미국 대통령인 트루먼을 등장시켜서 국민에게 미국에 대해 증오를 불러일으키고자 했을 지도 모른다. 하지만 그렇다고 해서 트루먼을 견우와 직녀의 연애이야기에 엮을 필연성은 없다. 아무리 견우가 끌기를 좋아한다 해도 트랙터를 끌지는 않을 것이다. 게다가 뭐라고 해도 평화로운 은하수에 비행기나 전차는 지나치다. 사정이야 어떻든 무리였다.

다만 주양이 지명해서 공격한 만큼, 양소훤의 반역사주의에 공명하는 연극관계자는 전국적으로 있었고, 그래서 전국각지에 앞서 본 하남성과 같이 이상한 무대가 나타났던 것 같다.

예컨대, 상해에서는 전국戰國의 혼란했던 시대를 무대로, 위나라의 신릉군이 조나라를 구하기까지를 묘사한 월극『신릉공자信陵公子』가 공연되었는데, 이것으로 항미원조抗美援朝를 호소해야 했기에, 진秦을 미국에, 조趙를 조선에, 위魏를 중국에 빗대어 만들었던 것이다. 하지만 실은 조나라도 위나라도 진나라에 의해 통일되어 중화대제국이 완성되고, 중화세계가 만들어졌다. 그것은 엄연한 역사적 사실이다. 신작『항미원조』는 관우를 방불케 하는 붉은 색의 화검이 큰 칼을 들고 등장하여 큰 목소리로 “이 몸은 김일성이 올시다”라고 절규하는 장면을 연출해내었다고 한다. 또 당태종의 동방원정에 군공을 세운 설인귀의 마천령 공격을 묘사한『취마천령取摩天嶺』을『대만타도臺灣打倒』로 개작시켜 모택동까지 등장시키고 있다.

분명『우랑직녀』·『신릉공자』·『항미원조』·『대만타도』를 늘어놓고 보면, 당시 중국이 안고 있던 큰 정치적 과제들인 ‘반미제국주의’·‘한국

전쟁에서의 김일성 정권지원'·'대만해방'·'증산체재확립'·'공산주의에 의한 세계해방·평화'를 주제로 하고 있었지만, 연극의 구성으로는 너무 지나치게 안이한 졸작이라고 할 수밖에 없다. 은하수에 투르먼, 붉은색 검보에는 김일성, 당唐의 시대에다 모택동 혹 주양周楊을 각각 설정한 것은 논외로 치고라도, 그것들을 두고 '인민 연극'이라고는 입이 비뚤어져도 말할 수 없을 것이다.

그렇지만 여기에서 생각하지 않으면 안 될 것은, 설사 한 시절이었을지라도 그와 같은 엉터리 '인민 연극'이 진지하게 공연되었다는 사실이다. 아마도 이런 경직된 공식주의를 견지하는 비현실성은 신중국 성립 이래 현재까지 그 시기에 한번만 있었던 것은 아니었다. 본인들은 진지했지만, 옆에서 보면 머리를 갸우뚱하게 만드는 이렇게 진부하다할 수밖에 없는 경직된 공식주의에 사로잡혀 있었던 것은, 뭐 중국인들만이 아니다. 가슴에 손을 얹고 생각해 볼 것도 없이, 일본인도 상당히 사로잡혀 있었다. 아니 개혁 개방의 시대가 된 현재마저 공식주의에 사로잡힌 사람들이 있으니까 참으로 어처구니없는 일이다.

양소훤楊紹萱의 '인민 연극'을 주양은 '개선이 아니라 전통의 파괴'다고 강하게 비판했지만, 연극이 인민교육에 유효하고 중요한 수단이라는 생각이 근저에 있는 한, 양소훤 등과 같은 '전통의 파괴'가 쉽게 고쳐지지는 않았다.

주양은 새로운 역사극의 창조를 제창하였는데, 그 목적을 간단히 말하면 '옛것으로 오늘을 비춰본다'는 '이고감금以古鑑今'·'옛것을 오늘날에 활용한다는 고위금용古爲今用'으로, 역사를 현재의 교훈으로 삼는 것이다. 바꾸어 말하면 그것은 고래로 중화세계가 역사학에 의탁하였던 큰 임무였다. 이를 사회주의적으로 번역하면 역사적 사실을 무대에 묘사함으로써, 침략에 반항하고 압박에 저항하며 조국과 자유와 노동을 사랑하고, 인민의 정의와 선량한 성격을 칭송하는 한편, 봉건노예도덕이나 야만·공포·외설·음란한 행위를 고취하고 노동인민을 모욕하는 것에 반대하자는 것이 될 것이다.

그렇지만 그런 규율이 너무 많고 엄밀한 까닭에 연극의 제재가 될 만한 극적이고 이상적인 역사적 사실이 그다지 많이 있는 것은 아니었다. 가령 있다하여도 그 대부분은 구 중국에서 이미 연극화되어 사람들에게 환영받고 있었다. 그런 연극이 신중국의 기준에서는 '인민의 연극'으로 인정되기 어렵다고 하자, 자연히 이야기는 어렵게 되었다. 그렇게 간단하고 이상적인 역사적 사실이 발견되어 완성된 연극으로써 인민에게 제공되어 그들을 교육시킬 수 있는 것은 아니다. 바꾸어 말하자면, 연극의 제재가 되는 그러한 모든 역사적 사실은 이미 경극화 되었다는 것이다. 그런 정도까지 경극은 길고 복잡한 중국역사를 무대라는 한정된 공간속에 압축해서 스펙터클하게 만들었던 것이다. 그래서 경극이 재미없을 리가 없다.

신작 역사극의 대표작으로서는 연안시대의 『핍상양산逼上梁山』·『삼타축가장 三打祝家莊』·『틈왕진경闖王進京』·『구건의九件衣』 등이 있고, 신중국 성립 후의 것으로는 『해서파관』·『해서상소海瑞上疏』 등이 유명하다.

『핍상양산』·『삼타축가장』·『틈왕진경』 등은 이미 살펴보았다. 명明 가정嘉靖시대 호부戶部 주사主事이자 응천부應天府 순무巡撫 등을 역임했던 인물이 해서海瑞이다. 그는 항상 인민의 편에 서서 정치를 했기 때문에 '청관'이라 불렸는데, 그가 관직을 걸고 인민을 지키려 했던 내용의 작품이 『해서파관』·『해서상소』이다. 이에 대해서는, 나중에 문화대혁명과 연관 지어 언급할 것이기 때문에, 여기서는 『구건의』에 대해 살펴보자.

『구건의』는 1948년 작품이다. 명말을 무대로 『틈왕진경』의 주인공인 이자성이 이끄는 농민군의 반봉건지주투쟁을 복선으로 삼고 있다. 약간 번거롭지만 그 줄거리를 살펴보자.

하남성 개봉의 토호인 화자방花自芳은, 딸을 시집보낸다 하여, 소작인에게 축하금인 희은喜銀을 바치도록 한다. 빈농인 신대성申大成은 궁여지책으로 사촌누나인 하옥선에게 도움을 청하여, 그녀가 시집올 때 가져왔던 아홉 벌의 신부의상을 양도받았다. 마침 그 무렵 고용인 최걸崔傑이 화자방으로부터 휴가를 얻어 쉬고 있었다. 자신의 처지를 한스럽게 여긴 최걸은 밤중에 화씨 집에 들어가 화자방이 딸을 위해 준비해 놓았던 아홉 벌 신부 옷을 훔쳐서, 오래된 우물에 던져버렸다.

그런 줄도 모른 신대성은 하옥선에게 받은 옷을 가지고 전당포로 향한다. 그것으로 돈을 마련하고자 했다. 그런데 가는 길에 도둑을 뒤쫓던 화씨 집안의 머슴에게 붙잡히고 말았다.

최崔는 신申을 동정하여 그 전말을 화자방에게 밝혔지만, 신申의 아내를 연모하고 있던 화는 관리를 사주시켜 최를 변방으로 유배시키는 한편, 신을 사형시키고 신의 아내를 취하고 말았다.

변방으로 호송되어가던 도중에 이자성 군대의 도움을 받은 최는 그 군대에 참여하게 된다.

개봉으로 돌아온 최는 신의 아내를 구출하려 했지만 되레 화의 부하에게 붙들리어 그녀를 빼앗기고 만다. 고문을 당하는 신의 아내. 마침 그 때 최의 선도로 이자성 군대가 진군해 왔다. 토호인 화, 화에게 교사를 받은 관리, 즉 봉건지주계급은 인민 편에 선 이자성 군대에게 분쇄당하고 만다는 줄거리이다.

이 줄거리는 무장봉기한 농민이 악덕지주에게 저항한다는 역사적 사실을 복선으로 깔고 당시의 중국에 진행되고 있던 토지개혁정책을 암시한다. 게다가 이자성군대에 인민해방군을 중첩시킴으로써 당과 정부의 정책과 방침을 인민에게 교육시키고자 하였던 의도를 십분 읽을 수 있다. 이것이 이상적인 '인민의 연극'이라는 것이다.

그렇지만 이 연극이 본격적으로 상연하게 된 1951년부터 1952년에 걸쳐, 스토리가 복잡해지고 최후의 농민의 궐기장면은 일정한 극적 효과를 올리지만, 연극의 완성도에서 너무 문제가 많다고 비판을 받게 되었다.

결국 민족의 영웅을 찬미하고 우매한 군주나 교활한 관리의 비인간적인 악행을 폭로하고자 하는 신작역사극이었지만 ①적절한 역사적 사실에 미흡하고 ② '인민 연극'의 기준이 너무 엄격하고, ③ 연극의 체재가 갖추어지지 않았다는 이유로 연극개혁의 중점은 역사극 창작에서 현대극 창작으로 옮겨가게 되었다.

게다가 이 시기 이래 창작된 신작역사극의 대부분은, 1960년대 중기에 시작된 문화대혁명 중에 '차고풍금, 즉 옛날 일로 현재를 비판한다'는 이유에서 뜻밖에도 철저하게 단죄되고, 그러한 연극을 공연했다는 이유만으로 비판당하고 비명의 최후를 맞이한 배우조차 있을 정도였다.

정치투쟁의 격랑에 말려든 '인민의 연극' 속에는 그것을 공연한 '위대한 교사'들의 생명을 좌우할 정도로 강력한 살상력을 지녔던 것도 있었다. 경극에도 그 같은 정도의 정치적 역할이 주어졌다. 일본의 중국문화인식은 주로 정치인식으로 중국인식 그 자체와 통하기도 하지만 이러한 냉엄한 사실에는 눈을 감은 채 이루어져 온 것은 아니었을까? 그래서 경박하다는 비방을 면할 수 없음에 틀림없다. 문화대혁명 개시 당초 과격하다는 내외로부터 비판의 소리를 알아차린 모택동은 다음처럼 반박하였다.

혁명이란 손님을 불러놓고 음식 대접하는 것이 아니다.

지금 이 발언을 이용하자면 다음과 같은 것이 되지 않을까?

경극은 손님을 불러놓고 관극하는 것이 아니다.

아마 예전의 가부키와 정치권력의 관계란, 문화대혁명기의 중국에서 경극과 정치의 관계정도는 아니어도 어떤 종류의 정치적 긴장관계를 지니고 있었을 것이다. 하지만 지금은 호화로운 송화당 도시락을 손에 들고 친구와 함께 보러가는 오락이자, 한가한 사람의 도락이자 여유 있는 자의 시간 죽이기 대상이 되어 버렸다. 이러한 가부키가 나쁘다고 말할 생각은 없지만, 적어도 중국에서 경극에 엄격한 정치적 의미를 지니게 했던 것은 바로 최근의 일이고, 중국은 그런 국가의 성향을 지니고 있다는 정도의 인식은 가지고 있어야하지 않을까.

조선 전쟁전선을 위문하였던 명배우들

1950년 말, 희곡공작회의에서 전한은 다음과 같이 제안하였다.

앞으로는 '구예인'이라는 호칭을 지양하고, 다만 '예인', '연극공작자'라고 고쳐 불러야 하지 않겠습니까. 이것은 새로운 인생관을 받아들여, 예술로 인민에게 복무하는 저들은 '신예인'이 되었기 때문입니다.

그래서 '신예인'의 대표를 맡은 주신방은, 다음과 같이 흥분 투로 선언하였다.

> 회의가 끝날 무렵 폐지했던 '구예인'·'구연극'의 호칭 대신 '예인'·'연극공작자'로 한다는 발표가 있고 나서, 회의장 전체 예인은 15분간이나 박수를 계속 쳐서 더할 수 없는 기쁨을 표현했습니다. 자랑스럽게 말하자면, 우리들은 교사가 되지 않으면 안 되는 것입니다. 예인들은 인류의 혼에 호소하는 기술자입니다. 신중국의 선전원이 되고 수십만 명에 달하는 연극계 예인들의 통일전선을 조직할 것을 보증합니다. 계획을 가지고 한발 한발 쉬지 않고 유산을 흡수하여, 신예술을 창작하고, 새로운 애국정신으로 혁명의 영웅주의적 행동을 예찬하고 격려하며, 침략에 반항하며 조국을 지키며 세계평화를 보호하는 모든 행동을 돕고, 압박에 반대하고 자유를 쟁취하여 인류의 정의의 연극을 보호하며 창작과 연출에 노력합시다.[89]

그 기쁨도 잠시, 주양의 입에서 '심한 이야기지만 봉건통치계급과 똑같은 태도로 배우, 예인들을 대하는 간부가 있다'라는 것이 드러나 버렸던 것이다. 연극정책의 최고책임자인 주양이 제1회 전국희곡관마연출대회라는 공적인 대회와 더구나 총괄보고회에서 인정한 사실인 만큼, 간부로부터 상당히 곤욕을 당한 배우도 배우를 앞에 놓고 봉건시대 통치자와 같이 잦바듬한 간부도 적지 않았다는 것이다.

그렇지만 한번은 모두가 이렇게 선언하였던 배우들이 아닌가?

> 과장해서 말하자면, 우리들은 교사가 되지 않으면 안 됩니다. 예인은 인류의 혼을 이끄는 기술자입니다. 신중국의 선전원입니다.

89) 〈戲曲工作會議的收穫〉,『大公報』 1951년 2월 1일자. (原註)

결코 그러한 일로 기죽지는 않는다. 많은 명배우들이 '새로운 애국정신으로 혁명의 영웅주의적 행동을 찬양하고 침략에 반항하며 조국을 수호하며 세계평화를 보호하기 위한 모든 행동을 돕고자' 해서 조선전쟁에 참가하였던 의용군병사를 위문하러 전선으로 갔다.

1953년 가을, 조선반도 중부의 향풍산을 위문하였을 때의 정경을 매란방은 이렇게 적고 있다.

> 상연장소는 산의 중턱에 지어진 광장이었다. 무대 앞에는 몇 개의 긴 나무 의자가 있고 부대간부와 영웅전사 그리고 여성동지들이 앉아 있었다. 뒤에 있는 병사들은 돌을 의자 대신으로 하고 있었다. 더 뒤에 있던 사람들은 무대에서 상당히 떨어져 있었기 때문에 돌 위에 서서 봐야 했다. 양측에는 병사들이 꽉 들어찬 트럭들이 멈춰져있었다. …무대 뒤의 좌측엔 갈대로 만든 자리를 사용하여 노천 화장실을 만들었다.[90]

그날 강한 햇빛과 바람이 부는 가운데 매란방梅蘭芳은 자신의 장기작품인 『귀비취주貴妃醉酒』를 공연했다.

백화정에서 사랑하는 현종이 탄 가마가 도착하기를 기다리는 양귀비. 기다리고 기다려도 모습을 나타내지 않는 현종. 가까이 모시고 있는 환관에게 알아보게 했더니, 현종은 사랑에 애를 태우는 양귀비를 버려두고 최근에 은근해진 다른 귀비와 서궁에서…. 그 사실을 알고 놀라며 분노하고 고민스러워하는 양귀비. 마음의 근심을 풀기위해 그녀는 술에 손을 뻗는다. 시녀에게 차례로 명주를 가져오게 하여 마실 때마다 잔을 비워 취기가 더해지는 양귀비. 환관을 조롱하며 시간을 보낸다. 어슴푸레하게 취한 자세도 좋지만, 술로 발을

90) 〈爲兵服務－從朝鮮到廣州〉, 梅蘭芳 著,『梅蘭芳文集』(中國戲劇出版社, 1981), 218쪽. (原註)

가누지 못한 채 뜰로 나와 연못의 물고기에 눈을 보내고, 흐드러지게 핀 꽃을 사랑하고 꽃잎을 하나씩 따고서 예쁜 미소를 짓는 자세는 보는 사람을 전율케 한다. 그야말로 매란방의 지극한 예술의 경지이다.[91]

날마다 미제국주의군과 사투를 벌이고 있던 인민의용군 병사들은 매란방의 『귀비취주』에 어떤 감상을 품었을까.

그런데 이 위문여행에는 주신방·정연추·마련량 등 명배우들이 함께하고 문학자인 노사도 참가하고 있었다.

『병사들을 위한 공연-조선에서 광주까지』에 따르면 어느 날 저녁 식사 후 주신방과 노사가 산보를 하고 있는데 근처의 집에서 경호의 음색이 들려왔다. 밤의 장막이 내린 전투지에서. 잠깐 동안의 휴식. '타라리라리라리라라리란라라' 하고 칠흑 같은 어두운 밤에 사라져가는 경호의 소리. 역시 중국인에겐 그 음이었다. 노사의 제안에 거기에서 모두 같이 보통 복장으로 경호 반주만으로 노래하는 이른바 무반주 노래인 청창회를 열었다고 한다.[92]

---

91) 전전戰前의 『귀비취주』를 보면 양귀비가 현종의 마음이 다른 여자에게 옮겨가 버린 것을 근심하고, 홀로 자는 쓸쓸함을 이기지 못해, 취해서 환관을 유혹한다. 자신을 버린 현종을 원망하고, 자신이 어머니 역할이 되어서 현종에게 소개해준 안록산을 '예전에는 침상을 함께 했는데, 소녀를 버리고 마음대로 바람핀다고' 욕을 한다. 불타오른 욕정. 불타는 몸을 어쩌지도 못하고, 술이 취한대로 환관을 유혹한다. 그러자 환관은 놓치지 않고 '나는 도움이 안돼요' 하고 대답한다. 남자가 없이는 있을 수 없는 양귀비의 치태痴態를 적나라하게 표현한 것이다. '인민의 연극'의 기준으로 판단하면 분명히 음희라고 할 것이다. 하지만 매란방은 음희인 『귀비취주』에서 '불건강한 부분을 빼버리고'(『매란방연출극본선집』 18-30쪽), 양귀비와 현종의 연애담으로 개편해 버렸다. 현재 『귀비취주』는 매란방의 연출에 따른 것이다. 아름답다면 아름다운 것이지만, 옛날의 그 음미淫靡함이 가득한 『귀비취주』도 버리기 어려운 맛이 있다. (原註)

92) 〈爲兵服務－從朝鮮到廣州〉, 梅蘭芳 著, 『梅蘭芳文集』(中國戱劇出版社, 1981), 219쪽. (原註)

기생어미에 속아 엉뚱한 곳으로 팔려갔다가 살인 누명을 쓰게 된 옥당춘玉堂春. 이를 재판하는 사람이 예전에 그녀가 유곽에서 가장 잘 팔렸던 당시, 서로 반했던 서생객書生客 왕금룡王金龍. 과거를 보려고 서울로 가는 도중, 노잣돈을 도둑맞아 곤란에 처해 있던 그에게 돈을 건네주고 "결코 뜻을 굽히지 말라"며 격려했던 옥당춘玉堂春. 시간이 흐르고 사람이 변해, 옛날의 은인이 이제는 죄인. 그리고 가난했던 서생은 훌륭한 재판관. 운명의 지나친 장난을 노래하는 요염하고 애절함을 띤 『옥당춘』을 매란방이 노래하였다. 내친 김에 말한다면 이 공연목록은 일본에서 번안되어 『폭포의 흰 실』로 다시 태어났다.

다음에는 관직에 나아가면서, 생애에 부정한 짓은 하지 않겠다고 맹세한 네 명의 진사이지만, 세상 물을 마시며 사는 사이에 어느 틈에 재판하는 사람과 재판 받는 사람으로 나눠졌다는 『사진사』를 주신방이 노래하였다. 이것을 이어받은 마련량은 옛부터 알려진 맹모삼천이라는 재재를 취한 『삼랑교자三娘教子』를 불렀다. 산동지방의 강창인 산동쾌서의 명수로서 알려진 고원균高元鈞은 수호의 영웅 무송의 무용전의 일절인 '무송이 호랑이를 때려잡다'라는 『무송타호武松打虎』를 공연했다. '이어서 내친 김에 한 곡 더' 하면서 노사가 노래하였던 것은 『조금구釣金龜』였다.[93]

『조금구』는 목소리가 좋은 노단역이 노래하면 꽤나 멋들어진 맛이 있다. 과연 소설 『낙타상자』로 알려진 북경태생인 노사답다. 전문가 정도라야 할 수 있는 공연작품을 알고 있다고는 하나, 좀 생각해봐야 할 것 같다. 그렇게 말하는 이유는 이 공연작품은 '인민의 연극'이란 기준으로 보면 약간 문제가 있을 것 같아서이다.

93) 〈爲兵服務－從朝鮮到廣州〉, 梅蘭芳 著, 『梅蘭芳文集』(中國戲劇出版社, 1981), 220쪽. (原註)

시어미 싫다한 처를 데리고 사는 큰 아들 장인張仁. 그래서 과거에 합격해 관리가 되었지만 늙은 모친을 돌보지 않고 소원해진다. 고기를 낚아 노모를 보살피는 작은 아들 장의는 어느 날 금색으로 빛나는 거북을 낚아 올린다. 돌아오는 길에 형이 관리가 된 것을 알게 된다. 생활의 궁핍함을 호소하기 위해 형의 집에 간 장의는 아무리 기다려도 돌아오지 않는다. 걱정하는 노모의 꿈자리에 나타난 장의의 말에, 금색 거북을 욕심낸 형수에게 긴 못으로 찔려 죽었다고 한다. 그런 뒤에는 정의의 편에 선 포공이 등장하여 '이것으로 한 건 해결'이라는 정해진 코스가 된다.

그렇게 보면 『조금구』는 잔혹한 장면도 있고, '인민의 연극'이라는 이상과는 거리가 먼 분위기가 느껴진다.

어떻든 경극계를 대표하는 명배우들뿐만 아니라 산동쾌서의 명인 게다가 북경문단의 대표자인 그들이 각각 자신들이 가장 잘 하는 것들을 펼쳐보였다. 지극한 기예를 생생하게 더구나 무료로 들을 수 있으니까 병사들이 모이지 않을 리가 없었다.

> 집밖의 공터에는 지원군 동지가 빈틈없이 까만 산처럼 모여서 들었다. 그들은 숨을 삼킨듯하여 조국에서 찾아온 노래 소리를 듣고 즐거움에 젖었다. 손으로 판자를 두드리며 리듬을 맞추거나 우리들의 노래에 맞춰 노래가사를 입으로 불렀다.… 우리들은 그들의 뜨거운 마음을 접하게 되었다.[94]

아마 그 장소에 모인 병사들 대부분은 매란방의 고수라도 된 듯이 '타아 테이 테이 타 테테테테 테이' 하고 손 박자와 판자를 두드리는

94) 〈爲兵服務－從朝鮮到廣州〉, 梅蘭芳 著,『梅蘭芳文集』(中國戲劇出版社, 1981), 220쪽. (原註)

리듬을 넣고, 그 중에는 눈을 감고 이렇게 입으로 읊는 자가 있었음에 틀림없다.

> 장의야 내 아들아! 네 어미 하는 말을 들어라.[95]

'저들의 뜨거운 마음을 접한' 매란방 등 십팔 인의 배우. 더구나 전원이 좌장급. 그런데도 불구하고 노천의 분장실에서 화장하고 의상을 입고 짬이 날 때는 용투마저 해내면서 무대가 끝나면 의상을 담은 도구상자마저 운반했다.[96]

이렇게 힘들게 일해도, "심한 이야기지만, 봉건통치계급과 똑같은 태도로 배우·예인을 대하는 태도가 있다"고 하니까, 참으로 심한 이야기였다.

95) 원문은 '小張義, 我的兒阿,聽娘教訓.'

96) 〈爲兵服務－從朝鮮到廣州〉, 梅蘭芳 著,『梅蘭芳文集』(中國戱劇出版社, 1981), 221쪽. (原註)

제삼본第三本

희대여황몽戱臺女皇夢:
연극무대에서의 여황제의 꿈

—강청 권력에의 길

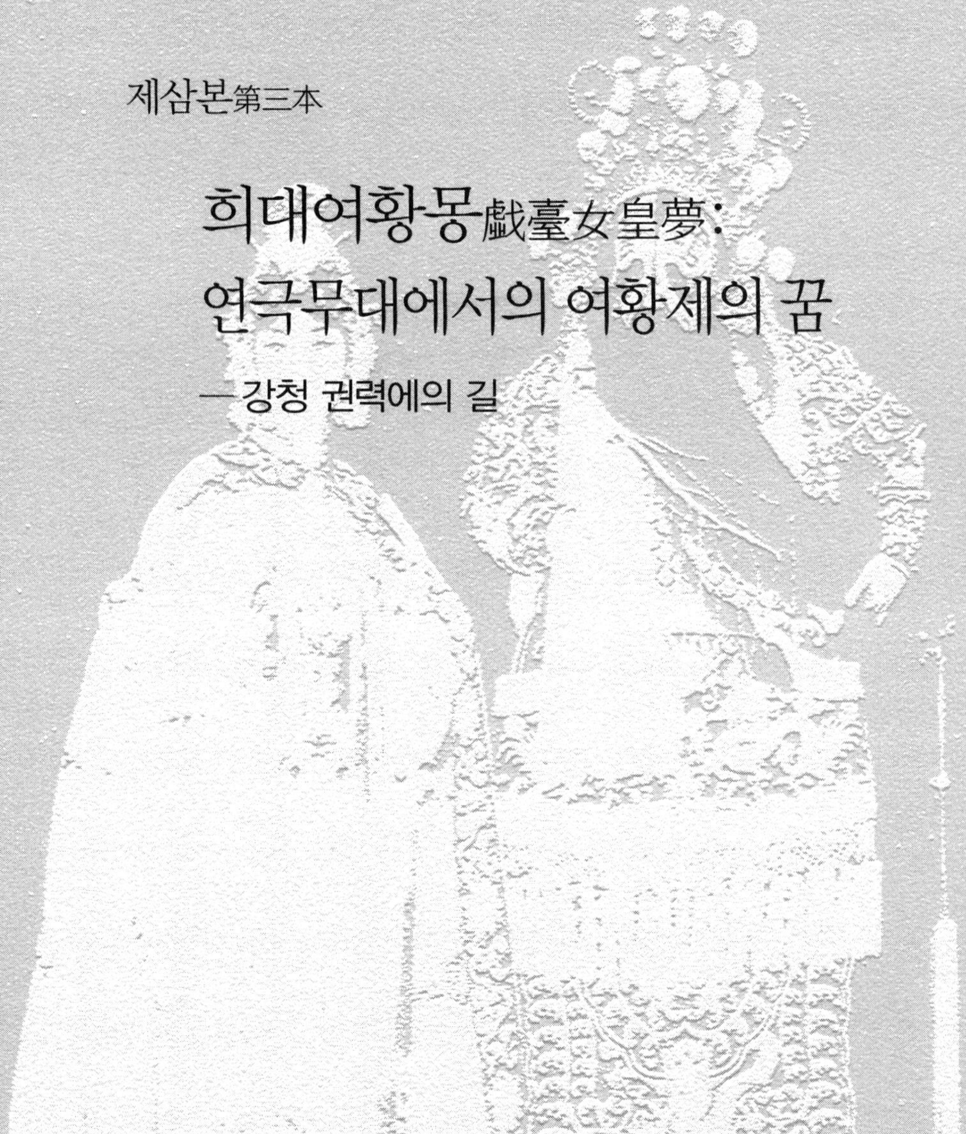

강청과 모 주석은 지배 권력을 되찾기 위해서는 대중의 지지를 만들어낼 필요가 있다는 것을 알고 있었다.[1]

서로 상처 입히고 속이고, 부당하게 몸을 구속한다. 자살하거나 죽임을 당하거나 죽이거나 하는 추악한 모습을 무대 이외의 장소에서 현대경극의 관객들은 끊임없이 보아왔다. 그래서 현대경극이 그려내려고 했던 전형적인 공산주의적 행위 같은 것은 그들은 마음으로부터 신용할 수 없었다.[2]

---

1) 록샌 윗케, 나카지마 우사미 공역, 『강청』(파시피카, 1977). (原註)

2) 『The Cambridge History of China 1966-1982』. (原註)

조선전쟁의 전선위문에 대거 나서서 인민의 연극을 제공하려고 명배우들이 노력하고 있는 사이, '인민의 연극'을 둘러싼 상황은 변질되기 시작하였다.

그 중요한 임무를 맡은 배우는 '인민의 연극'이라는 논의에서 멀리 떨어져 있고 그들 배우들을 대신하여 무대를 지휘하게 되었던 것이, 연극개혁의 정책입안자이자, 정치력이었다. 그것은 중국공산당 정권의 국내기반이 공고해지자 공산주의 사회주의 이론으로 강하게 무장한 당 관료 테크노크라트가 정권의 중추를 지배하기 시작했다는 점을 의미한 것인지도 모른다. 아마도 저들 당 관료 테크노크라트 중에는 연극은 현실의 무대보다는 이론, 개개의 배우의 기량이 아닌 줄거리로 성립되는 것이라는 생각이 주류가 아니었을까?

이미 몇 번인가 인용했던 와쓰지(和辻哲郞)의 말을 또 사용하지만, 저들에게는 연극이 '무대 위에서 만들어진 세계 즉 상상력에 의해 만들어진 세계'이고 그래서 '초지상적인 광휘'를 갖는다는 것이 이해되지 않았음에 틀림없다. 사람들은 그 '초지상적인 광휘'를 동경하고 자신들이 체득한 예술에 의한 무대에서의 '초지상적인 광휘'를 그려내는 배우들을 동경한다는 것도 전혀 몰랐을 것이다. 분명히 말해서 공식을 내거는 당 관료 테크노크라트가 연극개혁책의 주도권을 잡게 된 것이, 경극을 빈약하게 만들고 말았다.

볼만한 공연작품은 없어지고

과도한 정치주의·교조주의에 영향을 받아 고래부터 전해오는 공연작품 중에 현대인을 등장시켜 현대의 정황을 묘사하고 현대의 언어인 정치용어를 말하게 한다. 연속적으로 발생하는 정치운동에 호응하기 위해 만든 '인민의 연극'은 단시일 내에 속성되었기에 연극으로서 완성된 것이 아니다. '교육효과'를 노린 교훈풍의 대사를 여기저기에 뿌려놓고는 있지만 땜질식으로 부자연스러울 뿐만 아니라 그런 까닭에 연극으로서는 졸작이라고 할 수 있는 것이 신작 역사극이다. 시시한 연극이 많은 가운데, 그런대로 관객의 마음을 무대로 이어준 것이 『서상기西廂記』·『백사전白蛇傳』·『양산백梁山伯과 축영대祝英臺』·『진향련秦香蓮』·『삼차구三岔口』·『유교아劉巧兒』 등 이미 알려진 공연작품들이었다.

『서상기』는 당唐의 덕종德宗 시대가 무대이다. 낙양에 소문난 재모가 뛰어난 서생인 장영張瑛. 과거시험을 치르러 장안에 가는 도중 들린 산서山西 포주蒲州의 보구사普救寺. 여기에서 재상이었던 최각崔珏의 영구를 지키고 있던 것이 딸 앵앵鶯鶯. 그녀는 뛰어난 미인이었다. 그렇게 되면 이야기는 간단하다. 끝머리는 아름다운 연애 이야기. 하지만 그렇게 해서는 연극이 되지 않는다. 사실은 도적이 앵앵을 빼앗으려한다. 이에 모친은 도적을 물리치는 자에게 딸 앵앵을 시집보낼 것을 약속한다. 의욕에 넘친 장은 친구인 장군의 지원을 얻어 훌륭하게 그녀를 보호하였다. 그러나 그녀의 어머니는 다음과 같이 앞서 했던 말을 뒤집어 버린다.

사실, 제 딸년은 다른 사람과 허혼하였기 때문에….

그리하여 장영은 흔히 있는 사랑의 병으로 눕게 된다. 한번 본 그때 이래 앵앵도 장영을 보고 첫눈에 반했다. 이쪽도 상사병. 여기에 등장하는 것이 그녀의 집에서 일하는 홍랑이라는 눈치 빠른 시녀이다. 매혹적인 것이 홍랑의 매력이다. 어쨌든 홍랑이 두 사람 사이를 주선하였다. 모친이 앵앵을 감금하자 홍랑은 마나님을 비난한다.

약속을 어긴 마나님이 나빠요!

이리하여 두 사람의 사랑은 결합하게 된다.

미모의 서생과 눈이 맞은 백사白蛇. 여기에 시중드는 청사青蛇. 두 뱀은 사람의 모습으로 변하여 이윽고 백사는 서생의 아들을 임신하게 된다. 그 무렵 서생은 가장 사랑하는 아내가 뱀의 요정이라는 것을 알고서, 무서워서 절로 달아난다. 뱀으로 되돌아간 두 사람은 수하의 악령들을 이끌고 절을 포위한다. '남자를 내놓아라.' '아니 안돼!' 하고 입씨름이 오간다. 끝에 가서는 승려 군과 요괴 군이 맞붙어 싸운다. 그렇지만, 요괴 군의 움직임이 여의치 않다. 하여튼 사령관인 백사의 몸은 임신 중. 평소의 요술을 쓸 수 없어 방법도 없게 된다. 그 뒤에 여러 가지 일이 일어나고 엎어진 물은 쟁반으로 돌아가, 옥 같은 남자아이가 태어난다. 그렇지만, 백사의 수난은 아직도 계속되는 『백사전白蛇傳』.

양산백과 축영대는 함께 공부에 힘쓰는 사이였다. 함께 즐겁게 공부한 삼년이 지나가고 두 사람에게 이별할 때가 온다. 그 때, 축영대가 여성이었다는 것을 처음으로 알게 된 양산백. 두 사람은 장래를 약속하지만, 이윽고 그녀는 남의 아내가 된다. 그것을 안 양산백은 괴로워하다 사랑에 불타 죽고 만다. 양산백의 묘 앞에 울면서 엎드리는 축영대. 갑자기 양산백의 무덤이 갈라지면서 두 사람은 저 세상에서 부부가 된다. 이것이 『양산백과 축영대』이다. 틀림없이 비련이지만, 어딘가 이상하다. 사춘기의 남녀가 삼년이나 함께 생활하면서 아무리 남장을 잘했다 해도 상대방이 여성인 것을 눈치 채지 못할 리가 없다. 양산백은 꽤나 둔감한 친구이다. 그러나 그것을 말하면 끝이다.

『진향련秦香蓮』은 마소파馬少波가 〈병태와 추태 그리고 왜곡된 무대형상을 깨끗하게 없애자〉라는 글에서 '단호하게 폐절시키지 않으면 안 된다'고 역설한 잔혹한 장면을 보여주는 『찰미안鍘美案』에 이어지는 연극. 관리가 되어 집을 나간 채 소식이 끊긴 남편 진세미陳世美를 찾으러 서울에 올라온 진향련秦香蓮과 두 자식. 입신출세한 진세미는 미혼이라 속이고 황제의 사위가 된다. 눈앞에 나타난 아내와 아들. 출세의 방해가 된다고 죽이려한다. 남편의 마귀의 손을 피한 진향련은 두려워하면서 호소한다. 거기에 등장하는 것이 포공包公. 황제의 사위이든 누구든 사람의 도에 어긋나는 죄인은 사형이라며, 진세미를 작두형에 처하였다[3].

이 연극의 마지막 클라이맥스 장면은 이렇다.

'비록 상대가 황제이건 누구이건 부정은 부정'이라고 관직을 걸고 진세미의 사형을 선언하는 포공. 울며 쓰러지는 진세미의 젊고 아름다운 미모의 처. 그녀는 눈물을 흘리며 구명을 애원한다. 관직을 잃지는 않을까 두려워하는 마음과 철과 같은 의지의 포공에게 남아있을 조그마한 동정심에 최후의 희망을 걸어보고자 하였다. 너무나 차가운 남편의 처사에 깊은 한을 품었지만 자식들의 실제 친아버지 아닌

3) 작두형에 처한다는 동사가 찰鍘. 진세미를 작두의 형에 처하는 안건이기 때문에 여기서 『찰미안』이 된 것이다. (原註).

가' 하고 복잡한 심경을 어떻게 할 수 없는 진향련. 곧 관직을 나타내는 의관, 속대 전부를 몰수당하고 상투를 풀어헤친 채 진세미가 형장에 끌려나온다. 머리채를 끌려서 나타나는 진세미. 그러자 큰 작두가 무대 위로 내려온다.

울음·비명·원한·회한·집착·참회·망설임 이 장면에 표현된 모든 인간의 감정과 갈등을 끊고 포공의 늠름한 목소리가 울린다.

작두를 켜라! (사형집행!)

객석에도 안타까운 채 참으로 씁쓸한 분위기를 남긴 채 연극은 끝난다.

일단은 여기에서 막이 내리게 된다. 그런데 사실은 '인민의 연극'이 아닌 전전戰前 형태의 연출에서는, 최후의 최후, 잘려진 진세미의 머리를 포공이 안고 있고, 정의·냉철·철같이 굳은 의지를 표시하는 양상亮相을 펼친다. 연극의 대단원으로서는 이쪽 편이 재미있지만, 여기까지는 보여주지 않는 것이 '인민의 연극'의 '품격'이고 '사회주의의 도덕'이라는 것 같다.

송宋을 외적으로부터 구해낸 양가일족의 분전해 용맹·악전고투하는 이야기를 엮은 『양가장연의楊家將演義』. 중국인이 대단히 좋아하는 소설의 하나인 『양가장연의』에서 파생된 것이 『삼차구三岔口』이다. 여기에서 『양가장연의』에 대해서 한마디 하고 싶은데, 1989년 6월 천안문 사건 후 당시 국가주석이던 양상곤과 그의 동생인 양백영 콤비가 인민해방군을 누르고, 정치적 영향력을 강하게 한 적이 있었다. 그대로 양씨 일족의 권력이 확대되는 위기를 느낀 등소평鄧小平이 그들을 중요한 위치에서 제외시켰던 것으로, 당시 양상곤楊尙昆, 백영白氷에 연결된 일족을 지목하여 양가장楊家將이라 하였는데 등소평이 퇴치시키고자했던 양가장과 소설의 『양가장연의』가 겹치기 때문에 그렇다. 등과 양 일족의 권력투쟁이 중국인에게는 중첩적으로 보이기 때문에 재미가 있다.

송대의 양가楊家에 연결되는 무장武將인 초찬焦贊. 어느 때 사람을 죽여서 유배되었다. 호송 도중에 묵게 된 여관의 부부는 의리가 있고 인정이 많다. 밤에 깜깜한 가운데 사투 끝에 초찬焦贊을 구출해낸다. 무대 위에서는 가부키에서 말하는 '무언'이 전개된다.

밝은 무대 위에서 배우가 보여주는 것은 캄캄한 데서의 격투이다. 앞으로 웅크린 상대방의 등위로 바짝 붙어서 휙, 하고 청룡도가 바람을 가른다. 여기쯤에 적이 있을 것으로 보고 주먹을 뻗지만 겨누고 있는 적은 거기에 없고 주먹은 헛되게 공중을 가른다. 침묵하고 있기 때문에 적인지 상대방인지 구별이 되지 않는다. 힘껏 잡아 보지만 상대방의 얼굴이나 몸을 더듬고서야 겨우 내편인줄을 알게 되는 형국. 곡예에 가깝고 우스꽝스러운 동작이 무대 전체를 십분 활용하여 전개되고 있다.

확실히 계속해서 주고받는 난투는 훌륭하지만, 사실은 『삼차구三岔口』의 매력은 그것뿐이다. 1957년 세계 청년 우호제에서 국제적으로 평가를 받은 이래 경극의 외국공연에는 반드시라고 해도 좋을 만큼 곧잘 상연되곤 했다. 경극을 듣고 이해하지 못하는 외국인들에겐 이 대목으로 승부할 수밖에 없기 때문이다. 여하튼 본격적인 공연작품을 내보내서는 아무것도 모르는 외국인들이 싫어할 것이기 때문이다.

『유교아劉巧兒』는 1940년대 연안에서 일어난 사건에서 소재를 취했다. 유언귀劉彦貴의 딸 교아巧兒는 이웃마을 청년과 결혼을 약속하였다. 그런데 두 사람은 얼굴을 본적도 없었다. 돈에 눈이 어두운 유언귀劉彦貴는 교아에게 이 약혼을 파기하게 하고 교아가 싫어하는 부자와 결혼시키려 하였다. 화가 난 교아는 일자리에서 인근마을의 청년과 만나 결혼해버린다. 이를 인정하지 않으려는 유언귀는 현 정부에 결혼무효소송을 제기한다. 대중토론의 결론은 유언귀의 고소를 물리치고 유교아의 결혼을 인정하고야 만다.

『삼차구』를 별개로 치고, 『서상기』·『백사전』·『양산백과 축영대』·『진향련』·『유교아』를 나란히 놓고 보면, 묘사하고 있는 시대는 다르지만 어떤 공통점 즉 순수연애와 결혼 그리고 중혼에의 계율이라는 느낌이다. 즉 이들 공연작품은 이전에 보았던 하남성에서 공연되었던 『양웅살처揚雄殺妻』에서 주인공 양웅으로 하여 말하게 했던 '모주석이 정해주신 혼인법'이 추구한 방향·사상을 교육시키고자 하였던 '인민의 연극'인 것이다.

그 당시 중국에서는 여기에 열거한 '인민의 연극'을 사용하여 보다 이해하기 쉽고 재미있게 인상적이고 구체적인 당의 방침 정치자세 정부의 정책을 국민에게 철저하게 주지시키고자 하였다. 어느 것이나 억지 같았고, 이론적으로 학습시키고 있던 것은 아니었다. 문자를 알지 못하는 압도적 숫자의 농민에게 자신들이 생각한 것을 알리는 데는 사실은 이 방법이 제일 확실하고 손쉬웠다. 아니 그 이상의 편리한 방법은 없었다. 그것은 최근까지 중국의 현실이었음을 우리는 깊이 알아야 할 것이다. 북경이나 상해 등 대도시에 반영된, 그곳에 부각되었던 '중국'에만 눈을 향하고 그것만을 '중국'이라고 굳게 믿었던 전후(혹은 전전에도 그러했을 것이다)의 일본의 중국관은 너무 지나치게 왜곡되었다는 것 정도의 반성은 필요하리라. 중국의 압도적으로 많은 '무고한 인민'들이 흥미를 갖는 연극·연예·예능(퍼포먼스와 엔터테인먼트)을 통해서 어디에도 호소할 데 없는 이른 바 '무고한 인민'

의 성향을 인식하고, 사고방법을 들여다 볼 수 있을 것이다. 이러한 시선에서의 중국연구는 또한 일본에서 너무 경시되었다.

『서상기』·『백사전』·『양산백과 축영대』·『진향련』·『삼차구』·『유교아』는 줄거리도 재미있고 연극으로서도 완성도가 높다. 그러한 데다가 '인민의 연극'이라는 엄격한 기준을 지키고 있기 때문에 당시 전국에서 널리 상연되었다.

확실히, 어느 것을 취해 봐도 재미있는 연극이다. 아무리 연극광이라도 늘 같은 연극밖에는 접할 수 없다면 진저리가 나리라. 멋을 모르는 관객이라면 '돈을 돌려 달라'는 요청이 있게 될 것이다. 당연히 멋을 모르는 관객이 아니더라도 극장이나 연극 장소에서 멀어지고, 어느새 장사가 잘 안 되는 것도 이상한 것은 아니다. 장사가 잘 안되면 다음으로 울지 않을 수 없는 것이 배우이다.

관객을 부를 수 있는 연극을

'위대한 교사'가 울면 극단은 궁핍해진다. 궁핍해진 극단은 금지된 수단을 이용해서라도, 불을 피우려고 한다. 즉 금지조치를 받은 연극을 무대에 올리는 것이다. 그와 같은 움직임에 부채질 한 것이 1956년 중기부터 왕성하게 된 '백화제방·백화쟁명운동'이었다.

1956년 5월, 모택동은 공산당과 민주제당파간에 '장기공존, 상호감독'을 제창하였다. 이를 본받아 먼저 학술계에서 '백화제방·백가쟁명운동'이 시작되었다. 이 운동을 통해 공산당의 정치기반이 확고해졌다. 그래서 민주당파라 불리는 비공산당세력에게도 자유로운 비판을 시켜 보고자 했다. 아마도 모택동 나름대로의 자신감(과신이거나 자만심의 표출일 뿐이었을 것이다)이 '장기공존, 상호감독'을 제창하게 된 원인이 되었으리라. 그런 자신감이 큰 화를 불러일으키리라고는 당사자인 모택동조차 예상도 못했을 것이다.

이런 운동이 시작되자, 상연 가능한 공연작품이 극단적으로 적은 것이 원인이 되어 나타난 연극계의 저조를 타개하려면 상연금지조치를 받고 있는 공연작품을 해제시켜 주어야 한다는 요구가 생겨나기 시작하였다. 그 가운데는 상연금지조치 그 자체를 철폐하라는 극론이 생길 정도였다. 그런 극론은 그때까지는 생각해 보았다 해도 사람들 앞에서 입으로 나타내 주장할 수 있는 것과 같은 것이 아니었다. 그러나 그것이 가능해졌다. 하여튼 모택동 스스로 '공산당에 대한 비판은 자유이다'라고 말했기 때문이다.

이러한 연극계의 동향을 접하고 문화부는 1956년 6월 1일부터 15일 사이에 제1차 희곡극목공작회의를 개최하였다.

이 회의에는 27개의 성·시 그리고 7개의 극장의 공연작품을 선정하는 프로듀서와 같은 직책인 공작담당자와 몇 명인가의 명배우와 연극전문가를 포함해서 전체 79명이 참가하였다.

회의에서는 ① 공연작품의 선정이 과도하게 교조주의적이다. ② 지도간부가 연극예술에 대해 인식이 부족하다. ③ 연극예술과 정치와의 관계를 너무 단순화시키고 있다. ④ 정치선전·사상교육의 효과를 너무 성급하게 구하고 있다는 등이 원인이 되어, 전통적인 공연작품을 단정적이고 기계적으로 부정한다거나 공식적 해석으로 너무 손을 대었으며,[4] 그것이 상연가능한 공연작품의 극단적인 결핍상황을 초래,

4) 이것을 난개亂改라 한다.

나아가서는 극단경영을 압박시켰다는 결론에 도달하였다.

회의를 전후로 발행된 연극이론지『희극보戲劇報』의 7월호에 발표된 다음과 같은 두 논문을 보면 이 회의가 어떤 분위기속에서 운영되었는가를 알 수 있을 것이다.

약간 길지만 중요하다고 생각되는 부분을 살펴보기로 하겠다.

> 역사상 정치투쟁과 억압받은 인민의 반항을 정확하게 묘사한 공연작품에만 인민성·예술성·교육적 의의가 있는 것은 아니다. 인민에게 적극적으로 작용하고 분발과 향상을 가져오고 미美라는 것과 정신적으로 유쾌한 생각을 인민에게 가져다주는 공연작품은 모두 긍정되어 마땅하다. 이것과 반대되는 공연작품은 단호하게 부정되어야할 것이다. …많은 세세한 규율은 단호하게 파괴되어야할 것이다.[5]

> 광범위한 인민과 국가건설에 유익하고 무해하다면 어떤 것을 상연해도 상관없는 것이다. 전통적인 공연작품에 직접적인 '교육 작용'이나 '배합작용'을 일방적으로 기계적으로 밀어붙일 수는 없다. 예술창작에 그렇게 좁은 요구를 들이대면 예술창작과 정치공작이라는 것은 완전히 같은 것이 되어버린다. 그것은 단적으로 말해서 예술창작 그 자체가 가진 특징과 특별한 규율을 지닌 강력한 정치교육을 위한 무기라는 작용을 무력화시키고 마는 것이다. 거기에 따라 예술은 번영의 길을 걷지 못하고 다만 쇠퇴로 향하게 되고 만다.

> '관'은 모두가 통치계급이기 때문에 이상적 인물이라 할 수는 없다. 이러한 생각이 있지만 통치계급의 내부에도 포공이나 황종況鐘[6]과 같이 그의 행동이 객관적으로 인민의 소망에 합치되는 인물이 있다. 그들 또한 긍

5) 〈記全國劇目工作會議〉. (原註)

6) 황종況鐘(1388－1442: 명대 관리로 선덕宣德 5년 소주蘇州 지부知府로 출사하여 백성들의 존경을 한 몸에 받았던 청렴한 관리로 당시 소주 백성들은 황청천況青天이라 불렀다. 곤극『십오관』에서 어린애 부녀자들에 이르기까지 모두에게 칭송받는 인물로 유명하다.

> 정할 수 있는 이상적 인물이다.
> 연극 속에서의 영혼도 반드시 운명론이나 미신만을 표현하는 것은 아니다. 영혼 중에는 인민의 희망이나 애정을 표현하는 것도 있다. 또한 축이 연기하는 것은 모두 악인이라는 생각도 볼 수 있다. 이런 생각 때문에 축이 연기하는 작품 가운데는 '노동인민을 모욕하는 것'이라는 죄명을 쓰고 또 상연이 금지된 것도 있다. 하지만 생·단·정·축은 무대예술상의 분류로서 거기에 좋은 사람·나쁜 사람의 구별은 없다.[7]

여기서 말하는 '배합작용'이라는 것은 아마 정치작용에 호응하는 작용이고, '이상적 인물'이라는 것은 스토리의 중심인물일 것이다.

그런데 두 논문을 합쳐 보면, 여러 가지 그럴듯한 이치를 내걸고는 있지만, 결국 어떤 공연작품을 상연하느냐는 자유라는 의미이다. 상연 가능한 작품이 적어서 관객이 극장을 떠나는 상황을 타파하려면 여태까지의 정치적 제한을 전부 철폐시키고 관객의 선호에 호응하는 작품을 선정하여 상연해야 할 것이다. 바꾸어 말하자면, 연극계의 정치주의를 배격하고 관객의 기호에 맞추는 '시장원리'를 도입하는 것이 아닌가.

이 대담한 제언의 후원이 된 것은 당시의 당과 정부에 의해 강력하게 추진되었던 '백화제방·백가쟁명운동'이었다는 것은 이미 말한 대로이다.

'백화제방·백가쟁명운동'이 공산당에 대한 어떠한 비판도 받아들인다는 것이라면 공산당의 연극정책에 대한 어떠한 비판도 허락된다는 것, 적어도 당시 관객들이 극장을 떠난 상황을 우려했던 연극관계자들에게는 이보다 형편이 더 좋은 운동은 없었을 것이다. 정치는 연극을 이용하여 정치운동을 전개하고자 한다. 그것이 정치의 요청이라

---

7) 〈文化部負責人談豊富戱曲上演劇目問題〉, (原註)

한다면, 오히려 이것을 역이용해서 관객에게 호응하는 작품을 공연하여 관객을 극장으로 불러들이려고 생각한 배우들이 있었다 해도 이상한 일이 아니다. 연극을 이용하고자 한 정치가 거꾸로 연극에 이용당하고 말았던 것이다.

이 회의에서 사실상의 공연작품의 자유화가 논의되자, 무대는 단숨에 활황을 보이게 되었다. 문화부의 정식지령을 기다리지 않고서는 오랫동안 상연할 수 없었던 그때까지의 기준으로 말하면 반사회주의·반애국·반사회주의도덕·반노동인민적 색채가 농후한 공연작품이 차례로 무대에 재등장하게 되었다. 그 중에는 '구 중국'의 시대에 공연되었던 것이 그대로 어떠한 손질도 하지 않고 상연된 예도 보게 될 정도였다. 결국, 내용의 좋고 나쁨은 관객의 판단에 맡겨야 한다는 것이다.

북경·상해 등지의 대도시에서 관객을 모았던 공연작품을 열거해보면, 명대를 무대로 막씨 집안에 대대로 전해오는 일봉설이라고 부르는 옥잔을 둘러싼 비극을 묘사한 『일봉설一捧雪』. 『동진연의東晋演義』에서 제재를 취했던 『상원기자桑園寄子』. 그것은 일본 토쿠가와(德川) 막부말기에서 메이지(明治) 초에 걸쳐 반살장벌운동(反薩長閥運動)을 전개시킨 쿠모이(雲井龍雄)의 작품으로 전해지는 『유아행遺兒行』을 생각하게 하는 작품이다. 바로 이 '아들을 버리면 이 몸은 살 수 없다. 이 몸이 살려면 이 아들을 기를 수 없다'는 상황이다. 곤란에 처한 백도伯道. 동생의 아내와 아들 여기에 친아들까지 이 셋을 데리고 적에게서 도망쳤다. 그러나 동생의 아내는 적군의 병사에 의해 약탈당한다. 이윽고 산중으로 도망친 백도. 두 명의 아이와 함께 셋이서는 도망할 수 없게 되자, 마음을 독하게 먹은 백도. 자신의 자식을 뽕나무에 묶고 나무의 껍질을 벗겨 사유를 적고 도망한다. 자신의 아들을 뽕나무에 묶는 장면에서 백도는 통곡한다. 관객의 눈물을 유도하지 않을 수 없다. 연극에서는 적의 손으로부터 도망친 동생의 처는 광풍에 뽕나무밭까지 날려 온다. 거기서 나무에 묶인 백도의 아들을 발견하고 두 사람은 백도를 뒤좇아 간다.

또한 청대소설清代小說『시공안施公案』에서 제재를 취한『낙마호』·『연환투』 등이 있다. 그것은 시공을 돕는 의적 황천파黃天覇 협객인 왕장림王長林 여기에 대도적 두이돈竇爾墩의 얽혀짐이 재미있다. "중국 희곡작품 중 손가락으로 꼽을 수 있는 것으로 협객물로 1, 2위를 다툰다"[8]고 하였다. 더욱이 요 정벌에 출정하였던 송의 장군 양사랑. 포로가 되었지만 요나라 태후의 마음에 들어 그녀의 딸 철경 공주鐵鏡公主와 결혼하게 된다. 15년 후 동생인 양육낭이 송의 대군을 이끌고 요 정벌에 나서, 가까이까지 진격해왔다는 것을 알게 된다. 철경 공주의 계책에 따라 양사랑은 모친인 사태군佘太君, 그리고 15년 동안이나 뿔뿔이 떨어져있었던 처와 자기자식들을 만나러 가는 이른바『사랑탐모四郎探母』. 이 양사군의 행위는 매국인가 애국인가. 철경 공주와의 결혼은 투항인가 위장인가. 중혼의 시비 등을 둘러싸고 전쟁 전부터 논쟁이 끊이지 않은 작품이 바로『사랑탐모』이다.

이러한 전통작품의 부활에 대해 북경의『광명일보』나 상해의『문휘보』 등과 같은 공산당기관지는 무대가 활황을 보여주었다고 환영하는 동시에 ① 관객의 증가에 의한 배우 등의 연극관계자의 수입이 증가하였다고 높게 평가하였고 ② 과도한 공연금지조치가 관객들을 극장에서 멀어지게 하였다고 종래의 연극정책을 비판하였다. 또한 1956년 10월 5일자『사천일보』 등에서는 "관객이 좋아하기만 하면 어떠한 작품

8) 앞의 책『支那劇大觀』. (原註)

의 상연도 가능할 것이다"라는 과격하다고 보이는 주장을 실었다.

일시중지 후, 또다시 전진했지만…

이와 같은 상황 앞에서, 문화부는 일찍이 『목련구모』·『홍매각』·『탐음산』 등의 지옥을 무대로 하는 귀희, 이어서 『사랑탐모』 등과 같은 내용의 검토를 전국의 신문에 호소하게 된다.

당의 명승 목련이 불교경전을 태워 없애버리는 등의 죄를 범하여 지옥에 떨어진 어머니를 찾아다니다, 지옥 활유산에서 몹시 괴로움을 당하고 있는 어머니를 발견하여, 다행스럽게 어머니를 구출해내는 내용이 『목련구모』이다. 별명이 『유호음배遊湖陰配』인 『홍매각紅梅閣』은 애첩인 이씨李氏를 데리고 귀향 중인 가사도賈似道가 서호西湖에서 어느 여자를 마음에 들어 하여 결혼을 강요한다. 거부하는 그녀를 강탈하고자 하였지만 그곳을 지나던 배옥련裵玉蓮이 그녀를 구출해준다. 그런데 이씨가 배옥련에게 한눈에 반했다. 이를 알게 된 가사도가 화가 나서 이씨를 살해하고 그 김에 배옥련마저 죽이려 한다. 지옥의 염라閻羅는 이씨에게 백일간의 목숨을 주어 이 세상으로 돌아온다. 가까스로 배옥련의 목숨을 구했던 이씨. 두 사람은 행복하게 부부가 되지만 불쌍하게도 백일간. 염라의 사자使者가 이씨를 데리러 온다. 이씨와 배씨. 이별의 눈물로 막이 내린다.

『탐음산』이나 『사랑탐모』는 이미 살펴보았던 내용이다.

어쨌든 눈물도 있고 감격도 있으며 조마조마 두근두근하다가도 연애도 있는가하면 악인도 있고 착한 사람도 있어 연극으로서는 재미있을 따름이다.

전국의 신문은 여러 가지를 논의했지만, 갑론을박에 확실한 결론은 나올 것 같지 않았다. 그 사이에도 전통작품은 사실상 전국무대를 석권하고 말았다.

그런데 한편에서는 이와 같이 대담하게 방치하여 무원칙이라고 할 정도인 전통작품의 상연상황에 대해 '봉건생활을 그리워하는 것이다' '역시 공연금지조치는 해제해서는 안 된다'라는 생각이 없었던 것은 아니었다.

이러한 생각을 반영했는지, 무대 위에서의 전통 공연종목을 보류하는 일종의 '전진 중지 상황'이 나타났다. 마침, 정치 운동 면에서도 공산당비판을 유보하는 경향이 보이게 될 무렵이었다.

그러한 경향을 본 모택동은 1957년 2월 최고국무회의 석상에서 '인민내부의 모순을 올바르게 처리하는 문제에 대하여'라는 중요한 연설을 하고 보다 대담하게 '백화제방 백가쟁명운동'을 추진시킬 것을 주장하였다. "주저하지 말라. 걱정하지 말라. 더 대담하게 자유롭게 공산당을 비판하라"고 주문한 배경에는 아마도 모택동이 가지기 시작했던 공산당 정권기반에 대한 지나치게 낙천적인 자신이 있었을 것이다.

모택동의 이런 주장에 호응하듯이 문화부는 1957년 4월 10일부터 24일에 이르는 기간 동안 북경에서 제2회 전국희곡극목공작회의를 개최하였다.

이 회의의 목적은 ① 전통 공연종목의 수집 경험 교류 ② 공연되고 있는 종목에 대한 문제 처리 등 두 가지였다. 회의에서 전년 회의 이래 전국에서 새롭게 수집된 전통공연종목의 수는 51,867편이었고 이 가운데 일부는 전년 회의 이전에 수집되었으며 기록된 것은 14,632편, 정리된 것은 4,223편, 현재 상연되고 있는 것이 10,520편으로 보고되었다. 그리고 문화부는 제2차 희곡극목공작회의보고를 발표하여

〈우리들은 대담하게 전통연극의 공연종목을 개방하고 백화제방 백가쟁명방침을 관철시키지 않으면 안 된다〉라고 실로 무대 상의 전면적 자유화를 선언하였다.

회의가 끝난 이틀 뒤인 4월 26일 『인민일보』는 〈대담하게 규제를 풀고 공연종목을 개방하자〉라는 제목의 주장을 실었다.

> 새로운 문예공작자는 전통연극의 예인에게 우선 겸허하게 배우고 전통적 연극예술의 지식과 규율을 파악하는 데 노력을 하지 않으면 안 된다. 교조주의와 종파주의의 작풍은 단호하고 신중해야 한다. … 마음대로 공연종목을 금지시키는 것은 극단에 대한 이유 없는 간섭이다. 어떠한 기관 지도자라도 이런 사태를 발생시킨다면 그것은 규율위반이며 아주 신중하지 않으면 안 된다.

이어서 5월 14일 문화부는 '예전에 상연금지조치를 받은 공연종목에 대해서는, 금후 내용에 손을 댄 후에 상연한다든가, 원래 극본에 따라 상연하든가, 내부에서 시험적으로 상연한 후에 공개하든가, 자유롭게 상연한다든가 각지의 극단이나 배우가 각지의 정황을 고려하는 선상에서 각각 책임을 지고 판단하라'라고 지령을 내려 일체의 공연종목의 상연에 대해서 그 판단을 배우와 극단관계자에 위임하였다.

그와 같이 방침이 크게 변화하게 된 배경에는 ① 해방 당초에는 인민의 사회주의적 자각이 낮고 반혁명책동에 편승하기 쉬웠다. 그런데 인민의 혁명적 자각이 고조됨에 따라 인민의 편에서 사회주의적 관점, 도덕에 기준을 둔 시비선악의 판단이 가능해졌다. ② 공연종목을 조사해본 결과, 상연금지조치 해야 하는 것은 극히 소수라는 것이 판명되었다. 문화부 당국 측에서도 이러한 판단을 내렸던 것으로 생각된다. 동시에 공산당 중앙으로서도 『인민일보』 지상에 '사회주의의 신예술의 창조란 장기에 걸친 고난의 투쟁이고 우여곡절을 거쳐 완성되는 것이다'[9]라고 하여 단기간의 연극개혁은 극히 곤란한 사업임을 인정하게 되었을 것이다.

연극상연 금지조치를 해제한 결과, 연극계의 '전진중지'의 상황은 일변하여 누구나 바로 호기심에 따라 공연하고 극장에 발을 들여놓게 되었다. 공산당정권 성립이후 창작된 신작역사극이나 개작된 이전 공연종목 등이 관심을 끌지는 못했고, 드라마틱한 구성과 오락성을 갖춘 전통공연 종목에 배우와 관객들의 관심이 집중된 것은 당연한 이치였다. 그 가운데는 관객의 호기심에 영합한 공연종목을 상연하고 이윤추구에 바쁜 나머지 당과 정부가 연극에 기대했던 인민교육의 임무를 일찍이 방기한 예마저 볼 수 있게 되고 말았다.

그렇게 되자 그때까지 반사회주의적 봉건도덕을 고취하거나, 인민에 공포심을 심어주려는 것이라고 단죄되었던 색정적인 내용이나 미신을 주제로 하는 공연종목이 상연되었고 그것이 인기를 끄는 데는 별로 시간이 걸리지 않았다.

하지만, 머지않아 무대와 극장에 있어서 '무정부상태'에 대한 비판이 일어나기 시작했다. 이 역시 당연한 반응으로 1957년 6월을 기점으로 시작된 '반우파투쟁'과 궤를 같이 하고 있다고 생각해도 좋을 것이다. 확실히 정치투쟁과 연극계의 움직임은 표리일체였다.[10]

백화제방·백가쟁명을 불러 일으켜봤지만 격렬함을 더한 비판을 앞에 둔 공산당은 아마도 정권기반에 대해 불안을 느꼈을 것이다. 공산당비판세력을 우파로 규정하고 반우파투쟁을 시작하였다.

그 직후 1957년 7월 21일, 매란방梅蘭芳·주신방周信芳·정연추程硯秋

9) 앞의 〈大膽放手開放劇目〉.

10) 다음 페이지 그림 참조.

등의 경극계 중진 7인은 연명하여 '정부는 행정명령으로 나쁜 연극을 단속하는 일은 없다. 하지만 그것과 예술의 관점에 서서 좋은지 나쁜지의 기준이 없다는 것과는 별개의 문제이다'라는 취지의 〈나쁜 연극을 상연하지 않도록 연극계에 건의함〉[11]이라는 긴급 호소문을 발표하여, ① 인민의 심신에 악영향을 끼치는 나쁜 연극(괴희壞戲)은 상연해서는 안 된다. ② 교육적 의의가 있고 예술 연극 기법 상으로도 우수한 연극(우수극목)을 상연하자고 호소하였다.

여기서 말하는 나쁜 연극가운데는 50년대 초반에 문화부가 금지했던 26개의 공연종목, 경극으로 말하자면 『살자보』·『탐음산』·『쌍정기』·『대벽관』·『철공계』 등 음희나 신선희 등에 비열·외설·야만스런 것들이 있었다고 한다.

이 호소에 호응해서 그랬을 터인데, 『대벽관』·『살자보』 등과 같이 한번은 상연되었던, 예전의 상연금지조치를 받은 공연종목은 배우나 극장 측의 자기규제 형식으로 무대에서 사라지게 되었다.

백화제방·백가쟁명운동과 연극계의 동향

56.5 백화제방 백가쟁명운동개시
▼
전진, 일시 중지
▼
57. 4 정풍운동에 관한 지시
▼
공산당비판의 자유화
▼
▼
과도한 공산당 비판
▼
57. 6 반우파 투쟁
▼
58. 5 사회주의건설 총노선
대약진운동 개시

공연 금지작품 제한완화
▼
전진, 일시 중지
▼
전면적 해금
▼
전진, 일시중지에서
제한의 철폐로
▼
미신, 색정극 마저 상연
▼
매란방 등의 건의
▼
자기 규제

11) '建議戲曲界不演壞戲'

명배우들의 입당과 죽음

매란방·주신방·정연추라는 경극계 뿐만이 아니라, 중국연극계의 지도적 위치에 있는 배우들이 내놓은 호소문이다. 이것에 저항하면서까지 관객을 끌 수 있는 연극을 강행하려는 배우가 있을 리는 없을 것이다. 연극계 내외에서 그들의 영향력을 생각하면, 역시 공산당이 전면에 나서기보다는, 그들이 자주규제를 표명하는 쪽이 옳다는 것일까.

곧 그들은 공산당에 입당한다.

1957년 가을, 먼저 정연추가 입당한다. 친구인 하연夏衍은 다음과 같이 전하였다.

> 해방 이래 연추 동지는 강연은 적고, 공공장소에 나오는 일이 없었다. 하지만 그는 체력이 있는 한 일하고, 물리지 않고 공작에 힘쓰며, 신 사회와 공산당에 대한 열애의 마음을 표시하였다. 작년 우리 조직이 그의 입당을 비준한 것을 알렸을 때, 50여 세인데도, 소년같이 즐거운 얼굴로, 내 손을 꽉 잡고 '아주 기쁩니다. 더 일해서 반드시 보답하겠습니다.'[12]라고 했지요.

유감스럽게도 그는 다음해 1958년 3월에 병사했다.

다음으로 매란방은 1958년 3월 입당을 완수했다. 이해 7월 중공 중국희곡연구원 위원회 주최의 입당선서대회의 석상에서 매란방도 또한 입당 선언을 했다.

다음해 1959년 7월 주신방이 다음과 같이 선언하고 입당했다.

---

12) 〈가장 재능 있는 당원예술가의 죽음—個最有才的黨員藝術家去世了〉. (原註)

> 나는 올해 64세입니다. 이 60여 년간, 많은 경험을 했습니다만, 오늘같이 이렇게 감동한 적은 없습니다. 사는 길을 찾은 것입니다. 나는 공산당원이 되어서 나의 모든 것을 당에 바치고, 프롤레타리아 계급의 빛나는 사업에 바칠 것을, 당 앞에 선언합니다. 지금 이때야말로 내 일생에 가장 잊을 수 없는 때입니다.…공산당이 없었다면, 실로 모든 것이 없는 것입니다.[13]

하지만 주신방이 모든 것을 바치려고 맹서했던 당은, 이때부터 6년 정도 지나서 시작한 문화대혁명 가운데서 그를 반혁명범죄자로 단죄했다.

그리고 1961년 7월 매란방은 갑자기 심장 통증으로 북경 부외阜外의원에 입원하게 된다. 8월 4일 북대하의 피서에서 돌아오던 길에 주은래는 매란방을 문병했다. 그로부터 4일 뒤인 8월 8일 오전 5시, 매란방은 68세의 생애를 마쳤다.

곧 중국은 모택동이 내놓은 대담한 야심적인 초급진적 사회주의화 정책이라 할 수 있는 대약진 시대를 거쳐, 그 대실패의 계산서를 되돌리려고 했던 조정 시기에 들어간다. 그리고 빼앗긴 권력탈환을 위해 모택동에 의해 발동된 문화대혁명 시대로 돌입했다. 당연히 경극계도 또한 이 질풍노도의 거친 파도를 피할 수 없었다. 아니 모택동 부인인 강청은 권력탈취의 교두보로 우선 경극계에 혁명을 일으켰다. 문화대혁명은 실로 경극계로부터 일어난 것이다.

그렇다면 그런 참상을 보지 않고 죽었던 정연추나 매란방은 주신방만이 아니라 많은 경극배우들이 맛보았던 너무나도 비참한 고통에 넘친 문화대혁명 시대를 경험하지 않은 것만으로도 행운이었다고 해

13) 〈永遠亡不了這莊嚴的時刻〉－在新黨員入黨宣誓大會上的發言, 『周信芳文集』(中國戲劇出版社, 1982), 15-16쪽. (原註)

야 할 것이다.

아니 그 반대로 가령 경극계 뿐만 아니라 중국연극계를 대표하고, 세계 연극계에도 알려진 매란방과 정연추라는 두 거인의 인생이 조금 더 길었다면, 강청이라고 해도 이렇게 맘대로 남의 집을 흙신발로 밟고 들어오듯이 경극계를 넘어 들어올 수 있었을지 의문이다. 아니면 매란방과 정연추의 너무 이른 죽음이 강청의 경극개혁을 가능하게 했다고도 생각된다. 그렇다면 만약 매란방과 정연추가 그 시점에서 죽지 않았다면, 문화대혁명은 일어나지 않았을 지도 모른다. 아니 가령 일어났다고 해도, 많이 달랐을지 모른다. 어쩌면 중국 현대사는 현실과는 다른 코스를 밟았을는지…. 일개 경극배우에 불과한 매란방이나 정연추의 죽은 시기에 따라 중국역사가 바뀐다고는 생각할 수 없다. 하지만, 그렇게 생각될 정도로 경극배우 나아가서는 경극이 중국사회에 미친 영향력이 컸던 것이 아닐까.

제한 완화, 그리고 혁명의 시대로

1958년 1월, 비공산당세력의 공산당에 대한 비판을 봉쇄하기 위하여, 공산당 우파세력을 우파분자라고 하는 정치적 처분이 이루어졌다. 그리고 전년 6월부터 거의 반년동안 전개된 반우파투쟁의 종지부가 찍혔다.

그해 5월 1일, 중국공산당은 제 8회 2차 회의를 개최하여, '사회주의 건설 총 노선'을 결정하고, 극히 개혁적인 사회개조에 착수했다. 그리고 모택동은 전국각지에서 당 회의를 소집해, 경제건설의 속도나

양에 있어 신중한 세력을 혁명의 고양에 역행하는 보수주의라고 비판하고, 기술혁명·지방공업건설·대규모 수리시설 건설을 중심으로 하는 '대약진정책[14]'을 출범시켰다. 또 국내에 여전히 존재하는 착취계급과의 투쟁 필요성을 강조했다. 이 생각을 뒤집어보면, 1956년 4월 '제2차 희곡극목공작회의' 뒤에 밝혀진 '인민의 혁명적 의식은 높아졌으니까 어떤 작품을 공연해도 괜찮다'는 생각이, 실은 환영처럼 근거 없는 것임을, 공산당 스스로 인정한 것이다.

이 '대약진정책'은 현실을 무시한 장대한 댐이었고, 1959년 가을부터 3년 연속 중국을 휩쓴 자연재해마저 거듭되어, 중국인민이 고생을 얼마나 많이 했던가. 게다가 이때의 정치적인 무리가, 이후 문화대혁명이란 중국 근 현대사상 미증유라고 할 비극을 초래했다. 역시 모택동만이 아니라, 그 처인 강청의 권력에 대한 처절할 정도의 망집이, 모든 비극의 근저에 있었던 것일까. 그 당시, 두 사람의 표어는 다음과 같은 것이었다.

> 내가 천하 사람들을 배반하더라도, 천하 사람들은 나를 배반하지 못하게 할 것이다.[15]

'대약진정책'은, 당연히 연극세계에도 몰아쳤다. 하지만, 이번에는

---

14) 대약진정책: 공산 혁명 후 중화인민공화국에서 근대적인 공산주의 사회를 만드는 것을 목적으로 1958년부터 1960년까지 모택동의 주도로 시작된 농공업의 대증산 정책이다. 모택동은 〈생산성 이론〉에 근거해 이 정책을 실시했지만, 농촌의 현실을 무시한 무리한 집단 농장화나 농촌에서의 철강생산 등을 진행시킨 결과 3,000만 명에 이르는 사상 최악의 아사자를 내고 큰 실패로 끝이 난다. 이로 인해 모택동의 권위는 추락하게 되고 실추된 권력을 만회하기 위해 문화 대혁명을 일으키게 된다.

15) 원문은 '녕가아부천하인寧可我負天下人, 불규천하인부아不叫天下人負我.'

예전의 멋지게 실패했던 전통공연작품으로가 아니라, 현대극으로 현재 진행 중인 정치노선을 선전 교육하려는 것이었다.

1958년 6월부터 7월에 걸쳐, 북경의 문화부는 '희곡표현 현대생활 좌담회'를 개최했다. 여기에서 실제 현대극을 공연함과 동시에, 관계자의 좌담회가 열리고, 연극으로 현대를 어떻게 표현해야할 것인지에 대해 토론하고, 현대극 공연대회 개최가 결정되었다.

이 좌담회는, 1. 정치로 예술을 인도하고, 현대극을 주축으로 하는 연극계의 대약진을 전면적으로 추진하고 관철시킨다. 2. 계속해서 전통 공연작품을 적극 발굴하고, 아울러 신작역사극을 창작한다. 3. 우수한 전통예술의 기초를 충분히 발휘시켜, 사회주의 새 연극을 창조하고, 사회주의 혁명과 사회주의건설에 복무하는 노동자, 병사, 농민과 함께 결의를 한다.

결국, '(해방이후 한 번 경험한 연극개혁에서는) 새로운 시대의 노동자·농민·병사·당 간부·공산당원·공산주의 청년단원의 진정한 모습을 무대에 세우지는 못했다.'[16] 그래서 '새로운 시대의 노동자·농민·병사·당 간부·공산당원·공산주의 청년단원의 진정한 모습을 무대에 올릴 수 있도록', 현대극을 창조하고, 대약진이란 정치의 요청에 부응하려는 것이었다.

현대극을 위주로 전통공연작품을 발굴·정리하고, 새로운 역사극을 창조한다는 이것은 당시, '이본족 노선二本足路線'이라 불리던 것인데, 실은 이 노선은 사회주의건설이 제일 먼저라는 과격하고 급진적인 정치 지상주의가, 다시 중국사회를 뒤덮기 시작한 것을 말해준다. 이후 중국 문화 대혁명기에서도 그랬지만, 중국에서는 과격한 정치노선

16) 〈周揚同志談戱曲表現現代生活文帝〉, 『戱曲報』(1958년 제15기). (原註)

이 공표된 때에는, 연극에서 현대극을 중시하는 풍조가 강해지고, 사회가 안정되고 경제우선이 중시되면 전통공연작품이 환영받는 경향이 생겼다. 연극은 역시 중국사회를 해독하는 하나의 열쇠인 것이다.

이 좌담회와 동시에 '이본족 노선'을 반영한 작품이 몇 편인가가 상연되고, 또 몇몇의 극단에서 극본도 내놨다.

『지취위호산智取威虎山』은 나중에 혁명현대경극의 대표작의 하나가 되는데, 원작은 『지금관비좌산조智擒慣匪座山雕』이다.

성폭행을 당해 뜻하지 않게 지주의 아이를 임신한 희아가 깊은 산으로 도망가 아이를 키운다. 곧 해방군의 도움으로, 끝내 지주를 타파하고 아버지의 원수를 잡고 또 자신의 원한도 씻기까지를 그린 『백모녀白毛女』를 포함해 9편의 현대극이 우수작품으로 뽑히는데, 이것들은 모두 혁명투쟁을 그린 것이고, 정치가 요구하는 대약진을 무대에 반영한 것이 아니었다.

이 시기에 상해에 있는 극단들은 3개월간 40편 이상의 현대극을 창작하는 등, 이른바 문화부의 요청에 크게 부응은 했지만, 역시 예전에 경험한 대로, '조잡하고 원칙 없이 만들어낸 것'이라는 비방을 피할 수 없는 부류의 작품이 너무 많았다. 이렇게 거칠고 아무렇게나 만들어진 작품을 도시에서 상연하는 것은 약간 무리가 있었는지, 농촌·산촌 그것도 벽지를 돌며 상연한 것이 많았다. 이것은 오락이 극히 적은 지방에서는, 조잡하고 원칙 없이 만들어진 그야말로 급조된 엉터리 작품일지라도 어느 정도는 오락의 도구로 쓸 수 있었기 때문이다.

어떻든 전통작품 '한 편'은 도시에서, 현대극 '한 편(一本)'은 산촌벽지에서 한다는 것이 '이본족 노선二本足路線'의 실제적인 모습이었다. 사실 1959년 10월 북경에서 있었던 건국 10주년을 축하하는 기념공연에서는 17편의 경극작품 가운데, 현대극은 『백모녀』한 편 뿐이었다.

나머지는 전통작품과 신작 역사극이었다.

1960년 4월, 문화부는 다시 '희곡표현 현대생활 좌담회'를 개최하여 현대극의 질을 향상시키려 했지만, 역시 전통작품 신작역사극의 질과 양 앞에서 현대극은 침묵하지 않을 수 없었다. 이 좌담회에서는 '대약진 이래 현대생활을 그린 성과'라고 소개받은 경극은, 청대의 내몽고에서 인민 해방을 위한 싸움을 그린 『파림노화巴林怒火』와 1930년대 일본군의 내몽고침략에 대한 저항과 팔로군 포두包頭 탈환까지를 그려낸 『백운홍기白雲紅旗』이었다. 거기에 『백모녀』를 보탠 세 편 뿐이다. 어느 편이나 진행 중인 대약진 선전효과를 기대할 수 있는 것이 아니었다.

1961년, 1962년의 북경 경극계 정황을 봐도, 역시 전통작품의 상연이 주류였다. 그 중에는 예전에 공연금지조치를 당한 적이 있는 『오분기烏盆記』조차 상연되고 있었을 정도다.

강청의 등장과 혁명현대경극의 좌절

이 시대의 정치 상황을 간단하게 살펴보면, 1959년 7월 여산회의[17]에서, 모택동이 추진한 대약진정책을 비판한 팽덕회 등이 '반당집단'으로 단죄되어 실각 당했다. 그리고 9월 임표가 국방부장관에 취임했

17) 여산회의廬山會議: 1959년 중국공산당의 여산회의는 대약진운동의 심각한 결과를 인식하고 평가해야 하는 배경에서 열렸다. 팽덕회가 중국공산당과 모택동의 실책을 비판하자 당초 회의의 목표를 바꿔 팽덕회 등 반당인사들을 비판하는 집회로 바뀌었다.

다. 10월에는 소련공산당을 대표하여 호르시쵸프가 방중했는데, 국제공산주의운동의 진행방향, 스탈린 평가를 둘러싸고 모택동과 대논쟁이 벌어지고 끝내 중소대립이 결정적으로 야기되었다. 이 해 가을은 3년 연속 자연재해가 있었다. 다음 해 1960년 4월 중소 대립이 표면화되고, 7월에는 소련전문가가 본국으로 소환되었다.

당시 중국사회의 체력을 무시한, 즉 무리에 무리를 거듭한 대약진운동은 실패했다. 여기다가 3년 연속 자연재해와 소련으로부터의 경제원조 정지라는 악조건이 겹치며, 결국 모택동도 대약진의 실패를 인정하지 않을 수 없었다. 이리하여 1961년 1월 대약진정책을 정지시키고 조정정책으로 대전환하게 된다. 1962년 1월 중국공산당은 '7천인 대회'를 개최하고, 여기서 모택동은 대약진정책의 실패에 관해서 자기비판을 표명했다.

이리하여 모택동은 국정의 제일선에서 한 발 물러나고, 유소기가 국정의 전면에 서서, 대약진정책이 남긴 상처를 조정하게 되었다. 유소기 일파의 조정정책이 실효가 보이기 시작한 시기가, 전통작품과 신작역사극이 무대의 주류가 되고 있는 시기와 겹친다.

1962년 9월 중국공산당 제 8기 십중전회十中全會에서 모택동은, 1. 현대 수정주의에 대한 반대 2. 계급교육 강화 3. 사회주의 사회의 계급투쟁이론 4. 농촌의 사회주의운동 전개 등을 제창하고 있다. 아마 모택동은 경제정세가 호전 조짐을 보이자, 다시 문화 예술부문에 대한 규제를 꾀하려 했을 것이다. 아니, 좀 더 상상해보자면, 부인 강청과 함께 문화 예술 부문을 총동원하여, 잃어버린 권력을 탈환하려고 했는지 모른다.

연안시대, 정치 세계에는 참견하지 않겠다는 것이 모택동과의 결혼조건이었다는 것을 생각하면, 강청 자신이 꽤나 강렬한 권력욕의 소유자였겠지만, 남편인 모택동의 권력탈환 수단에 경극혁명을 사용하려는 아이디어는, 도대체 누가 내놨을까.

'대개 하나의 정권을 타도하기 위해서는 우선 여론을 조작하고, 의식형태에 관한 공작을 진행시키지 않으면 안 된다. 혁명계급도 그렇고, 반혁명 계급도 그렇다' '소설을 써서 당에 반대한다. 이것은 커다란 발명이다'라고 주장하는 모택동이 내놓은 것일까. 그녀가 남빈藍蘋이라는 예명을 가진 영화배우 시절 상해에서, 좌파계의 예능인에 대한 절대적 영향력을 갖고 있던 세력에 대해 원한을 씻고 싶은 일념이, 이 아이디어를 '발명'했을까. 중국 공산당 정권성립 이래로 일관된 문화 예술정책을 좌우했던 전한 일파에 대한 강청의 격렬한 감정의 이면에, 별로 대접을 받지 못했던 상해 시절에 대한 원한이 느껴진다.

'왕후장상이나 재자가인을 표현하는 구극舊劇에 반대하여, 사회주의를 위해 복무하는 현대 혁명극을 고양시키자'고 하는 모택동과 강청. 경극계를 기점으로 하는 '2人 3脚[18] 혁명투쟁'이, 마침내 시작됐다.

문화대혁명이 개시되고, 실은 이 혁명이 당시 일본에 널리 퍼진 '혼의 혁명' 같은 것이 아니라, 북경 상층부를 차지하고 있던 유소기 등 '실권파'를 타도하기 위한 권력투쟁이고, 모택동 등 '문혁파'가 싸움의 주도권을 잡은 것이 명백하게 드러날 무렵인 1966년 11월 28일, 북경에서 있었던 문예계 문화대혁명대회에서 강청은 다음과 같이 말했다.

> (62년 봄 극장을 시찰할 때) 우선 통감하는 것은, 사회주의 중국 무대인데도 왜 아직도 영혼이나 도깨비를 주제로 한 연극인 귀희鬼戲가 공연되

18) 2人 3脚: 두 사람이 나란히 서서 서로 맞닿은 쪽의 발목을 묶어 세 발처럼 하여 함께 뛰는 경기(競技). 모택동과 강청이 문화대혁명을 일으킨 것을 빗대어 말한 것임.

> 고 있는가 하는 점입니다. 그리고 현실의 반영이라는 문제에 관해, 경극이 너무 둔감한 것을, 특히 기이하게 느꼈습니다. 더구나 『해서파관』이나 『이혜랑』같은 반동적 색채로 충만한 연극이 출현하고, '전통을 발굴한다'는 미명하에 많은 왕후장상이나 재자가인 등과 같은 종류들을 준동케 하고 있는 것에 놀랐습니다.

이 연설에 따르는 한, 일찍이 1962년 봄 당시부터, 이미 그녀는 경극계의 개혁에 착수하려고 했다고 여겨진다.

『해서파관』은 이미 설명했듯 명나라 시대 해서라는 지방관을 주인공으로 한 작품이다. 인민 편에 선 그와 같은 관리를 '청관'이라고 찬양한 것인데, 분명 지배계급에 속한 인물을 왜 찬양하는가 하면, '인민의 입장에 선 인물을 그린 작품에도 인민성은 있다'[19]라는 생각에 기초하여, 1960년대 초기에 상연된 것이다. 『이혜랑』의 다른 이름은 『홍매각紅梅閣』, 또는 『유호음배遊湖陰配』이다. 이것 또한 앞에서 설명했는데, 죽어서 저 세상에 간 이혜랑이 백일이 돼서 환생하여, 좋아하는 남자와 부부가 된다는 이야기이다.

1962년 봄이라고 하면, 마침 대약진정책이 실패한 것을 모택동 스스로 안팎으로 인정했던 직후이다. 이 시기에 강청은 장래를 위해서 극장을 돌고 있었는데, 그녀의 극장 순시에서 얼마 안 된 1962년 9월에, 모택동은 '과도기 계급투쟁론'을 제기했다. 이것은 사회주의 사회에서 계급투쟁의 필요성을 강조한 것이다. 생각해보면 '과도기 계급투쟁론'은 『해서파관』이나 『이혜랑』이 무대에서 그려내려고 한 세계 그리고 그것을 보고 기뻐하는 층과는 분명 모순된다. 사회주의 사회에서도 타도해야할 계급이 존재한다는 '과도기 계급투쟁론'의 입장에

---

19) 戴不凡, 〈古典劇作的人民性問題〉, 戲曲論叢編輯委員會, 『戲劇論叢』, 제1기(中國戲劇出版社, 1957), 82-95쪽. (原註)

서는 한, 봉건사회를 구가한 '왕후장상과 재자가인' 등은, 설령 무대상의 허황된 이야기라고 하더라도, 아니 연극이 인민 교육의 중요한 무기가 되면 될수록 더욱, 단호히 허가되어서는 안되는 것이다.

더구나 관계官界를 떠난 해서를 찬양하는 『해서파관』은, 실은 1959년 7월 여산회의에서 모택동이 추진한 대약진정책을 비판하고 실각당했던 팽덕회彭德懷를 찬양한 것이다. 해서는 팽덕회를 암시하고, 『해서파관』은 모택동의 '반당분자 팽덕회'의 처분에 반대하고, 팽덕회의 명예회복과 복권을 겨냥한 것이다. 이런 연극을 결단코 허락해 둘리가 없었다. 아니 그렇지 않다. 이런 권력을 허락한 권력자야말로 용서할 수 없는 것이다. 그들이야말로 모택동을 권좌에서 끌어내리고, '전통을 발굴 한다'는 미명하에 많은 왕후장상이나 재자가인이라는 부류를 준동하게 만들고 있다고 강청은 아마 생각했을 것이다.

1964년 4월 북경에서는 제1회 현대경극공연대회가 개최되었다. 이 대회를 목표로, 그녀는 '왕후장상 재자가인 등의 부류'가 등장하지 않으며 또 모택동이 주장하는 '과도기 계급투쟁론'을 구현한 현대경극 만들기에 열중했다. 여기에 요문원이나 장춘교 등, 나중 '4인방'이 되는 사람들이 합류했다. 모택동도 물론 합류했다.

가령 요문원은 1965년 11월, 〈비평신편역사극批評新編歷史劇 『해서파관海瑞罷官』〉을 발표하고, 여산회의에서 모택동 비판을 했기에 당연히 실각되었던 '반동분자 팽덕회'를 옹호하는 것은, 그대로 모택동과 적대하는 것이라는 캠페인을 전개했다. 장춘교는 강청의 의향에 따라, 『기습백호단奇襲白虎團』이나 『백모녀白毛女』를 혁명적으로 개조하려 노력했다. 그리고 모택동은 중국 경극단·북경시 경극단 등 쟁쟁한 명배우들이 모인 경극단의 혁명적 개조에 착수하려는 강청을 강력하게 후원했다.

그 뒤 1972년 여름, 강청과 장시간의 인터뷰를 한, 이탈리아 여성 저널리스트 록샌 윗케는 다음과 같이 말한다.

> 그녀는 모든 악보를 쥐고서, 북경 경극단에 자기 식으로 개혁을 해달라고 팽진에게 다시 부탁했다. 분개한 팽진은 악보를 빼앗고, 그녀의 청을 거절했다. 그리고 '엄한 조치를 내리겠다!'고 말했다. 강청은 이 사연을 모주석에게 보고했고, 주석은 격노했다.[20]

덧붙여 이 인터뷰가 수록된 『강청』이란 책의 출판이 강청실각의 한 요인이었다고 한다. 팽진은 당시 북경시장이고, 보수파 유력 장로의 한명이다. 문화대혁명 당시, 모택동으로 하여금 '손가락 하나도 안 먹힌다'고 한탄하게 할 정도로, 북경에서 절대적 권력을 자랑하고 있었다.

『강청』의 기술이 바르다고 하면, 모택동과 강청은 권력탈취를 향해서, 실로 부창부수로 노력을 했다. 그녀는 모택동이 홍위병이라고 이름붙인 청소년을 이용하여 문화대혁명을 추진하고, 적인 실권파들을 타도해가는 것과 같은 수법을 써서, 모택동의 위광을 배경으로, 북경이나 상해의 유력 경극단에 들어가 젊은 배우들을 선동하여, '왕후장상 재자가인'을 계속 공연해온 늙은 세대의 배우를 실권파의 하수인이라고 매도하고, 그들을 극단에서 추방하는데 성공한 것이다.

저간의 사정을 『강청』에서는 다음과 같이 적고 있다.

> (1966년) 11월 28일, 북경시 경극 일단은 그때까지 시 당위에 의해 지켜져왔던 상대적인 독립성과 전통을 버리고, 강청이 부조장을 맡고 있는 문혁소조와 같이, 강청이 문화고문을 맡고 있던 인민해방군 지휘 하로 옮

20) 록샌 윗케, 나카지마 우사미 공역, 『강청』(파시피카, 1977). (原註)

> 겨지게 되었다. 단원들은 파리 코뮌식의 방식으로 그들 자신의 계급 내에서, 문화혁명위원을 선출해야 했다. 그뿐이 아니다. '그 밖의 모든' 북경의 주요 연극집단도, 인민해방군 계급이 부여되고, 군의 지령에 따라야만 했다.

병사·노동자·농민의 생활을 무대에 표현하기 위해서는 그것을 실제 체험해야한다는 방침에 의해, 많은 경극 배우들은 해방군에 입대하고, 농사일이나 공장노동을 강요당했다. 그 중에는 박해받고, 엄한 취조를 당하고 나서 총살형을 받고 '사형집행 직전'까지 체험한 자도 있었다.[21]

당시 강청의 입장을, 『강청』을 지은 록샌 윗케는 다음과 같이 말한다.

> 이것은 마치 미국 국방부 펜타곤이 갑자기 메트로폴리탄 가극단이나 그 밖의 모든 연극단체를 접수하고, 대통령에 가까운 한 여자가 개인적으로, 향후의 상연을 지도할 것을 규정한 것과 같다.

이리하여 미국으로 말하면 '대통령에 가까운 한 여자'인 강청은, 중국 전토에서 연극 '상연을 지도할 것을' '개인적으로 규정한' 것이 되었다.

그 결과 그녀는 『지취위호산』·『홍등기』·『두견산』·『백모녀』에, 여기에 덧붙여서, 99항일전쟁 당시 반공애국을 관철하여 일본군과 제휴한 충의 구국군과 해방군과의 싸움을 그린 『사가방』. 또 해방 이후 공산당 정권타도를 획책하는 세력에 교사 받은 항만노동자가 사상교육을 받고, 끝내 계급의 적을 밝혀내고 타도하기까지를 그린 『해항海港』.

---

21) 張釗 殷波, 『燕舞梨園－趙燕俠舞臺生涯』(中國戲劇出版社, 1986년), 461-465쪽. (原註)

1963년 봄에 동해연안지방을 휩쓴 큰 가뭄 피해와 싸운 용강龍江 농민 대대大隊의 고투하는 모습을, 대대 당지부의 여성서기 강수영江水英의 활약을 중심으로 그린『용강송龍江頌』. 해남도의 아름다운 야자숲을 무대로, 봉건지주의 박해를 받은 여자 노예가 공산당 여성부대에 참가하여, 끝내 봉건지주를 타도하는『홍색낭자군紅色娘子軍』등의 현대경극을 '혁명현대경극 양판희樣板戱'로 지정하여, 전국에서 반복해서 공연했다.

문화대혁명이 최고로 고조되고, 강청이 정치권력의 중추를 차지하게 된 1960년대 말에서 1970년대 중반에 걸쳐, 중국 전토에서는 〈혁명현대경극 양판희〉와 그것을 개편한 지방극 밖에 볼 수 없게 되었다.

중국 무대에서 경극은 더 이상 볼 수 없게 되는 것이 아닌가 하고 염려가 되었다.

사실 당시 문화대혁명에 도취되어 쓰였다고 할 수밖에 없는, 우치야마(內山鶉)의 〈연극혁명－현대경극이 묻는 것－〉[22]에서 다음과 같이 단언하고 있다.

> 현대경극은 기왕의 모든 연극의 경극형식을 기초로 한 종합이라고 하겠다. 그것은 연안 신경극新京劇의 연장선상에 있다. 향후 혹 전통작품이 상연된다 해도, 옛 경극 양식에 의한 복고상연은 의미가 없고, 신 양식 즉 모든 극종의 종합양식으로만 가능하게 될 것이다. 기술교육의 방법도 그에 따라서 바뀔 것임에 틀림없다. 이미 중국에서는 현대경극의 '현대'라는 두 글자는 필요 없게 되고 있다.

하지만, 1976년 4월 제 1차 천안문 사건이 발생하고, 7월에는 당산에서 대지진이 발생하고, 9월에는 모택동이 사망하고, 그리고 10월에

---

22)『講座現代中國 Ⅲ 文化大革命』(大修館書店, 1969년)에 수록. (原註)

강청 등 '4인방'이 체포되자, 혁명현대경극은 중국 무대의 주역이 아니게 된다. '똑같은 연극만 봐서 물렸다'고 하는 솔직한 소리를 듣게 되었다. "현대경극의 '현대'라는 두 글자는 필요 없게 되고 있는" 것이 아니라, 실은 현대경극 그 자체가 국민으로부터 이반되고 있었던 것이다.

강청에 의해 완전히 말살된 것 같이 보였던 '왕후장상 · 재자가인'은 무대 위에 멋지게 부활했다. 그와 동시에 현대경극도 또 완전히 소멸된 것은 아니었다.

> 몇 년인가 지나서, 다시 양판희의 노래 소리를 듣게 되자, 사람들 마음은 부르르 떨렸다. 문화대혁명의 망령이 되살아나는지 조심하라는 목소리도 있었다. 하지만, 문화계 특히 경극계 안에는 『홍등기紅燈記』공연을 다시 보고, '억누를 수 없는 마음의 높은 울림'을 느끼고, '끝없는 눈물'을 흘린 사람도 있다. 똑같은 사실을 앞에 두고, 똑같이 문화대혁명을 체험한 뒤 인생을 참으로 정직하게 보낸 문화인 사이에, 왜 이처럼 다른 심리상태가 나타나는 걸까.[23]

아무래도 강청이 제창 추진한 혁명현대경극은, 실각한 강청과 함께 중국인의 시야에서 사라진 건 아닌 것 같다. '억누를 수 없는 마음의 높은 울림'을 느끼고, '끝없는 눈물을 흘리는' 사람도 있다고 하니까, 연극으로서 그 나름대로 존재의의를 가지고 있었던 것일까.

그런데 혁명현대경극을 스토리가 아니라 경극의 기술 · 연출기법 즉 정식의 시점에서 다시 생각해보면, 실은 그다지 '혁명'은 이루어지지 않았다고 하겠다. 확실히 의상이나 도구는 분명히 달라졌어도, 각색 · 장면 · 성강 · 염백 등 경극을 경극답게 하는 정식의 주요한 부분을

23) 曉地 주편 『"문혁"의 수수께끼』(朝華出版社, 1993). (原註)

다시 살펴보면, '왕후장상·재자가인'을 연출한 경극과의 사이에 큰 차이를 인정하기 어렵다. 혁명현대경극의 각색의 하나하나를 쫒아가 보면, 분명 생·단·정·축이라는 전래한 분류로 묶여버린다. 해방군의 지휘관은 노생이고, 공산당지부의 여성서기는 화단이고, 해방군과 함께 싸우는 농민병사의 대표는 정정正淨이고, 봉건지주나 국민당군 지휘관은 부정이고, 그리고 그 부하나 오래된 시대를 그리며 공산당에 불평을 가진 몰락자산계급 등은 축이다. 노랫말(창사)은 13철의 철칙대로 운을 밟고 있어, 실로 '왕후장상·재자가인'을 연출한 경극 그 자체라고 말할 수밖에 없다.

중국공산당이 진행해왔던 '희개'란 도대체 경극의 어디를 개혁하고, 어디를 개혁하지 않았는가. 어디를 개혁하려고 시도하고, 어디의 개혁에 실패했는가, 이런 시점으로 전후의 '희개'의 역사를 되돌아보면, 실로 '희곡개혁'의 중점을 내용, 즉 정식을 사용해서 표현한 내용에 너무 치중했다는 느낌이 든다. 내용을 중국공산당 정치사상에 맞추려는 나머지, 그 내용을 표현하는 수단, 즉 정식에 대해서 너무 무신경했다는 점이다.

재삼 지적했던 것처럼, 경극이란 봉건 사회에서 태어나, 그 내용이 반 사회주의적이었다 해도, 봉건사회의 모습을 무대 위에 그려내기 위한 것이었다. 그리고 그 때문에 정식이 있는 것이다. 그렇다면 실로 경극을 경극답게 하는 정식 그것이 사상을 담고 있는 것이 아닐까. 결국 경극이란 연극형식을 고수하여 경극이 가진 정식에 기초하고 있는 한, 그 정식이 표현할 수 있는 세계(사상)밖의 무대 위에서는 진정한 경극이 표현될 수 없는 것은 아닐까. 이 생각에 미치지 못한 것이, 중국공산당에 의해 반복해서 시도되어진 '희곡개혁'이 결국은 소기 목적을 달성하지 못하고, 경극이란 연극 주위를 빙 한 바퀴 돌고 원래 자리로 돌아와 버린 결과가 된 큰 원인이라 여겨진다.

북경에서는 장면에 신디사이저를 사용한 경극이, 대북에서는 셰익스피어 극을 번안한 경극이 각각 전해진다. 하지만 정식의 벽을 깨지 않는 한, 정식 그 자체가 갖고 있는 사상적 한계의 밖으로 뛰어나갈 수 있을 것 같지 않다. 결국 새로운 사상을 표현하고, 새로운 세계를 무대 위에 그려내기 위해서는, 경극과 다른 완전히 새로운 연극을 창조하는 방법밖에 없다. 이 점에 생각이 미치지 못했기 때문에, 수차례에 걸쳐 시도된 희개는 공전 끝에 뾰쪽한 성과를 거두지 못했고, 강청의 혁명현대경극도 또한, 경극이 표현할 수 있는 한계를 넘을 수 없었다.

1990년 12월 27일, 경극 원형인 휘반의 북경 등장 200년을 기념하는 동시에, 경극 진흥을 노린 기념대회가 북경에서 개최되었다.

그 자리에서 중국공산당 문화정책을 총괄하는 이서환李瑞環은 경극에 관해, 이런 견해를 분명히 했다.

> 확실히 내용상으로는 잔재가 있어, 이것을 제거해야 합니다. 그러나 경극은 선을 권하고 악을 징치하고, 검약을 숭상하고 낭비를 경계하고, 근면을 칭찬하고 나태를 비판하고, 충의에 마음을 다해 국가에 보답하고, 부모에게 효로 공양하고, 스승을 존경하고, 약자를 돕고 가난 한 자에게 손을 내미는 등의 중화민족 전통적 미덕을 널리 전할 뿐만 아니라, 민족의 많은 지혜와 인생의 철리를 표현하고, 아울러 역사지식을 전하고 있는 것이다.[24]

24) 徽班進京200周年紀念委員會辦公室學術討論組編, 〈在紀念徽班進京200周年振興京劇學術討論會上的講話〉, 『爭取京劇藝術的新繁榮－紀念徽班進京200周年振興京劇學術討論會文集』(中國戲劇出版社, 1992)所收. (原註)

개혁·개방 노선으로 돌진하는 중국은, 이제야 경극에 '중화민족 전통적 미덕을 널리 전할뿐 아니라, 민족의 많은 지혜와 인생의 철학적 이치를 표현하고, 아울러 역사지식을 전하는 것'이라는 임무를 기대하고 있다. '중화민족의 전통적 미덕'이란, 실은 '선을 권하고 악을 징치하고, 검약을 숭상하고 낭비를 경계하고, 근면을 칭찬하고 나태를 비판하고, 충의에 마음을 다해 국가에 보답하고, 부모에게 효로 공양하고, 스승을 존경하고, 약자를 돕고 가난 한 자에게 손을 내미는' 것이다. 이것은 '희곡개혁'이 무너뜨리려고 노력했던 정치적 목표에 극히 가까운 것이다.

어떻든 개혁·개방 노선을 걷는 현재의 중국은, 경극을 진흥시켜서 '중화민족의 전통적 미덕'으로 회귀하려고 하는 것 같다.

1949년부터 반세기 남짓, 건국 이래 46년이 지났다. 경극을 중심으로 다시 조망해본 중화인민공화국은, '중화민족의 전통적 미덕' 안에 안주할 땅을 찾으려 하고 있다. 반세기의 격동을 지나서, 다시 회귀하는 경극의 역할. 경극이란, 사상의 벽을 넘어, 정치의 차이를 깨트려 중화민족의 골수에 관련된 연극이다. 감히 오해를 두려워하지 않고 말한다면, 중화민족이 중화민족으로 이어가려고 하는 한, 그들은 연극이 갖는 영향력에서 벗어날 수 없을 것 같다.

제사본第四本

위무정혼慰撫精魂: 한 영혼을 위문함

— 어느 경극배우의 삶과 죽음 그리고 기예

상관운주上官雲珠(1968년 사망, 45세, 여, 영화배우)

장기간 학대를 받아, 그녀의 사고는 둔해지고 기억력은 쇠퇴했다. 이러한 상황에서 그녀는 사는 것에 절망하고 있었다. 1968년 11월 22일 밤, 남편이 잠들자마자 곧 살짝 침대를 빠져나와 별실로 향했다. 원한을 남긴 채 그녀는 건물의 바닥을 차 공중에 몸을 던져, 스스로 목숨을 끊었다.

개규천蓋叫天(1971년 사망, 83세, 남, 경극배우)

어려서부터 무예를 익혀 강건하고 늠름했다. 하지만 장기간에 걸친 광기와 같은 처사에 견딜 수 없었다. 1971년 1월 15일, 노인은 어둡고 침침한 우리 속에서 인생 최후의 쓴 술을 마시고, 한을 남기고 인생에 작별을 고했다.[1]

1) 金石開 編著,『歷史的代價—"文革"死亡檔案』(中國大地出版社, 1993년). (原註)

지금 여기 노생의 명배우이자 담부영·양보삼[2]·해소백[3] 등과 함께 〈4대 수생鬚生〉의 한 사람인 마련량馬連良의 오래된 사진 몇 장이 있다. 한 장은 턱시도로 위엄을 갖춘 것이다. 나머지는 무대의상을 몸에 걸친 브로마이드 사진이다. 아마 그의 성공 곡목의 하나인 『감로사甘露寺』의 교현[4]으로 분장한 것일 것이다.

촬영장소도 날짜도 모른 채, 암갈색으로 변해버린 이들 사진은, 지금부터 20년 쯤 전에, 예전의 '만주국'에서 정부 요직에 있었던 경험을 가진 인물로부터 받은 것이다.

한 장의 사진으로부터

턱시도 사진에서는, 마련량의 독특한 멋과 부끄러움과도 같은 주저함이 전해온다. 그의 약간 무표정에 가까운 밋밋한 얼굴 모습에 나비넥타이를 했다. 말쑥하게 꼭 교과서 그대로 갖춰 입은 턱시도이다. 왼쪽 가슴에는 한자 숫자 '十'의 글자를 디자인했다고 생각되는 훈장이 장식되어 있다. 무언가 말하자면 인연이 있는 듯한 훈장을 가슴에

2) 양보삼楊寶森(1909-1958): 노생배우로서 자는 종계, 별호는 시재 국인이다. 증조부 조부 아버지대에 걸쳐 배우집안출신이다. 백부 양소타楊小朶는 화단花旦, 아버지 양유타楊幼朶는 무생武生, 고모부 왕요경王瑤卿은 청의배우였다. 사대수생의 하나이다. 당형堂兄 楊寶忠이 금사琴師였다.

3) 해소백奚嘯伯(1910-1977): 노생배우. 사대수생의 하나. 해소백은 창강이 정교하고 매끄러우며, 감정을 전달하는 데 뛰어나 해파라 칭함.

4) 교현喬玄(109-183): 동한 말東漢末 대신大臣. 사공司空 사도司徒를 거쳐 군사를 통솔하는 최고관직인 태위太尉에 까지 올랐으나 청렴하고 근검하여 죽었을 때는 장례치를 비용조차 없었다는 명신으로 유명하다.

달고 있는데, 계면쩍고 자랑스럽고 부끄럽기도 한 복잡한 그늘이 묻어 있는 그의 마음속이 그 암갈색 사진에서 전해진다.

한편, 무대공연 사진을 보면 밝고 화려하다. 참신하면서도 무대 마지막선에 멈춰 서서, 말쑥하게 격식대로 갖춰 부르는 그의 예술풍이 떠오르는 듯하다.

그 모습을 가만히 보고 있으면, 주신방같은 파격도 아니고, 담부영같이 천연덕스럽게 현실을 벗어나지도 않고, 양보삼같은 슬프기까지 한 오기도 아니고, 해소백같이 근엄하게 단정하며 유창하지 않고, 그렇다고 고경규같이 소리가 거칠고 높고 연면하지도 않는, 장년의 동료였던 원세해가 '소쇄瀟灑 표일飄逸'하다고 했던,[5] 동작파인 주파做派이다.

'달콤하고 매끄럽고 감칠맛 나고 유창하다'는 '첨甛 윤潤 감酣 창暢'의 목청이, 암갈색 사진에서, 지금도 뛰어나올 것처럼 느껴진다.

그가 연기하는 교현의 뒤쪽 배경막 중앙부에는, 야구의 홈베이스를 거꾸로 한 것 같은 깃발이 보인다. 그 기는 위에서부터 '경축 만주건국 10주년'이라고 되어 있고, 그 밑 왼쪽에는 일장기, 오른쪽에는 만주국 국기가 디자인 되어 있다.

아무래도, 이들 사진은 '만주건국 10주년'을 기념한 경극공연 때의 것 같다. 턱시도 모습에서 그의 가슴을 장식한 훈장은, 당시 만주국에서 받은 것이라고 생각해도 좋을 것 같다.

그런데 중일의 불행한 근대 역사를 돌아보면, 일본이 여러 외국의 반대를 무릅쓰고 만주국을 건국한 것이 1932년이다. 당시 대일본제

---

5) 『藝海無涯 袁世海回憶錄』에는 『감로사』의 '勸千歲'를 대목을 두고 '瀟灑하고 酣暢하다'고 되어 있는데 원저서에는 '酣暢'이 '飄逸'로 잘못 기술되어 있다. 袁世海 口述, 袁靑 整理, 『藝海無涯 袁世海回憶錄』(中國靑年出版社, 1985년). 279쪽.

국풍의 연호로 말하면 '황기皇紀 2592년'이다. 만주국의 연호로는 '대동 원년'이다. 즉 '만주국 건국10주년'은 1941년으로 만주국에서는 '강덕康德 8년'이라고 하던 해이다.[6]

그가 태어난 것은 청나라 광서 27년인 1901년이니까, 이 공연은 그가 40세 때이다.

어떻든 가지고 있는 몇 장의 암갈색 사진에서, 마련량이라는 경극배우가, 1941년 '만주국 건국 10주년' 기념 경극공연에 참가하고, 그 때 당국으로부터 기념 훈장을 수여받았다는 사실들이 연상된다.

그런데 이 사실이, 화려해야 할 만년의 그에게 더 이상 없을 불행을 가져오리라고는, 누구도 예상하지 못했다. 이 공연만 없었다면, 아마 그는 끝없는 원한을 남긴 채 죽는 일은 없었을 것이다.

턱시도를 한 모습의 마련량. 왼쪽 가슴을 장식하는 '만주건국십년'을 축하하는 훈장, 리본 아래에 "북연예"라는 세 글자가 보인다. 아마도 "화북 연예사절단'라고 쓰여 있을거다.

6) 마련량의 자제로 홍콩에 거주한 마호중馬浩中(숭정崇政)씨로부터 받은 손으로 쓴 '마련량 연표馬連良年表'의 1941년 항목에는 '상해의 황금대희원黃金大戲院에서 『관룡주串龍珠』·『춘추필春秋筆』 등을 공연'이라고 쓰여 있을 뿐이다. 1943년 항에는 '협박으로 동북 공연'이라고 되어 있고, 다음 1944년에는 '적위敵僞 즉 일본군과 그 협력자에 압박당해 병이 들다'라고 되어 있다. (原註)

감로사甘露寺에서 교현喬玄으로 분장한 마련량. 뒤편의 기에 "경축만주건국십년"이란 문자가 보인다.

출생과 기예 학습

마련량, 자는 온여溫如, 또는 고력헌주古曆軒主. 북경 태생의 회교도이다. 광서 27년 음력 정월 초에 태어났다. 양력으로 치면 1901년 2월 28일이다.

당시의 북경은, 전년에 일어난 의화단 사건의 여운이 퇴색되고, 청조정권은 그 사후처리에 고심하고 있었다. 그가 태어난 직후인 3월에는 사건 관계자가 처벌되고, 6월에는 일본도 참가한 8개국 연합군이 북경에서 철수가 시작되고 이홍장의 손으로 관계 각국과의 강화조약

체결이 발표되었다. 무엇보다도 경극을 끔찍이 사랑했던 서태후가 난을 피해 있던 열하에서 북경으로 돌아온 것이 8월이다. 같은 8월에는 일본과 독일을 향해 사죄사절이 파견되었다.

실로 '잠자는 사자'가 가파른 언덕에서 굴러 떨어진 것 같이 망국의 길로 돌진하고 있던 혼란의 시대 한가운데서, 마련량이 태어난 것이다.[7]

부친인 마서원馬西園은 북경 부성문阜城門 밖 단가도壇家道에서 다관을 경영하고 있었다.

마서원의 다관에는 유홍성[8]·금소산[9]·덕군여[10]·낭덕산[11]·안경지[12] 등

---

7) 덧붙여 그와 시대를 같이 하고, 기예상 관련이 있던 경극배우의 당시 연령을 참고로 적어본다. 담흠배譚鑫培(1847-1935년) 54세, 엽춘선葉春善(1876-1935년) 25세, 소장화蕭長華(1878-1967년) 23세, 학수신郝壽臣(1886-1961년) 15세, 고경규高慶奎(1890-1942년) 11세, 여숙암余叔岩(1890-1943년) 11세, 언국붕言菊朋(1890-1942년) 11세, 금소산金少山(1890-1948년) 11세, 강묘향姜妙香(1890-1972년) 11세, 후희서侯喜瑞(1892-1983) 9세, 매란방梅蘭芳(1894-1961년) 7세, 주신방周信芳(1895-1975년) 6세, 이홍춘李洪春(1898-) 3세, 이다규李多奎(1898-1974년) 3세, 순혜생荀慧生(1900-1968년) 1세, 상소운尙小雲(1900-1976년) 1세, 마부록馬富祿(1900-1979년) 1세, 나온 김에 마련량 후배들의 연령을 보면, 정연추程硯秋(1904-58년) 3세 아래, 담부영譚富英(1906-77년) 5세 아래, 양보삼楊寶森(1909-58년) 8세 아래, 해소백奚嘯伯(1910-77년) 9세 아래, 이만춘李萬春(1911-) 10세 아래, 엽성장葉盛章(1914-78년) 11세 아래, 구성융裘盛戎(1915-71년) 14세 아래, 원세해袁世海(1916-2002) 15세 아래, 이소춘李少春(1919-75년) 18세 아래, 장군추張君秋(1920-) 19세 아래다.

8) 유홍성劉鴻聲(1875-1921): 노생배우. 청 광서 21년 1895년에 직업배우가 되었다. 동춘반 사희반에서 담흠배 손국선와 합연하였다. 목소리가 맑고 감미롭고 매끄러웠고 높은 소리를 잘했다.

9) 금소산金少山(1890-1948): 동추화검 배우. 이름은 중의仲義. 十全大淨으로 일컬어졌다. 1922년 상해에서 매란방과 패왕별희를 합연 금패왕金覇王이란 칭호를 얻음.

10) 덕군여德珺如(1852-1925): 소생배우. 만주족으로 북경출생. 처음엔 청의를 배워 아마추어 출신으로 무대에 섰다가 전문배우 길로 들어서 소생으로 바꿈. 〈나성규관羅成叫關〉이란 작품에서 영웅의 기개를 마음껏 발휘함.

경극 배우만이 아니라 거리의 연극패까지 모여서, 맨 목소리로 기량을 겨루거나, 격투연기 연습을 하거나, 연극 이야기로 시간을 보내고 있었다고 하니까, 이런 환경도 나중의 마련량을 낳는 큰 요인이 되었을 것이다.

격동의 시대였다. 그렇지만 북경에서 사는 서민에게 어디에 이런 놀이를 즐길 시간이 있었는지, 아니면 시대는 서민의 일상생활과는 다른 곳에서 격동하고 있었는지 모르겠다. 서민은 시대의 흐름에는 무관심을 가장하고, 처음부터 격동의 울타리 밖에 서 있으려 했는지 모른다. 지금 와서 보면, 그들의 놀이가 어린 시절 마련량의 작은 오체五體를 경극의 향기에 듬뿍 잠기게 했음에 틀림없다. 경극 연기를 일부러 익히지 않아도 연기의 기초가 절로 몸에 배이게 된 셈이다.

그렇다면 격동의 시대에 놀았던 그들의 일상이 마련량이라는 한 시대의 명배우를 창조할 계기를 만들었다는 점만은 크게 칭송을 받아도 좋을 것 같다.

모친은 만씨滿氏이다. 마서원과의 사이에 5남 1녀가 있었다. 장남과 사남은 일찍 죽었다. 차남은 춘헌春軒으로 소생小生을 익혀 복건에서 무대에 섰는데 그곳에서 죽었다. 오남은 연희連喜인데 장면場面을 익혀, 형 연량連良의 무대에서 큰 징을 치고 있었다고 하니까, 그다지 드

11) 낭덕산郎德山: 아마추어에서 전문 배우길로 접어들어 凈行을 연기함.

12) 안경지安敬之: 광서년간 비구니 암자였던 취봉암을 동치 10년(1871) 피황을 어려서부터 좋아했던 청 종실인 재안빈載雁賓이 賞心樂事票房이라고도 하는 아마추어 연극단체인 취봉암표방翠峰庵票房을 만듬. 재안빈이 아마추어배우들인 票友들을 모아 이곳에서 경극을 공연하고 기예를 연마함. 각 항당이 갖춰지게 되었으며 주인공역을 담당할 수 있는 숫자가 80여명에 이르렀을 정도였으며 유홍성劉鴻聲 금수단金秀山 덕군여德珺如 왕소농汪笑儂 등이 전문배우의 길로 접어들어 저명한 경극배우가 됨. 안경지는 덕군여와 차례로 이를 주재하였음.

러나지 않은 삶이었던 것 같다. 일녀는 양씨에게 시집갔다. 연량은 삼남이다.

마련량 자신의 가족관계를 보면, 1919년 19세에 왕혜여王慧茹(원래는 보진寶珍)와 결혼했다.

그가 결혼한 해 5월, 북경에서는 학생들에 의한 반일운동을 계기로 '5·4운동'이 일어났고, 다음해 2월에는 학생운동이 전면적으로 금지되었다. 5월 1일에는 북경만이 아니라 광동·상해 등 대도시에서도 중국에서의 최초의 노동절 행사가 있었다. 6월 손문이 상해에서 군 정부를 조직하고, 이어 장작림이 북경에 들어왔다. 8월에는 진독수의 손으로 중국 사회주의 청년단이 조직되어 9월부터 연말에 걸쳐 남북대결이 첨예하게 되었다.

이렇게 중국 근대 정신사에 한 시대를 가르는 환경 속에서 마련량의 신혼 생활은 출발했다. 부인과의 사이에 5남 2녀를 두었다.

그 자식들을 보면, 현재 장남 숭인崇仁은 경극 배우, 차남 숭의崇義는 동북지방에서 교사, 삼남 숭례崇禮는 청도에서 의료관계 일에 종사, 사남 숭지崇智는 중앙 방송국 소속, 오남 숭연崇延은 안휘성에서 교사, 장녀 평추萍秋는 연금年金생활, 차녀 마리馬莉는 북경 부외阜外의원에 근무하고 있다.

마련량은 왕 부인을 잃고 다음해인 1934년 진혜련陳慧璉과 재혼했다. 이 해는 그의 연보로 보면 경극배우로서 절정에 달한 때이다. 그리고 시대도 또한 혼란의 절정을 향하고 있을 때였다.

마련량이 왕 부인을 잃은 1933년에 일본군은 산해관까지 공략하고 있었다. 한구에서 불붙은 일제 배척운동은 남경·천진 등으로 옮겨 붙었고, 만주국을 둘러싸고 중일관계는 회복할 수 없게 진행됐다. 이런 상황에서 이듬해 1934년 일본 측은 청조의 손제인 부의溥儀를 압박하여 초대 '만주국 황제'로 삼고, 연호를 대동大同에서 강덕康德으로 고쳤다. 중국 국내에서는 모택동이 이끄는 공산당군이 활발히 움직이고, 일제 배척 움직임은 중국 전국에 금지령을 내려야 할 정도로 거세졌다.

마련량이 진 부인과 결혼한 다음해인 1935년 6월에는, '정의구국자치군'인 무장집단이 북경을 습격했다. 휴업상태에 들어간 은행이 생기기 시작했다. 11월이 되어 북경·상해의 양 도시에 폭리 단속령이 공포되고, 이어서 대일 평화파의 대표였던 왕조명汪兆銘이 저격 받아 중상을 입었다. 단여경段汝耕은 '북지전구北支戰區'의 자치를 선언하고, 기동방공 자치위원회 위원장冀東防共自治委員會委員長으로 들어 앉았다. 반일운동이 격화되는 가운데 연말에는 덕왕德王이 내몽고 독립을 선언했다.

이렇게 주로 북중국을 초점으로 하는 중일관계는 한발 한발 긴장을 더해갔다. 이런 때에 마련량은 기예상으로는 정점에 있으면서도 가정적으로는 첫 부인과 사별하고, 두 번째의 신혼생활이라는 안정되지 않은 생활을 보내고 있었다. 진 부인과의 사이에 2남 2녀를 두었다. 장남은 숭정崇政이고 차남은 숭은崇恩이다. 장녀는 정민靜敏이고 차녀 소만小曼은 단旦을 배워, 현재 중국 경극원에 소속되어 활동 중이다.

5살에 회교도 자제가 다니는 북경 청진사 소학교에 입학하여, 6살에 코란을 배운 마련량이, 경극을 배우기 위해 3년 뒤에는 부련성富連成으로 개칭되는, 중국에서는 처음 탄생한 본격적 연극학교인 희련승과반喜連陞科班에 1908년 12월 임시 입학했다.

그가 본격적으로 경극을 익히기 시작한 1909년은 청조 마지막 황제이면서 만주국 초대 황제도 지낸 기이한 운명을 보낸 부의의 황위가 33년간 이어진 광서로부터 겨우 3년만에 막을 내리게 되는 선통으로 개원된 해이다.

전년 11월에는 덕종 광서제가 그리고 사실상 청조의 막을 내리는 역할을 맡은 서태후가 잇달아 죽는다. 그리고 중국 전역에서 '정국복丁國服'이라고 한 장례를 치르게 되었다. 모든 오락은 물론, 상인이 종을 치는 것조차 금지되었다. 북경에서는 모든 연극극장이 문을 닫고, 극단도 모두 활동정지 당하고, 예인은 직장을 잃었다. 국상기간이 끝나자, 사람들은 마음의 보가 터지듯이 오락을 찾았다. 북경 오락의 왕자인 경극도 또 일단의 활동을 보였다.

본래 국상인 '정국복'은 백일간이 원칙이었는데, 이때는 백일이 안 돼서 풀렸다. 조상 전래의 장례 제도조차 지키지 않게 되었다는 것은 청조의 위광이 완전히 땅에 떨어진 증거일 것이다. 당시는 아직 알 방도가 없었지만, 청조의 명맥은 겨우 3년 뒤에 끝났다.

신해혁명이 목전에 있었지만, 그것을 아는 자가 있을 리 없었다. 혁명파도 곤경의 한가운데서 돌파구를 찾아 고난의 날들을 보내고 있었다.

1909년 2월에는 9년 뒤를 기약하고 입헌체제로 이행한다는 취지가 청조 정권 측에서 약속되고, 이것을 이어 11월에는 국회 서원誓願 동지회 결성이 있었고, 전국 각성에서 조기 국회 개설을 요구하는 움직임이 나타났다.

1910년에 들자 혁명파가 움직였다.

1월에는 왕정위汪精衛(나중의 조명兆銘)가 북경에서 청조의 섭정왕 재풍載灃에게 테러를 감행했지만 실패했다. 중국 혁명동맹회 내부의 과격파는 거듭되는 무장봉기 실패로 초조하게도 '혁명'에 대한 신뢰를 잃어가고 있을 무렵이었다.

이렇게 소란한 세상에서 마련량 아니, 정확히는 아직 연량이란 예명을 받지 않았지만 입학시험을 치렀다.

그때는 12월이었다. 차가운 하늘 아래 북경 특유의 살갗을 파고드는 얼어붙는 북풍 속에 목창木廠 호동胡同이란 골목 내 동다식東茶食 호동胡同에 있던 광흥원廣興園 정원에서, 마련량은 5명의 라이벌과 함께 시험관의 도착을 기다렸다. 6명의 수험생이 입학하려는 희련승과반喜連陞科班은, 이 작은 건물에서 낮 연극 공연을 하고 있었다.

찬바람 속에서 기다린 끝에, 시험관인 과반 교사가 몇 사람 왔다. 그 가운데는 희련승과반 뿐만 아니라, 경극을 이야기할 때 절대 빠뜨릴 수 없는 소장화蕭長華도 있었다.

시험관들은 6명의 수험생을 한 번 보고, '저쪽 4명은 돌아가도 좋다'고 했다. 이리하여 마련량은, 나중 마연곤馬連昆이 되는 마모馬某와 함께 임시 입학을 달성했다. 이로부터 3개월에서 반년 동안 소질과 재능을 충분히 심사받아 정식 입학하게 된다. 정식 입학이 이 정도 시간이 걸리는 것은 경극 배우의 소질과 재능을 판별하는 것이 쉽지 않고 또 감옥에도 비유되는 과반 생활에 익숙해지게 할 필요가 있었기 때문일 것이다.

역시 소질과 재능만으로는, 또는 강인한 인내력만으로는 기예라는 것은 몸에 붙을 것 같지 않다. 소질과 재능 그리고 인내력 이 삼자가 혼연일체가 되어 예를 익히는 자의 몸에 갖춰져야 비로소 기예가 몸에 친숙해지고, 기예를 익히는 자가 배우로 변화하고, 이윽고 기예가 배우의 몸을 떠나 기예로써 승화되고, 무대 위에서 '초지상적인 광휘'

를 그려내게 된다.

다행히도 마련량은 정식입학을 허가받았다. 소질과 재능 그리고 인내력이 교사들에게 인정받았음에 틀림없다.

정식 입학이 되자, 가장인 아버지 마서원은 보증인을 세우고, 관서대발關書大發이란 서약서를 미리 제출하는데, ① 기예학습기간은 7년이다. ② 재적중 공연에서 얻은 수입은 모두 과반의 것이 된다. ③ 재적중 의식주에 드는 비용은 모두 과반이 부담한다. ④ 무단 귀가와 중도 퇴학을 엄금한다. ⑤ 재해로 인한 부상·사고·질병 등은 과반이 책임지지 않는다. ⑥ 학습 도중에 도망한 경우는, 보호자와 보증인 책임으로 찾아낸다. ⑦ 학습이 종료한 시점에 스승에게 사례한다는 이런 내용을 승낙해 둔 것이다.

입학 후 소장화로부터 온여溫如라는 자를 새로 받고 처음에는 매란방의 금사琴師를 지낸 적이 있는 여래경茹萊卿으로부터 소생을 배웠다.

그러면 과반에서는 실제로 어떤 생활을 보냈을까. 『부련성삼십년사富連成科班三十年史』가 전하는 것을 보자.

> 입학하면 학생의 체형·자질·용모·목소리 등을 충분히 관찰해서 어떤 각색에 적당할지를 사장社長·교사가 합동으로 결정한다. 다만, 입학 당초는 격투연기인 무공을 연습시켜 그 몸놀림을 보고, 각 각색에 할당한다.
> 입학하면 의식주는 모두 학교에서 지급된다. 거기다 매일 얼만가의 용돈이 주어진다. 병이 나면 병 증상에 따라 귀가하여 요양하도록 허가한다.
> 매일 정해진 시간은 스승을 따라 연습하고 마음대로 익히는 것은 금지되어 있다. 주역인 정각正角과 조역인 배각配角의 구별은 기예의 습득도에 따라 스승이 결정한다.
> 우선 대사를 익히고, 다음으로 상구上口(발음), 습강習腔(노래), 납신단拉身段(배우의 동작)으로 진행하며, 일정 정도가 되면, 분장은 하지 않고, 나

> 고鑼鼓 즉 징과 북만을 써서 리허설을 한다. 스승이 무대에 올라도 괜찮다고 판단한 시점에, 비로소 저택에서 열리는 당회라든지, 극장인 희원에서 무대를 밟는다.
> 예를 습득한 후에는, 매일 희원의 무대에서 일한다. 이 때 정각, 배각, 단역 역할인 포룡투는 그 역량에 따라 정한다. 다만, 학습기간 중은 누구나 포룡투跑龍套를 연습해야 한다.[13]

부성문 밖 단가도壇家道의 문마門馬 다관의 셋째아들이라도, 우선은 포룡투부터 본격적으로 익히게 되는 것이다.

학습은 때로 '타희打戲'라고 해서 과반에서는 감옥에 비유될 정도로 가혹한 날들을 보내야 했던 것 같다. 창강 연습 때, 박자를 치는 '계방戒方'이라는 나무 조각으로 스승에게 맞고 단련되어야, 기예가 몸에 붙는다. 감옥 같은 생활에 견뎌내야, 한 사람의 배우가 될 수 있다는 것이다.

참으로 과반생활은 가혹했던 것 같고, 입교 2년째인 1910년, 마련량의 몸은 상했다. 자택에 돌아온 뒤는 아버지 엄명으로 집을 한 발자국도 나가지 못한 채 요양했던 것 같다.

힘들고 고달픈 과반생활을 『부련성과반삼십년사富連成三十年史』에서 살펴보자.

> 전날 밤에 무대가 없었을 경우, 원칙상 6시에 기상하고, 세수와 이 닦기를 하고 나서 곧 연습에 들어간다. 문항은 목을 단련하고 무항은 무공을 연습한다.
> 1시간 반 정도 하고 나서 식사를 한다. 긴 책상, 한 장짜리 판자로 된 의자에 20인 30인씩 마주앉는다. 아침은 만두이고 점심은 쌀밥이다. 반찬

13) 唐伯弢 編著, 白化文 修訂, 『富連成三十年史』(北京: 同心出版社, 2000), 56-57쪽. (原註)

은 겨울은 배추, 여름은 가지라든가 오이로 대체로 값이 정해져 있다. 전날 밤에 무대가 있었거나, 밤무대가 예정되어 있는 경우는, 고기가 나온다.

식사가 끝나면 개인물품을 정리한다. 이것을 '상관자上館子'라고 한다. 준비가 끝나면 그날 무대에서 일할 학생을 정렬시켜서, 책임자가 인솔해서 희원으로 간다.

호방교虎坊橋에 있는 학교를 나와, 서류수西柳樹 대가大街를 따라 곧장 가면 주시구珠市口가 나온다. 그곳은 북쪽으로 꺾어서 전문대가前門大街의 동쪽을 돌아 고기시장 입구인 육시구肉市口로부터 광화루廣和樓로 이어진다. 이 때 봄이면 과피瓜皮 소모小帽를 쓰고, 남색 적삼·청색 마괘를 입고, 남색 양말과 푸른 신발을 신는다. 여름이면 초모草帽를 쓰고 월백죽月白竹 적삼을 입는다. 겨울은 피모皮帽나 면승모綿繩帽를 쓰고, 푸른 면으로 된 마괘를 입는다. 부련성이 광화루에서 공연하는 경우는 다른 희원보다 조금 일찍 오전 11시에 개장 징이 시작된다. 11시부터 6시까지 일곱 시간에 걸쳐 7, 8편의 작품을 공연한다.

그날 무대가 끝나면 또 책임자가 인솔해서 아침에 온 길을 역으로 걸어서 학교로 돌아온다.

학교에 돌아와서 약간 휴식하고, 저녁을 먹는다.

식후에 잠시 휴식하고 나서, 다시 연습에 들어간다. 다만 아침 연습이 불충분했던 사람이나, 낮 무대에서 실수했거나 틀린 사람만이 이 때 연습을 확인받는다.

대개 10시 경에는 전 일과가 끝난다. 다만 전원이 잠든 뒤에도 전등은 켜둔 채로다. 스승이 교대로 망을 본다.[14]

이것을 그대로 받아들이면, 과반생활은 실로 규칙 바르게 되는 셈

14) 浜一衛의 『중국 연극 이야기(支那芝居的話』(弘文堂書房, 1944)에 '밤새도록 전등을 끄지 않고 감시한다. 뭐라고 해도 어린 소년들이니까 악습에 젖어 목이나 용모에 변화가 생기는 것을 두려워해서 입니다.' 하고 '전원이 잠든 뒤에도 전등은 켠 채로였다. 스승이 교대로 망을 보았다'고 이유를 설명하였다. (原註). 唐伯弢 編著, 白化文 修訂, 『富連成三十年史』(北京: 同心出版社, 2000), 58-59쪽. (原註)

인데, 어째서 이것이 감옥에 비유되는지 의아하다.

그러면 여기에서 마련량의 후배인 원세해袁世海의 『예해무애藝海無涯』를 보자.

> 10시, 서천원徐天元 선생이 '이것으로 일과는 끝이다. 잠자리 준비'라고 소리를 질렀다. 이것으로 긴장의 하루가 끝난다. 모두 남쪽 건물로 들어간다. 참으로 건물은 먼지가 부옇고, 숨이 막힐 지경이다. 50명 이상의 학생이 3개의 방에 나누어 잔다. 땀 냄새나 발 냄새의 심한 악취가 내내 코를 찌른다. 학생들은 매일 연습하고, 공연하고 서서 연습을 하는 일이 많기 때문에 땀을 많이 흘린다. 하지만 반달에 한 번 몸을 씻을 뿐이다. 대부분의 학생은 발조차 씻지 않는다. 방안 냄새는 미루어 짐작이 갈 것이다.
>
> 과반에서 학생이 얻어맞는 일은 일상다반사다. '때리지 않으면 재목이 안 된다는 불타불성재不打不成材'라 하는 것은 세상이 다 아는 격언이다. 그러니 매일 연습이나 서서하는 연습에는 스승이 등나무로 만든 곤봉이나 대나무 판을 들고 있었다. 게으름을 피우거나, 기예를 잘 기억 못하거나 틀리면 그 자리서 얻어맞는다. 이것이 '타희'이다.
>
> 타희는 연습 때만이 아니었다. 과반 규칙을 위반했을 때도 있었다.[15]

원세해의 회상으로 보면, 역시 과반은 감옥이었다고 하겠다. 하지만 감옥에는 감옥 나름대로의 즐거움도 있었던 것 같다.

가령 희원이나 당회에 출연했을 때, 무대의 성과에 따라 '소분小份'이라고 하는 용돈이 그 때마다 지급되었다. 금액은 여러 가지이지만, 훌륭히 공연한 경우는 마화라는 과자 두 개, 구운 떡 한 개를 살 수 있었다고 한다.

---

15) 袁世海 口述 袁青 整理, 『藝海無涯』(北京: 中國青年出版社, 1985). 47쪽, 51쪽, 55쪽. (原註)

원세해의 회상 중에 '선배들의 이야기로는, 마련량 선생의 재학 당초의 생활은 실로 비참했던 것 같다. 언제나 마화 과자를 한 개 사면 그것을 반으로 나눠 꽈배기 포채탕泡菜湯을 만들어 두 번에 나눠 먹었다'[16]고도 한다.

'꽈배기 포채탕'이란 말은 좋지만 기름과자를 띄운 스프가 아닌가. 게다가 마련량의 경우 검약하고 검약하여 모은 용돈을 어머니에게 건네주고 있었다. 한창 자랄 때, 한 창 먹을 때의 어린이가 이런 지경이었다면 병이 안 걸리는 것이 더 이상할 것이다. 그렇게까지 해서 어머니에게 정성을 쏟지 않으면 안 되었을까. 마련량은 어머니에게 절대 복종했다고 한다. 어머니와 사별하기까지 강력한 어머니에 대한 콤플렉스를 가지고 있었던 것 같다.

원세해의 입학은 1927년 봄이다. 부련성과반의 경영기반도 충실해지기 시작할 무렵이고, 교육내용도 학생생활환경도 정비되어 있었을 것이다. 그런데도 지금 본 것 같은 정황이다. 그렇다면 마련량이 입학했던 당시는, 과반 창설 의욕은 있지만, 이상과는 먼 연습환경이었다고 해야 할 것이다.

어떻든 꽈배기 과자 한 개를 두 개로 나눠 먹으면서 마련량의 학습생활은 이어졌다.

입학 후 처음 배운 것이 소생이다. 그 뒤 노생으로 바뀌었다. 하지만 소장화에게 재능이 인정되기까지는 단역배우에 가까운 삼로노생三路老生뿐이었다. 나중에 가서는 꽃을 피워내는 마련량의 목이었지만 그때는 아직 그 어떤 것도 예측할 수 없었기 때문이다.

뛰어난 목이 없으면, 아무리해도 단역배우밖에 돌아오지 않는다.

---

16) 袁世海 口述 袁靑 整理, 『藝海無涯』(中國靑年出版社, 1985), 45쪽. (原註)

마련량도 또 무명 병사에서 축까지 단이나 정 이외의 각색은 뭐든지 연기했다. 그것이 훗날 그의 독자적인 예풍을 확립하고 마파를 일구는데 크게 도움이 되었음은 물론이다.

처음 익혀 첫 번째 연기한 공연작품이라는 개몽희開蒙戱는 수호극의 한가지이다. 적인 축가장을 공격하려는 양산박 영웅호걸들의 정탐꾼이 된 석수石秀가, 나무꾼으로 변장하여 축가장을 탐색하러 가는 『석수탐장石秀探莊』이었다. 이 석수가 크게 성공했다. 이럭저럭 가끔씩 인기도 생기기 시작했다.

이 무렵 마침내 청조는 붕괴를 향해 최후의 가파른 언덕에서 급속도로 떨어지고 있었다.

1911년 4월 황흥 등 혁명파는 광주에서 무장봉기한다. 이어서 외국에 철도건설권을 매각하는 정책에 반대하는 '보로保路운동'이, 사천·호북·호남 각 성에서 발생한다. 그리고 10월 10일 무창武昌에서 신군이 봉기하여 여원홍黎元洪을 도독으로 하는 군정부가 조직되고, 청조는 역사의 무대에서 사라지게 되었다. 중화민국이라는 아시아 최초의 공화국이 탄생했지만, 국내의 혼란은 계속된다.

특히 북경에서는 청조붕괴라는 사태에 가담하여 정국의 주도권을 잡으려는 원세개袁世凱가 암약했다. 민국 2년인 1912년 초에는 '임자병변'으로 더 한층 혼란이 가속됐다. 당연히 시민도 연극극장에 갈 여유가 없어지고, 반년 동안 부련성 과반은 폐쇄되고, 학생들을 귀가시켰다. 1911년부터 12년에 걸쳐, 마련량도 다른 학생과 같이 일시 귀가했을 것이다.

과반 재개로부터 1917년 졸업까지 사이에 마련량이 몸에 익힌 작품은 유자충劉子忠의 재산을 빼앗으려고 재혼한 처가 데리고 온 아들과 함께 유자충의 양자를 학대하고, 결국은 철련화鐵蓮花로 유자충을 죽여, 그 죄를 양자에게 씌우려 한다는 내용의『철련화』. 양주의 기생 석중옥石中玉이 한 눈에 반한 장군을 위해서 전진에 나아가 훌륭하게 적의 대장을 잡는다는『연지호胭脂虎』. 처와 죽은 자식의 행방을 모르게 된 한정봉韓廷鳳은 재혼하지만, 실은 그녀는 다른 사람의 아내인데 집이 가난해서 팔려왔다. 한정봉은 동정하고 돈을 주고 돌려보낸다. 감사한 부부는 자식을 사서, 그 자식을 한정봉에게 보낸다. 이 자식의 왼발에 빨간 점으로 이 아이가 헤어진 자기 자식인줄 알게 되는『주사지硃砂痣』. 남병산南屛山에 칠성단을 쌓고, 기문둔갑술로 3일 밤낮을 동풍을 일으키는 공명을 그린『차동풍借東風』. 이것은『삼국연의』의 클라이맥스의 하나인『적벽대전』으로 이어진다. 그리고 적벽대전 뒤에 남군공략에 얽힌 허허실실전법의 전략을 그린『취남군取南郡』. 당 고조가 병중임에도 불구하고, 두 명의 왕비는 태자 등과 음란이 극에 달한 생활을 보낸다. 이세민이 간언하자, 두 왕비는 거꾸로 이세민에게 욕을 보았다고 고조에게 알린다. 불과 같이 화를 내는 고조는 이세민을 죽이라고 명령하지만 저수량褚遂良은 잇달아 10편의 상소문을 작성하여 고조에 간언하는『궁문대宮門帶』라고도 하는『십도본十道本』. 태후를 따라 법문사에 참배한 유근劉瑾은, 여기서 내연의 남편의 무죄를 믿는 낭자의 직소를 듣는다. 유근의 명령으로 재조사가 시작되자 의외의 사실이 밝혀지는『법문사』 등이었다.

마련량이 후년 자신의 장기가 된 이들 작품을 익히고 있는 가운데도 새로 생긴 중화민국 국정은 내외적으로 크게 요동쳤다.

임시총통에 취임한 원세개의 전횡은 끝내 '제 2혁명'을 일으키고, 손문이나 황흥 등 혁명파는 일본에 망명하지 않을 수 없게 된다. 이때가 1913년 8월이다. 제1차 세계대전에 연합국 일원으로 참전한 일본은 산동성 청도의 독일군 공격에 이어 '21개조 요구'를 중국 측에 강요한다. 이 때가 1915년 1월이었다. 이것을 중국 측이 수락했다. 같은 해 12월 원세개는 '황제'에 즉위하고, 연호를 '홍헌'이라고 고쳤다. 그리고 원세개의 죽음과 함께 여원홍이 대총통에 취임했다. 북경대학 총장에 취임한 채원배나 호적 등에 의해 신문화운동의 싹이 텄다. 1916년의 일이었다. 이 신문화운동의 강력한 추진자 중 한 사람이 '연극극장은 누구나 손쉽게 배울 수 있는 대학이고, 연극은 민중을 계몽하고, 조국 정신을 일깨우려는 것이고, 배우는 누구나가 배울 수 있는 위대한 교사'라고 주장했던 진독수陳獨秀이다.

1917년 7월엔, 사회의 혼란을 타고 청조의 잔존세력은 장훈張勳을 중심으로, 손제遜帝인 선통제宣統帝의 복벽을 선언한다. 하지만 이 운동은 실패했다. 장훈 등은 북경에서 쫓겨나지만, 이후 손문을 대통령으로 하는 광동군 정부의 조직을 계기로, 봉직奉直전쟁·5·4운동·중국공산당 결성으로 이어져, 중국은 혼란의 길을 걷게 된다.

이러한 사회혼란과 혼미의 와중에 마련량은 본격적인 경극배우의 길을 걷게 되었다.

북경 함락시대 전후

1917년 7월 1일 북경에서는 장훈이 선통제를 업고 청조의 복벽을 선언했다. 이어서 빙옥장이 대리대총통에 취임했다. 복벽운동에 실패한 장훈은 북경에서 쫓겨나는데, 마련량이 부련성과반을 졸업한 해도 변함없이 북경 거리는 소란했다.

졸업을 기다리기라도 한 듯, 마련량은 셋째 숙부 마곤산馬崑山 극단의 무대에 서기 위해 복건으로 갔다. 다음해 북경으로 돌아와 다시 모교의 공연을 거들기 위해 무대에 선다. 그 다음해인 1919년 마련량은 첫 번째 결혼을 했다. 이 해 5월 북경에서는 5·4운동이 발생했다. 궐기한 학생들은 '21개조 요구'를 밀어붙인 일본과 그것을 받아들인 중국정부에게 격렬하게 항의하고, 또 유교 유가 그 자체를 타도하지 않는 한 중국의 내일은 없다는 '공가점 타도(打倒孔家店)'의 슬로건을 높이 내걸었다. 실로 수천 년 중국을 받쳐온 유가윤리 유가도덕 아니 이보다는 '중화세계'를 형성한 근본원리가 중국인 자신들의 손으로 부정되었다.

1921년 마련량은 부련성 과반을 떠나, 정식으로 독립하게 되었다. 하지만 곧 극단을 조직할 정도의 실력을 갖추었던 것은 아니고, 북경·상해·천진을 중심으로 다른 극단에 객원출연하거나 레코드 취입 등을 했다.

마련량의 이름이 일시에 알려진 것은 1927년 여름이다.

천진의 중국 대희원을 경영한 적이 있는 이화정李華亭의 초청을 받고, 마련량은 주금심朱琴心과 함께 공연을 위해 천진으로 갔다. 계약은 5일간 6회 공연으로 일요일은 낮과 밤 2회 공연이었다. 장소는 명성대희원明星大戲院이었다.

2일째 되던 날, 『음월하陰月河』 상연 중에 이변이 발생했다. 주연인 귀신혼령鬼魂역은 주금심이 맡았고, 마련량은 조역이었다. 무대 장치를 잘못했는지, 앞뒤로 흔들리게 나눠서 매달았던 꽃 장식 촛불이 주금심의 양 볼에 늘어뜨린 종이 장식에 붙어버렸다. 귀혼을 연기하는 표시인 종이 장식은 종이로 만들어진 하얀 방울형태의 것이다. 불은 일시에 타오르고, 주금심은 순식간에 큰 화상을 입었다. 당연히 다음날부터 공연은 불가능하게 됐다. 하지만 표는 이미 매진되었다. 그래서 3일째부터는 주역을 마련량으로 바꾸었다. 장기의 하나인『일봉설一棒雪』을 연기하자, 인기는 순식간에 폭발했다. 4일째는 수호극의 하나로 고기잡이 세금을 받으러 온 악덕관리의 하수인들을 전부 쓰러뜨린 소은蕭恩과 계영桂英의 아버지와 딸이, 끝내 악덕관리와 그 경호원을 죽이고, 양산박으로 합류하는『타어살가打漁殺家』그리고 최종일은 제갈공명으로 분장한 장기 중의 장기인『차동풍借東風』이 천진에서 크게 인기를 얻었다.

천진에서 북경으로 '개선'한 그는 이후 극단을 갖추어 노생의 정점을 목표로 북경 경극계의 공연무대에 단숨에 올랐다.

창법을 개량하고, 구래의 의상을 고치고, 옛 작품에 새로운 해석을 덧붙여 주역의 자리를 단에서 노생으로 고치고, 무대의 배경이 되는 포경布景도, 그때까지의 어두운 단색에서 휘황찬란한 자수를 놓은 밝은 것으로 바꾸고, 또한 흥행시스템을 바꾸는 등 경극에 새로운 토대를 펼쳐 나갔다. 그래서 구세대로부터는 소원해졌지만, 마련량에게는 젊음과 인기가 있었다. 그때까지 경극 흥행을 관리하고 있던 깡패조직조차 그의 기예 앞에는 손을 댈 수 없었다.

1935년 진 부인과 재혼을 한 이듬 해 상해 손란정孫蘭亭 등의 요청을 받고서 상해에서 공연을 하고 있을 때였다.

이 상해공연이 다른 공연과 다른 것은 손란정 등의 흥행을 뒤에서 관리하던 '암목暗目'이라고 불린 깡패조직을 배제하는 것을 목표로 한 것이었다. 그들 '암목'은 흥행사를 지배함과 동시에 상등석 표를 장악해, 경극흥행에서 막대한 이익을 부당하게 챙기고 있었던 것이다. 배우를 고용하고 흥행을 하기 위해서 자금을 빌려주는 암목은 흥행사로부터 배우를 받아서 자기 뜻대로 움직였다. 마음대로 입장권 값을 결정하고, 유력자나 부자에게는 표를 보내고, 극장을 만원으로 만든다. 그것은 그것으로 흥행사에게 이익도 있지만, 역시 해가 컸다.

그래서 손란정 등은 신광영 희원을 빌리고, 마련량에게 출연과 암목 배제에 대한 협력을 의뢰했다. 입장료를 자기들이 정하고, 직접 손님에게 표가 넘어가도록 했다. 실로 당시 마련량은 암목 조차도 좌우할 수 있을 만한 대간판으로 성장했다.

당시 상해를 방문 중인 채플린은 마련량의 『법문사』에 감격하고, 무대에서 의상을 걸친 채로 마련량과 기념 촬영했다.

실로 마련량은 순풍의 돛단배였다. 하지만, 그와 반대로 시대는 긴장의 도를 더해 나락으로 향해, 불행의 언덕으로 굴러 떨어져 갈수밖에 없었다. 1937년 7월, 노구교蘆溝橋의 총성은 전쟁을 중국대륙 전역으로 확대시켰다. 그리고 약 일 년 후, 1938년 6월 국민당 정부는 중경으로의 이전을 발표하였고, 북경은 일본군이 지배하는 함락구가 되었다.

『경극만화』는 당시 북경에서 경극을 둘러싼 상황을 이렇게 전한다.

> 일본제국주의는 '동아공존공영'의 노예문화와 중국봉건문화를 결합하여, 중국 신문화운동을 압박하고 파괴하려고 힘썼다. 상부구조를 형성하는 경극예술도 또 이 감옥에서 벗어날 수 없었다. 함락구는 일본군의 통치하에 문화운동 전반에 걸쳐 파괴가 진행되고, 과혹하고 잡다한 세금이 부과되었다. 게다가 군경, 헌병, 특무에 의한 착취와 강요가 더해져 정상적인 공연활동이 불가능할 뿐만 아니라, 많은 경극예인은 생활 유지조차 곤란해지고, 그중에는 몸의 안전조차 위협당하는 자도 있었다.[17]

병이 난 양소루가 '일본군 침략자 손에 이끌려 의무극 무대에 세워

17) 張夢庚.佟志賢.王雁,『京劇漫話』(北京出版社, 1982), 92쪽. (原註)

진'[18] 끝에, 무대에서 피를 토하고 죽었던 것도, 정연추가 북경의 청룡교靑龍橋에서 농민생활을 시작한 것도 이런 시대배경이 있었다.

마련량의 경우는 북경 북지자北池子에 있던 카와시마(川島芳子)의 저택에 드나들었던 점으로 봐서, 양소루의 비참함을 맛보는 일도 정연추와 같이 무대를 버리는 일도 하지 않고 끝났다. 중국에 파견된 일본군 수뇌조차 우습게 여긴 당시의 카와시마였기에 그녀의 비호 하에 있는 마련량에게 함부로 손을 댈 수는 없었을 것이다. 하지만 이 일이 후년의 '만주건국 10주년'을 축하하는 무대와 연결되었다고 생각하면, 당시의 마련량의 행운은 또 만년의 비참한 죽음의 서곡이었다.

1938년 마련량은 학수신郝壽臣과 공연했다. 실은 당시 양소루의 죽음으로 슬퍼했던 학수신은 무대를 버리기로 결심했지만, 마련량이 간청해 신신희원新新戲院에서 공연하였다. 이것이 두 사람이 함께 공연한 최후의 무대였다.

공연된 것은 『삼국연의』의 제 95회에서 제재를 따온 『실가정失街亭』이다. 제갈 공명의 명령을 잊고, 왕평을 제쳐두고 생각이 짧은 마속이 요충지인 가정街亭을 잃기까지를 그린 것이다. 그 뒤 『공성계空城計』·『참마속斬馬謖』으로 이어진다. 거기에 송원을 무대로 한 『관룡주串龍珠』 등의 8편이다. 특히 『관룡주』에서 민중의 입장에 선 관리 서달徐達로 분장한 마련량에 대해서 학수신은 완안룡完顔龍으로 분장했다. 학수신이 분장한 완안룡은 검보도 의상의 전의와 마괘도 모두 황색 일색이다. 민중을 학대하고 악역무도를 다하는 권력자의 모습을 무대 상에서 훌륭하게 재현시킨 것이다.

---

18) 北京市戲曲學校 主編, 『郝壽臣傳』(中國戲劇出版社, 1985), 126쪽. (原註)

첫날부터 큰 호평을 얻은 것이 『관룡주』이다. 2일째 일요일 상연 직전에 돌연 중지명령이 내렸다. 연극을 핑계 삼아 일본군을 비판한다고 느낀 일본군 당국과 그 주변의 중국인으로부터의 간섭이 시작됐기 때문이다. 이 당시 학수신을 체포하러 왔던 일본군헌병은 '황黃'과 '황皇'이 동음인 것에서, 학수신의 황색 일색의 분장은 '황군을 암시하고 야유했다고 주장했다. 이것을 계기로 일본군당국은 『관룡주』를 경극화한 오환손吳幻蓀·마련량 그리고 학수신의 신변조사를 시작했다고 한다.

결국 『관룡주』에는 반일사상 경향이 있다는 이유로 함락구가 된 북경에서는 초연 중에 중지되었지만, 1941년 상해 프랑스 조계지에서 재연되었다.[19] 프랑스 조계지에서는 일본군 관헌도 공연을 방해할 수 없었기 때문일 것이다.

이 때 『관룡주』와 함께 상연되었던 것은 남북조시대 북위의 침략에 대한 대응을 둘러싼 남송조정의 수뇌간의 싸움을 중심으로 어린이 유괴사건을 씨줄로 하여 만든 『춘추필春秋筆』이었다.

상해에서 『관룡주』와 『춘추필』을 공연했던 원세해는 당시를 이렇게 회상했다.

> 『관룡주』의 스토리는 숨 쉴 틈도 없이 전개되고, 사람의 감동을 일으킨다. 당시 중국을 침략하고 있던 일본군의 피비린내 나는 범죄 행위와 닮은 점이 있어, 관객의 공명을 불러일으키기 쉬웠다. 동시에 공연장을 확보한 배우가 단련해온 기예를 훌륭히 공연함으로써 보다 강한 영향력을 가졌다. 그 때문에 관객의 갈채는 다른 작품과 두드러지게 달랐다.
> '어찌 망국의 노예가 되지 않겠는가?' 하는 나의 대사를 기다리기라도 한

19) 袁世海 口述·袁菁 整理, 『藝海無涯 袁世海回憶錄』(中國青年出版社, 1985년), 348쪽. (原註)

> 듯 극장 내에서는 마음이 동요하는 듯 박수가 터져 나왔다. 그 박수는 내 마음에 울렸다. 잃었던 땅을 되찾아라, 일본군을 쫓아내라. 그 때의 관객의 마음의 외침은 우리 모두의 외침이었다. 나와 관객, 배우와 관객. 우리들 마음은 무대라는 울타리를 무너뜨리고, 서로 강하게 결합되어 있었다. 뜨거운 눈물과 함께 연극은 끝났다.[20]

이 공연이 끝난 뒤 마련량은 상해에 남아 요양하고 있었다.

다음 해인 1941년은 문제의 '만주국 건국 10주년'을 기념하는 공연이 있었던 해이다.

1941년 12월 8일, 일본은 미국과 영국 양국에 선전포고를 했다. 그 다음날인 9일 중국 국민당 정부는 추축국樞軸國 측의 일본·독일·이탈리아 3국에 대해 선전을 포고했다. 연말이 가까운 26일에는 국민정부 임시수도가 된 중경에서 중·미·영 3국에 의한 군사동맹조약이 체결되고, 전쟁은 중국대륙에서 태평양·동남아시아로 확대되었다.

『학수신전』을 보면 이 해 가을, '만주국 건국 10주년'을 축하하려고, 일본군에 협력한 중국인들은 학수신에게 축전에 참가할 것을 강하게 요청했지만, 학수신은 거절했다. 집에 틀어박혀서 제자를 지도한다는 것이었다. 그러나 마련량은 학수신처럼 할 수 없었다.

마련량의 제자 중 한 명으로 여겨지는 지금성遲金聲의 〈마련량馬連良과 마파馬派〉는 이때의 사정을 말해준다.

> 마 선생의 1941년 동북공연에 관해서는, 나는 다음과 같이 알고 있다. 1941년 이전, 마 선생은 동북에 들어간 적이 없었다. 1941년, 마 선생은 동북공연여행을 준비하고, 동시에 이곳의 회교도 소학교를 위해서 기념

---

20) 袁世海 口述·袁菁 整理,『藝海無涯 袁世海回憶錄』(中國青年出版社, 1985년), 350쪽, 352쪽. (原註)

> 공연을 하려고 계획했다. 당시, 동북에 가는 경우, 일본만주의 '화북연예 협회'의 동의가 필요하고, 여권을 취득해야 했다. 마 선생이 동북여행을 계획하고 있는 것을 안 그 협회는, 재빨리 동북여행에는 반드시 '화북 연예 사절단華北演藝使節團'의 명칭을 사용하고, 또 만주 10주년을 축하하는 공연을 해야 한다는 제안을 해왔다. 마 선생이 대책에 골몰하고 있는데, 갑자기 일본 군인이 와서 협박했다. 동북에서는 당초 계획대로 흥행을 하고 또 회교도 소학교를 위해 공연도 했다.[21]

이것에 따르면, '만주국 건국 10주년'을 축하하는 무대는, 마련량의 본 뜻은 아니다. 만주에서의 흥행과 회교도 소학교 위문이 주목적이고, 그것을 하기 위해서는 일본군 허가가 필요했다. 그래서 어쩔 수 없이 '만주국 건국 10주년' 축전에 참가했다고는 하지만, 당시 마련량과 카와시마의 사이로 봐서, 이 동북공연 여행에는 꼭 지금성이 '알고 있는' 그대로라고 할 수 없는 점이 보인다. 〈마련량과 마파〉가 발표된 1985년의 시대상황 속에서, 어떻게 해서든 마련량의 입장을 옹호하려고 한다면 회교도 소학교 위문을 주목적으로 하지 않으면 안 될 것이다. 이른바 마련량 변호를 위한 고육지책인 것이다.[22]

덧붙여 마련량의 '화북 연예 사절단'에 2년 앞선 1938년에는 북경에서 두 차례의 '만화연극수교사滿華演劇修交使'가 출발하고 있다. 1회째는 6월 중순에서 약 1개월, 금소산金少山 오소추吳素秋 등 일행 18명이 신경新京과 봉천奉天 등에서 공연했다. 2회째는 12월 중순이다. 신경

21) 中國人民政治協商會議北京委員會·文史資料研究委員會 編,『京劇談往錄』(北京出版社, 1996年), 248쪽. (原註)

22) '만주국 건국 10주년' 기념공연에 관한 필자의 질문에 대해, 마련량의 아들인 마호중馬浩中씨는, '그것이 문제입니다. 아버지의 그 뒤의 인생에 큰 그림자를 드리웠습니다. 하지만, 그 당시 카와시마 요시코의 권세로 봐서 끊을 수 없었던 것이 아닐까요?'라고 대답해 주었다. 아마 이것이, 유족으로서 가능한 최대의 옹호일 것이다. (原註)

이하 주요 도시에서 담부영譚富英 양춘성楊春盛이 공연했다.

이 동북 공연여행에서 북경에 돌아온 직후에, 마련량과 카와시마의 당시 관계를 암시하는 사건이 일어났다.

1941년 12월 17일 신신희원新新戲院 즉 현재의 북경 육부구六部口의 수도 극장(首都電影院)에서, 담부영, 금소선과 함께 『이진궁二進宮』을 공연하고 있던 장군추가 갑자기 일본군에 체포되었다. 발단은 전날 밤 고자언顧子言이란 은행가의 연회석에 장군추가 초대받은 것 때문이다.

17일 일본군헌병과 통역의 감시 하에서 무대 일을 마치고 나서, 장군추는 다시 헌병의 손에 구금되었다. 하지만 19일에 갑자기 석방된다. 그리고 장군추를 맞이한 것은 모친인 장수금張秀琴과 마련량 부부였다. 마련량은 금벽희金碧輝, 즉 카와시마 요시코에게 온 전화로 장군추의 석방을 알고는 뛰어왔다고 한다. 장군추의 석방을 위해 카와시마가 거액의 돈을 썼다고도 전해진다.

장군추는 마련량 무대에는 반드시라고 할 정도로 함께 공연하는 단역旦役배우이다. 그 화려함은 매란방 정도로 강렬하지 않고, 그 단아함은 정연추程硯秋 정도로 가라앉지 않는다. 어디까지나 화창하고 그늘이 없는 무대로 알려져 있다. 현존하는 최후의 남성 단역旦役 배우의 한 명이다.

장군추가 석방된 다음날 마련량은 장수금과 군추 모자와 함께, 석방의 사례를 하러 카와시마를 선판船板 골목에 있던 소친왕蕭親王 구택으로 찾아간다. 이때 카와시마는 장군추를 자기 쪽에 데리고 있고 싶다는 뜻을 내비쳤다. 결국 마련량의 기지로 장군추는 어려움을 벗어나게 되었지만, 이 일련의 사건에서 당시 마련량이 카와시와뿐만 아니라, 그 배후에 있던 일본인 관계자와 멀지 않은 관계에 있었음을 알 수 있다.

당시 마련량을 둘러싼 이런 교유관계는 함락구라는 현실에서 판단하자면, 완전히 부정될 수 없을 것 같다. 그것은 당시 북경 최고실력자가 누구이고, 그 의향을 거슬러서는 경극공연같은 것은 기약할 수 없었기 때문이다. 그 최고 실력자가 일본군 수뇌부였다고 하면, 그들과 마련량 사이에서 그들 최고실력자에 대한 '완충역'을 카와시마 요시코에게 요청했다고 해도, 마냥 마련량을 비난할 수는 없다.

매란방·정연추 그리고 학수신 등은 경극 무대에 서기를 거부함으로써 일본군에 저항의 뜻을 나타내고, 민족의 절의를 표했다. 하지만 마련량은 어디까지나 무대에 신경 써서 경극을 계속 연기함으로써 경극에 대한 절개를 관철시켰다. 함락구에서 경극 배우도 시대의 격동 가운데 여러 가지 투쟁을 강요받고, 각자 태도를 명확히 하지 않으면 되지 않았던 것이다.

해방에서 문화대혁명 시대로

1945년 8월 15일, 일본은 연합국에 대해서 무조건항복을 선언했다. 중국에서 전쟁이 일단 종식되자, 다음은 패전국 일본의 전쟁범죄에 대한 중국 측의 지탄·규명이 시작된다. 당연히 함락구에서의 여러 가지 '이적행위'에 대해서도 중국 측 관헌은 엄하게 추급했다. 그리고 그것은 마련량의 몸에 까지 뻗쳐 왔다.

1946년 여름 상해에서 공연을 마친 마련량은, 이어서 매란방·주신방·이소춘 등과의 공연으로, 손문의 부인 송경령이 창설한 중국 복리기금회中國福利基金會를 위한 자선공연인 의무희義務戲에 출연했다. 이 정도의 명배우가 모두 출연했다. 아마 마련량만이 아니라 경극계에서도 전후 최초의 본격적인 무대였을 것이다.

이 공연 한가운데서 마련량은 '동북공연과 관련해 혐의가 있다. 급히 북평 즉 북경으로 돌아오라'라는 국민당 정부 북평北平 법원法院의 지시를 받았다. 급히 북경으로 돌아오긴 했지만, 마련량은 병으로 집에 틀어박혀, 무대도 쉬고 있었다. 이 사이에 진陳 부인이 동분서주하여, 1947년 여름 결국 북평법원은 마련량을 불기소 결정했다. 마련량은 정말 병이 났을까. 아니면 무대에 서지 않는 것으로, 일종의 자기반성을 표명하려 했을까. 동북공연은 지금성이 변호하고 있듯이 일본군의 협박으로 강요된 것일까. '만주국 건국 10주년' 기념공연에의 참가가 하찮은 작은 죄일까. 그렇지 않으면 마련량이라는 경극계 대간판을 재판하는 것을 사법당국 아니 국민당 정권이 옳지 않다고 보았을까?

이 당시 국민당 사법당국이 마련량의 '화북 연예 사절단' 이전에 만주 각지에서 경극공연을 한 '만화연극수교사滿華演劇修交使'에 참가한 금소산金少山 · 오소추吳素秋 · 담부영譚富英 · 양성춘楊盛春 등에 대해서 도대체 어떤 대응을 보였던가. 현재는 불명확하다. 하지만, 가령 '만화연극수교사'의 행동을 불문에 붙인다 하더라도 역시 마련량에 대한 사법당국의 대응의 근저에는, '만주국 건국 10주년'의 기념공연 출연 자체가 '이적행위'라는 인식이 있었음에 틀림없다. 그렇다면 어떤 이유가 있든 그 기념공연 출연은 경극배우 이전에 중국인으로서의 마련량에게는 씻을 수 없는 통한사였음에 틀림없다. 이렇게 보면 그 뒤 마련량의 무대 활동을 포함한 일체의 행동도 어느 정도 이해될 것 같다.

1947년 진 부인이 분주히 쫓아다녀 불기소가 된 이후, 마련량은 북경에 머물며 각종 의무희에 출연하고 있다. 10회 이상 무대에 올랐다고 전해지고 있는 것을 보면, 어쩌면 불기소에 대한 답례, 또는 스스로 저지른 죄과에 대한 보상의 기분이 담겨져 있었을 것이다.

당시 마련량 무대의상은 모두 상해에 놓아두고 있어 언국붕言菊朋·왕화림王和霖·지금성遲金聲의 것을 빌렸고, 이 세 사람에 더해 장남 마숭인馬崇仁이 주변을 보살펴주고 있었다. 오래 공연하지 않았던 『대등전大登殿』의 무대를 신신대희원에서 연기한 후, 북경을 떠나 상해로 갔다. 당唐의 재상 왕윤王允은 삼녀인 왕보천王寶釧과 설평귀薛平貴의 결혼에 반대한다. 설평귀는 외지 정벌에서 공을 세우고, 정벌한 곳에서 결혼한 이민족 대전代戰공주의 도움으로 결국 장인인 왕윤의 왕위찬탈 의도를 폭로한다. 이리하여 일부이처, 설평귀 가정에 평온이 찾아온다는 것이 『대등전』 줄거리이다.

1947년 가을, 상해에서 매란방梅蘭芳·양보삼楊寶森·주신방周信芳·장군추張君秋·엽성란葉盛蘭 등과 몇 편인가의 의무희에 출연한 마련량은, 그 직후 중국대희원中國大戲院 무대에 올랐다. 이 중국 대희원 무대에서의 공연은 전후 4개월, 이듬해 1948년 봄까지 이어졌다. 공연작품은 자세히 알 수 없지만, 공연자는 장군추張君秋·엽성란葉盛蘭·마부록馬富祿·원세해袁世海·마성룡馬盛龍 등이었다. 객석이 성황을 이뤄 재공연에 재공연을 거듭했다. 마련량은 계속 출연한 것이 원인으로 피로가 겹쳐, 『삼국연의』의 영웅들이 몰리는 『군영회群英會』 무대에서 허리를 다치고 말았다. 그래도 며칠인가는 무대에 올랐다.

마련량이 좌장을 맡고 있던 부풍사扶風社 최후의 총력을 기울인 중국대희원에서의 장기공연을 마치고, 6월에는 소주의 개명대희원開明大戲院 무대에 올랐다. 단기간의 공연을 마친 마련량은 이해 겨울 상해를 경유하여 홍콩으로 옮겼다.

홍콩에 동행한 것은 장군추張君秋와 유진비劉振飛이다. 황금대희원 혹은 중국희원 매니저 손란정孫蘭亭이 관객이 줄어들자 생각해 낸 공연여행이었다. 하지만 이 홍콩행 배경에는 이해 중기부터 진행된 국공내전으로 인민해방군의 남하대공세와 국민당의 연속적 궤주가 있었을 것이다. 상해 거리는 태평하게 연극에 빠져있을 정황이 아니었다. 아마 대다수 시민은 임박한 불안으로 안정되지 않는 날들을 보내고 있었을 것이다.

하지만 가령 마련량 개인적인 사정을 상상해보면, 역시 '화북 연예사절단'으로 '만주국 건국 10주년' 기념공연에 참가했던 전력 때문에, 탈출이라고 해야 할지도 모를 이러한 홍콩행을 재촉했다고 생각된다. 즉 국공내전의 전황은 공산당 측에 결정적으로 유리하게 전개되어 승리가 목전에 와있었다. 공산당이 승리한 뒤에는, '화북 연예 사절단'과 관련된 여러 가지 문제로 틀림없이 추궁당할 것이다. 일단은 불기소처분 되었지만, 그것은 국민당 사법당국의 판단일 뿐이다. 공산당 측은, 이 문제에 극히 엄한 대응을 보이려는 건 아닐까. 게다가 카와시마 요시코와의 관계가 있다. 그렇다면 공산당이 승리하기 전에 홍콩으로 탈출해 그들의 추적을 벗어나자! 이렇게 마련량이 생각했다 해도, 그다지 이상하지 않다. 이 당시 많은 경극관계자가 연기와 목숨 때문에 공산당과 국민당 어느 쪽이든 스스로 기치를 분명히 해야만 했다.

그런데 월극粵劇과 조주극의 본고장이라고 할 수 있는 곳이 홍콩이다. 경극공연도 당초는 진기함이 있어서인지, 크게 인기를 끌었던 것 같다. 하지만 곧 물리고 말았다. 거기서 1949년이 되자, 승리 영화사(勝利影片公司)의 요구에 응해, 무대를 그대로 영화화한 희곡영화 촬영에 들어갔다. 마련량과 장군추의 『타어살가打漁殺家』, 은밀히 거리에 나온 명나라 무종武宗이, 지나던 매용진梅龍鎭의 어느 집 처마밑에서 전족용의 조그만 신발에 자수 놓고 있는 예쁜 낭자와 희롱하는 『매룡진梅龍鎭』 그리고 『차동풍借東風』. 여기에 장군추 주연의 『옥당춘玉堂春』 등이 촬영되고 있었다.

영화 촬영이 끝나자, 다시 경극공연에 들어가지만 관객은 변함없이 없었다. 당시 홍콩에는 보경普慶·오락娛樂·고승高升·대무대大舞臺·이무대利舞臺·황후皇后 등의 극장이 있었지만, 대개는 월극粵劇의 실연實演과 영화가 주된 것이었다. 경극은 주 1회 허용되는 정도였다. 당초는 오락·고변 등의 무대에 섰지만, 나중에는 구룡의 미돈도彌敦道에 있는 보경희원普慶戲院으로 무대를 옮겼다.

오락희원에서는 홍콩 영화배우와 공연하는 합작희같은 것에 출연하고 있었다. 생활 때문이라고는 해도 최근까지 북경 대무대에 올랐던 경극 대간판인 마련량에게 홍콩이라는 '낯선 땅'에서 합작희같은 것에 출연한다는 것은, 정말 마음이 즐겁지는 않았을 것이다. 그 생각은 장군추나 유진비도 아마 같았을 것이다.

그 뒤 당시 사망한 어느 영화배우 가족의 모금을 위한 의무희에도 출연했다. '노생老生이 화단花旦을' '청의靑衣가 정淨을' 하는 식으로 평소에는 연기한 적도 없는 각색을 연기하는 반관희(反串戲)로, 『법문사法門寺』를 공연했다. 이때 마련량은 정을, 장군추는 노생을 연기했다. 또 마련량이 정을 맡아 패왕 항우로 분장한 『패왕별희』도 인기를 끌었던 것 같다.

1949년 2월이 되자 유진비는 상해로 돌아갔다.

그해 가을 운남성 곤명으로 단기 공연 여행을 하고 나서 홍콩으로 돌아와, 장군추와 함께 많지 않은 관객을 상대로 무대에 올랐다.

10월 1일 모택동이 북경 천안문에서 전 세계를 향해, '중앙인민정부가 탄생되었습니다!'라고 선언한 날, 홍콩에서 장군추는 친구 집에서 북경의 라디오 방송을 듣고 있었다. 하지만 마련량은 왠지 그 자리에 없었던 것 같다.

그 뒤 마련량은 장군추로부터 중국본토에 돌아가야 하는지 어쩐지 상담을 받았다. 그 때 장군추는 북경의 담부영에게서 온 편지를 갖고 있었다. 거기에는 공산당 정권의 경극에 대한 보통 이상의 관심과 경극배우 우대의 실정이 쓰여 있었다. 이 때 두 사람이 어떠한 결론을 내렸을까. 적어도 마련량은 공산당 정권하의 중국본토에 돌아가는 것에 크게 불안이 없지 않았다. 하지만 홍콩에서 경극의 전도는 불안 이상의 절망밖에 없었다.

아니나 다를까 1950년 후반, 마련량은 상해의 유진비에게 편지를 써서, 홍콩생활의 궁핍함을 호소하면서 상해에 일이 있는지 묻고 있다. 마침 천섬天蟾 무대에 배우가 부족했고, 이 극장의 요구로 유진비가 홍콩까지 마련량을 맞이하러 왔다.

유진비가 홍콩에 왔을 당시, 대만 경제인 사이에는 마련량의 대만 공연여행을 바라는 목소리가 있었다. 결과적으로 대만공연은 성사되지 않았고 그 이유에 마련량의 병과 요양이란 이야기가 있지만, 공산당정권으로부터의 여러 가지 설득공작이 효과가 있었다고 생각하는 편이 자연스럽다.

1951년 봄 북경에서는 예전부터 있었던 경극관계자의 부조 조직인 북경 이원공익 총회北京梨園公益總會가 북경공회北京公會로 바뀌어 조직되고, 제1회 회원대표 대회가 개최되고, 마련량은 매란방을 이사장으로 하는 가운데 이사멤버로 선출된다. 이것은 북경 거주 경극관계자에 의한 '마련량 복귀'라는 환경을 만들기 위한 일환으로 생각된다.

1951년 10월 1일 주은래 지시를 받은 중국공산당 중남구中南區 문화국은 홍콩에 공작원을 보내, 마련량·장군추·유진비와 접촉을 시도했다.

그 날은 국경절이었다. 홍콩 공산당계 유력지인 『대공보大公報』와 『문회보文匯報』 두 신문은 금릉金陵호텔에서 국경연환회國慶聯歡會를 개최했다. 마련량은 장군추와 함께 참가해 청창淸唱으로 만족스러운 목소리를 피로披露한 뒤에, 가야할 곳이 있다고 총총히 회장을 떠났다. 그대로 밖에서 기다리던 차로 홍콩과 광주를 연결하는 광구廣九철도역으로 갔다. 광주행 기차를 타고 홍콩 쪽 마지막 역인 상수上水를 통과했다. 그리고 당시는 적막한 시골역이면서 '자유세계'와 '공산중국'을 연결하는 유일한 창구였던 심천深川에서 광주로 갔다. 마련량은 비밀리에 중국본토로 돌아간 것이다.

홍콩에 남은 부인은 집을 정리한 뒤, 육국六國반점에 몸을 숨겼다. 그리고 장군추로부터 연락을 기다려, 장군추와 함께 중국 중남구中南區 문예국 간부를 따라, 비밀리에 심천에서 중국으로 돌아갔다. 마련량 보다 20여일 늦어서였다.

광주에서 단기간 공연하고 나서, 마련량은 장강중류인 한구漢口로 향했고, 여기서 연의경극단聯誼京劇團을 조직하여, 한구漢口·강서江西·천진天津을 순회하며 공연하였다. 천진 공연은 전국에 몰아친 '삼반오반운동三反五反運動'의 영향을 제대로 받아, 관객은 신통치 않았다. 이때 다시 장군추는 『패왕별희』를 연기하고, 마련량은 반관反串 즉 자신의 주전공이 아닌 다른 배역으로 항우를 연기했다. 이 공연의 모든 수입은 북경의 연극학교 건설에 기부했다고 한다.

몇 년 만에 북경에 돌아온 마련량은 연의경극단을 발전적으로 해체하고, 새로운 마련량 경극단을 결성한다. 예전의 부풍사의 재흥이다.

1952년 7월 1일, 마련량은 북경반점에서 있었던 중국공산당 성립을 축하하는 '7·1' 축하 만찬회에 출석하고 있었다. 이 자리에서 처음 인사를 나눈 주은래의 요청으로 마련량은 『팔대추八大錘』의 일절을 불렀다. 이 작품은 송대를 무대로 중원을 침략하는 난적을 상대로 한 송나라 군대 통제統制인 왕좌王佐가 스스로 팔꿈치를 잘라 폐인이 되어 적진에 침입한다. 결국 적을 항복시키기까지를 그린 것이다. 다른 이름은 『왕좌단비王佐斷臂』이다. 마련량의 인기 작품의 하나이기도 하다. 그다지 잘된 것 같지 않아서, 귀가 후에 『팔대추』가 아니고 『차동풍借東風』을 불렀어야 했다고, 자꾸 반성하고 후회했다고 한다. 생각해보면 주은래에게 인사를 할 수 있다는 행운에 긴장하여, 경극의 대간판 답지 않게 기분이 동요되어 있었을 것이다. 하지만 어쨌거나, 주은래를 접견한 것으로, 마련량은 무사했고, 중국공산당 정권에게 인정받은 것이 되었다. 동시에 정권으로부터 일본 군정하의 여러 가지 행동을 불문한다는 취지의 무언의 양해를 얻은 것이 되었다. 그렇게 해서 마련량은 중화인민공화국 경극배우로서 정식 인정받았다. 역시 긴장하지 않을 수 없었을 것이다.

1952년 가을 마련량은 예전의 '인연의 땅'인 동북지방의 주요 도시로 순회공연을 간다. 동행한 것은 전전에 마련량이 그 재능을 인정하고 밀어줬던 원세해였다.

1953년 매란방·주신방과 함께 한국전쟁에 참가한 의용군 병사 전선을 위문했다.

이듬해 1954년도 또 의용군을 위한 전선위문을 했지만, 이때 동행한 것은 학수신이었다. 여행도중, 대만이 해방되고 조국통일이 달성되는 새벽에는, 둘이서 『청매자주논영웅青梅煮酒論英雄』을 연기하여 축하하자고 약속했다고도 한다.[23] 『삼국연의三國演義』 제21회에서 제재를 따온 이 작품은, 유비의 뜻을 알아보려고, 청매실로 담근 아름다운 술을 준비한 조조가 한결같이 공순한 뜻을 보이는 유비에게 일이 마음대로 되지 않자, 말을 건넨다.

> 천하 영웅은 그대와 나 둘 뿐이지요!
> 天下英雄唯有使君與操耳!

'학수신郝壽臣의 걸작絶作'이다.[24]

이해 8월 중국정부는 대만의 해방을 선언했다. 이 선언 배경에는 전년 한국전쟁 휴전·인도차이나에서 9년에 걸친 전투에 우선 종지부가 찍힌 제네바 극동평화회의(4월–7월)·주은래 네루평화 5원칙 선언(6월)과 완화의 조짐을 보이기 시작한 냉전구조의 간극을 봉합하는 것에 대한 국제정치 무대에서 중국의 활약·중국의 국제 정치에서 영향력 확대·지위 향상에 따른 내외정치에 대한 자신 등을 지적할 수 있을 것이다.

어떻든 마련량에게도 또 다시 정치의 계절이 찾아오고 있었다.

1955년 마련량 경극단은 북경시 경극 2단과 합병하여 북경 경극단北京京劇團이 되었다.

1956년 여름, 북경 경극단은 유비가 초가집으로 공명을 세 번 찾아가는 『삼고초려三顧草廬』를 공연했다. 당시 연극개혁의 일환으로 의자나 책상을 준비하는 검장의 폐지가 주장되었던 점에서, 이 공연에서는 검장은 새로 더해진 마동으로 분장하고, 극중 인물로 등장하고 있다.

---

23) 北京市戱曲學校 主編, 『郝壽臣傳』(中國戱劇出版社, 1985), 151쪽. (原註)

24) 앞의 책, 『支那劇大觀』. (原註)

이 해 중국공산당 제8회 전국대표대회가 북경에서 개최되고, 대회 개최를 축하하는 기념공연이 북경 거주 경극배우 중심으로 8월 6·7·9일 3일간 열렸다. 물론 마련량도 참가했는데, 그는 공연이 끝난 직후인 8월 11일, 북영北影에서 『군영회群英會·차동풍借東風』의 희곡영화촬영을 위한 준비공연을 하고 있었다. 이 영화는 중국공산당 문화부가 저명한 경극배우를 동원하여, 경극을 예술기록영화로 남기려고 기획한 것이다. 마련량馬連良에 더하여 담부영譚富英·엽성란葉盛蘭·구성융裘盛戎·손육곤孫毓堃·소장화蕭長華·학수신郝壽臣이라는 실로 전무후무라는 말에 어울리는 진용으로 촬영준비에 들어갔지만, 준비공연 뒤에는 학수신이 심장병 발작으로, 영화완성은 이듬해 1957년을 기다려야 했다.

12월 30일, 혹은 11월 장군추가 이끄는 북경 경극 3단이 북경시 경극단에 합류했다. 여기서 마련량을 단장으로, 담부영·장군추·구성융을 부단장[25]으로 하며, '생·단·정·축의 각 각색·각 유파의 저명한 배우를 거느리고, 예술적 조예가 극히 높은, 큰 영향력을 가진 경극단의 하나'[26]가 탄생하게 되었다.

1959년 10월 중화인민공화국 건국 10주년 경축공연이 열려, 북경경극단과 중국경극원은 합동으로 『적벽대전』을 공연했다. 마련량·이소춘·담부영·이화증李和曾·원세해·엽성란·구성융이 같은 무대에 섰다. 실로 '경극 이원계의 "군영회"라 할 만한' 진용이고, 동시에 이 해 건국 경축공연은 '50년대라는 경극최성기에 보였던 최고 수준에 달했을'[27] 정도였다. 혁명현대경극으로 순식간에 돌진하는 60년대를 앞둔 경극

25) 후에 조연명趙燕鳴도 부단장으로 합류한다. (原註)

26) 上海藝術研究所·中國戲劇家協會上海分會 編,『中國戲曲曲藝詞典』(上海辭書出版社, 1983), 412쪽. (原註)

27) 史虹雯 · 安志强, 「張君秋」 (湖南人民出版社, 1985). (原註)

계는 문자대로 '최후의 정화'이었고, 질풍노도의 시대를 맞기 직전의 순간의 안식이었다.

1960년대에 접어들자, 마련량은 문화대혁명의 단서가 된 오함吳晗[28]의 작품에 기초한 『해서파관海瑞罷官』을 공연하게 되었다. 해서를 주인공으로 하는 신작을 구상 중이었던 오함에 대해, 마련량이 신편新編 역사극을 써내도록 요청했다. 그것에 응해 오함이 완성한 이것이 『해서파관』 극본완성의 경위인 것 같다.

당시에 이미 주신방이 『해서상소』를 공연하고 있었는데, 작품명이 번거로워서 당초에는 『해서』라고 불렀다가, 그 후 몇 회가 진행되면서 이름도 처음의 『해서파관』으로 돌아갔다. 이 작품이 몇 년 뒤에 중국 전국을 긴장과 혼란 속으로 빠뜨림과 동시에 마련량도 불행과 참극 속으로 몰아넣게 되는 문화대혁명을 일으키리라고는 당연히 마련량 자신도 알 리가 없었다.

1961년 11월 26일, 오랫동안 무대에서 함께 일했던 학수신이 갑자기 죽었다. 중앙문화부 심안빙沈雁冰 즉 모순茅盾을 장례위원장으로 하는 장례식에 참가했다. 장례 직후인 12월 13일, '남기북마南麒北馬'로 병칭되는 오랜 라이벌로 옛 이름은 기린동麒麟童인 주신방의 무대생활 60주년을 기념하여, 북경 『광명일보』 지상에 '주신방 연극생활 60주년 축하[29]'라는 제목의 한 수를 발표했다. 마련량이 전후戰後에 발표한 몇

28) 오함吳晗1909-1969): 중국의 저명한 역사학자이자 사회활동가로서 현대 명사연구의 개척자의 한 사람이기도 하다. 원명은 오춘함吳春晗이며 자는 백진伯辰. 필명으로는 어헌語軒 유생酉生 등이 있다. 절강 의오義烏인으로 청화대학 교수를 비롯하여 북경부시장 등을 역임했다. 문화대혁명 때 신작 역사극 『해서파관』으로 당시 권력자들에 의해 많은 고초를 겪었고 최후에는 옥중에서 자살함으로써 일생을 마쳤다.

29) '賀信芳兄演劇生活甲子重周'가 원문이다.

개 안되는, 아마 유일무이에 가까운 문장이라고 할 수 있을 것이다.

1963년 4월, 장군추 등과 북경 경극단을 이끌고 최후의 홍콩, 마카오 공연에 나섰다. 이곳에서는 전후 최초의 본격적인 경극공연이라는 점도 있어서, 내외적으로 크게 주목을 끌었지만, 특히 북경경극단의 젊은 배우들의 탄탄한 모습이 두드러졌다. 이 젊은 배우들 가운데서 강청의 호소에 응하여 혁명현대경극을 연기하고, 결국 마련량 규탄을 외친 홍위병이 태어나게 되었으니 얼마나 얄궂은 일인가.

이 공연여행에서 북경에 돌아온 시점을 전후로, 강청이 적극 추진한 경극현대화 운동이 본격화된다. 그리고 그것은 요문원의 오함 비판 특히『해서파관』비판을 거쳐 문화대혁명으로 진행되고, 그 문화대혁명 노도 속에서 혁명현대경극이 태어나, 무대 위에서 '왕후장상 재자가인'을 모두 추방하고, 결국 전통적인 경극을 무대에서 일소해 버리게 되었다. 그렇다면 적어도 홍콩, 마카오에서의 마련량 무대가, 마련량다운 최후의 무대라 하겠다.

1964년 6월 5일, 북경에서 전국 경극 현대희 관마연출대회가 개최되었다. 전후 2개월간 18개 성·시·자치구에서 참가 한 29개 경극단이 북경시내 주요극장에서 35편의 현대경극을 경연했다. 20만 북경시민이 직접 극장을 찾았고, 텔레비전을 통해서 640만 명이 넘게 현대경극을 접한 것이다. 이 대회에 참가했던 북경 경극단 작품은『두견산杜鵑山』이었다. 마련량은 등장이 극히 적은 노인 역으로 참가하고 있다. 마련량은 어떤 심경이었을까. 정치에 대한 면죄부일까. 하지만 역시 마음속은 평온하지 않고, 즐거운 무대라고 할 수 없을 것이다.

다음 해인 1965년 7월 21일, 산서성 태원에서 화북구 경극현대희 관마연출대회가 열렸는데, 북경 경극단은 당시 격화하고 있던 베트남 전쟁을 테마로, 베트남 인민의 반미투쟁을 그린 『남방에서 온 편지(南方來信)』를 상연하고, 마련량은 양노청楊老靑을 연기했다. 이어서 연말에 늙은 농민으로 분장한 마련량은 장군추와 현대극인 『연년유여年年有餘)』를 연기하게 되었다.[30]

아무래도 『연년유여年年有餘』의 늙은 농민이 마련량에게 최후의 무대였던 것 같다. 〈4대 수생鬚生〉에 오르고, 화려한 무대인생을 보낸 그에게, 참으로 쓸쓸하고 슬픈 최후의 무대모습이라 하겠다.

65년 마련량은 장군추 등과 함께, 강청의 손에 의해 북경 경극단에서 쫓겨난다. 오랫동안 직접 가르치고 연기를 전해왔던 젊은 배우들 가운데는 강청의 뜻을 따른 자도 적지 않았다. 그래도 당시는 아직 북경시장의 지위에 머물렀던 팽진의 비호 하에 북경시 경극 2단에 소속할 수 있었다.

그리고 문화대혁명이 본격화됐다.

마련량도 많은 경극배우와 마찬가지로 홍위병 운동 폭풍 속에 던져지게 된다.

마련량에 씌워진 죄명은 '한간漢奸' 즉 '스파이'와 '연극패거리 우두머리'라는 '희패戱霸' 등이다. 홍위병들은 '만주 건국 10주년' 기념공연 참가를, 중국인이면서 중국을 침략한 일본군에게 혼까지 팔아넘겼다고 규탄했음에 틀림없다. 강청의 북경 경극단 지배에 저항했던 것이, 경극세계에 권위주의를 퍼뜨리고, 경극현대화를 저지하려 한다고 간주되었다. 『해서파관』을 창작하고 상연했던 것은, 반당분자인 팽덕회

30) 현재 가장 많은 극목을 수록한 『경극극목사전』에는 『연년유여年年有餘』는 게재되어 있지 않다. 그래서 그 줄거리를 아는 것은 현재 불가능하다. 아마 극히 단편이고, 극본 같은 것은 문화대혁명의 혼란 속에 없어져 버렸을 것이다.(原註).

에 대한 모 주석의 처분을 향한 공연한 비판이고, 마련량은 모 주석에 적대하는 세력의 선전역이라고, 아마 홍위병들은 이렇게 말하며 마련량을 책망했을 것이다.

1966년 8월 장군추 등과 함께 중화희원中和戲院에 감금되어 자기비판을 강요받는다. 그리고 홍위병의 손으로 자택이 철저히 수색되고, 재산은 몰수 되었다. 거기에는 경극관계의 귀중한 자료가 있었다.

중화희원에서는 남색의 낡은 옷이 입혀져, 휴게실을 배경으로 구분한 우붕牛棚이라는 작은 방에 밀어 넣어졌다. 그 방에는 책상과 의자가 하나씩 있었다. 평소 책상과 의자에 익숙해 있던 경극배우라고는 하지만, 그것은 무대 위에서의 이야기다. 확실히 경극의 정식에서는 책상과 의자만 있으면 심산유곡만이 아니라 침실이나 침대도 간단히 표현해 버린다. 가령 홍위병이 경극 정식을 알고서 마련량의 우붕에 책상과 의자만 놓아두었다면, 그것은 너무나도 잔혹하고 얄궂은 대접이다. 또 받침대에서 떼어낸 매란방의 흉상이 머리 위에서부터 씌워진 일도 있었다고 한다. 마련량이 당했던 굴욕은 역시 타인에게는 이해되지 못할 것이다.

10월 부종이 악화되고 음식이 목을 넘어가지 않았던 마련량은, 홍위병의 손에 의해 병원에 보내졌다. 아마 책임을 벗으려는 구실의 강제입원이었을 것이다. 그리고 12월 16일 마련량은 65세의 파란만장한 인생의 막을 내렸다.

명배우의 인생이란 연극으로는 너무나도 쓸쓸하고 공허한 것이었다.

마련량이 생애를 마감하기 20일쯤 전인 11월 25·26일 이틀간, 북경 천안문 앞 광장은 홍위병의 하늘도 태울 것 같은 열기로 숨이 막혔다. 그 빨간 표지의 『모택동 어록』을 흔들어대는 250만 명의 홍위병을 모택동이 접견했다. 마련량이 죽은 다음날은 12월 27일이다. 그날 북경 공인체육관은 만 명의 홍위병 함성으로 채워졌다. 유소기·등소평 비판대회가 열렸던 것이다.

그리고 중국은 그 열광과 광란의 문화대혁명시대로 돌입했다.

그의 죽음으로부터 13년 남짓 지났다.

1979년 3월 27일, 중국 공산당은 마련량을 위해 명예회복대회를 실시하고, 1980년에는 마련량 탄생 80주년을 기념하는 경극공연이 열렸다. 그리고 1981년 10월 20일 남편의 명예회복을 탄원하듯이, 진 부인이 71년의 생애를 마쳤다.

생각하면 현재 중국에 경제 급성장을 가져온 개혁 개방노선이 시작된 것이 마련량이 명예 회복된 그 해였다.

관 뚜껑을 덮고 보니…

마련량이란 경극배우의 생애를 돌아보니, 새삼스레 중국사회에서 경극배우가 갖는 의미나 경극과 시대의 흐름 같은 것을 생각하지 않을 수 없게 되었다.

가령 1949년 중화인민공화국성립 이후를 보면, 매란방은 이미 '정치의 힘'으로는 좌우할 수 없을 정도로 세계적 존재가 되어 버렸다. 정연추는 '정치의 힘'에 동화함으로써, 스스로의 기예를 살렸다. 주신방은 '정치의 힘'의 와중에 스스로를 던져, 그리고 빨려 들어가 사라졌다. 담부영은 '정치의 힘'을 모른 척함으로써 가문에 전해온 가예家藝를 지켰다.

그리고 마련량은 어떨까. 아무래도 '정치의 힘'이 무언지 모른 채, 그것을 다루지 못하고 농락당해 버렸다.

견해를 바꿔보자.

가령 마련량이 중일전쟁 이전에 생애를 마쳤다면 재능이 넘치는 노생배우의 요절이라고 경극역사에 새겨졌을 것이다.

마련량이 중일전쟁 중에 죽었다면, 경극 동료는 그를 '사회 주요한 사상준칙과 행위규범을 위배한 경극계의 죄인'이라는 뜻의 '이경반도離經叛道 경극죄인京劇罪人'으로 매도하더라도, 일부 호사가로부터는 깊은 애석의 정으로 묘소로 보내졌음에 틀림없다.

가령 매란방이나 정연추와 같이 60년대 초기, 즉 문화대혁명 개시 이전에 생애를 마쳤다면, 아마 '현대 노생의 태두'라는 이름이 붙여졌을 것이다.

그리고 담부영이나 장군추와 같이 문화대혁명 시대를 견뎌냈다면, 마련량은 숭인崇仁 이하 자식들에 둘러싸여 혹은 '경극계의 지보'로 추대되었을지도 모른다. 하지만 현실은 그렇지 않았다. 쓸쓸하고 공허한 죽음이 기다리고 있었을 뿐이었다. 그건 그렇다 하더라도 북경이 '함락구 북평'이었던 시절의 행동은, 마련량 인생에서 실로 큰 의미를 지니고 있었다.

경극과 경극배우의 행보를 중국 근현대사의 흐름에 비춰볼 때, 실로 여러 문제가 떠오른다. 그런 의미에서 65년에 걸친 마련량의 생애는 흥미 깊은 것이다. 마련량의 기예도 생애도 역시 중국 사회의 흐름 속에서 피할 수 없었다고나 할까.

제오본第五本

현외유음弦外有音

— 내가 희미戲迷(연극광)가 된 이유

민국 2년(1913년 23세)

나는 북경대학 예과 시험을 치루고 입학했다. 남방에 있었을 때 항상 북경 연극의 훌륭함을 듣고 있었고, 문예 마니아인 성도聖陶(엽성도葉聖陶) 군이, 또 내내 나에게 연극의 공용을 찬미했다.
… 나는 이런 복이 있어서 연극의 본고장인 북경에 살 수 있게 되었다. 보고 보고 또 보지 않고 어찌 참고 살 수 있으랴. 마침내 나는 '연극광'이 되었다.

도대체 왜 연극광의 길에 빠져버린 것일까. 지금도 모르겠다. 하지만 돌아보면 중국에 막연한 흥미를 가질 무렵, 이미 경극에 관심을 갖고 있었던 느낌이 든다. 하지만 그것이 어떤 역사를 갖고, 중국인 생활에 어떤 영향을 주었는지 그런 것에 주의 같은 건 하지도 않았다.

지금부터 25년 전의 일이다. 자, 유학이다 하고 홍콩에 도착했다. 잠시 있다가 미국인 수학자와 알게 되었다. 이상하게도 그는 한 시대 전의 약간 고풍스런 일본어와 실로 유창한 북경어 즉 일본인이 말하는 북경어가 아니고, '경편자京片子[1]'라는 본고장의 정통적인 북경 사람이 말하는 멋지고 씩씩한 중국어를 구사했다.

일본어는 어학 독습용의 레코드로 독학한 것이었다. 북경어는 진짜 북경사람 같았다. 참으로 세상에는 놀라운 사람이 있구나 하고 감탄하기도 하고 놀라기도 했다.

언젠가 그 미국인이 이렇게 물었다.

어때요, 오늘 재미있는 곳에 안 가시겠어요?

그래서 그의 권유로 따라 간 것이 25년에 이른 경극과의 인연의 시작이다.

실질 강건하여, 군더더기가 없는 그의 생활을 상징하듯 폭스바겐은 어느새 홍콩 교외의 유원지에 도착했다. 입구의 큰 간판에 '동남아 최대'라는 유원지 이름은 여원荔園이다. 앞으로 이곳에 1년 365일. 전후 3년 정도를 다니게 되리라고는 전혀 상상도 못했다. 설·단오절·중양절 같은 경우 무대는 주야 2번 있었으니까, 가장 많이 다닌 해는 아마

1) 顧頡剛,『古史辨自序』(河北教育出版社, 2001), 35-36쪽. (原註)

1년에 365회를 넘었을 것이다.

그런데 입구에는 1미터 20~30센티미터 정도의 봉이 세워져 있었다. 뭣 때문에 그곳에 세웠는가 하면, 이 봉보다 키가 크면 대인 요금, 이보다 작으면 소인 요금이다. 그러니까 어른을 대인, 어린이를 소인이라고 하는 것이 아니라, 이 봉보다 큰 사람이니까 대인, 작은 사람이니까 소인이라는 것이다. 그래도 누구라도 단숨에 알 수 있는 편리한 요금계산기다. 참으로 편리한 것을 생각했구나 하고 들어보니, 2천년도 넘는 옛날에 이 봉은 진시황제가 세금징수용으로 고안했다는 대답이었다. 그것이 정말인지 어쩐지는 모르지만, 이 여원의 독창은 아닌 것 같다.

입구를 지나면 그곳은 극히 넓은 유원지이다. 예전의 도쿄 아사쿠사(淺草)의 유원지인 하나야시키(花屋敷)의 분위기였다. 공기총 경품 맞추기도 있고, 회전목마도 있고, 빙고도 있고, 매직 쇼도 있고, 누드쇼도 있고 해서 뭐든지 있는 유원지를 들어가면 그곳에 작은 극장이 있었다.

표 판매소에는 종이로 인쇄된 좌석 표가 비치되어 있었다. 그 좌석표에 자기가 좋아하는 자리를 가리키면, 판매원이 짧아진 색연필로 표시를 하고 그리고 표에 좌석번호를 써서 준다. 좌석 표 옆에는 앞으로 보름 정도의 공연예정 작품이 인쇄된 B5정도 크기의 핑크 종이가 놓여 있었다. 이것을 연극공연 팸플릿인 희단戲單이라고 부르는지 나중에 알았지만, 참고자료로 그 핑크 희단을 한 장 받았다.

미국인 뒤를 따라 극장 안에 들어갔다. 한가운데는 통로이다. 좌석은 모두 2백 개는 넘지만 3백 개는 되지 않을 것이다. 그래도 앞, 중간, 뒤의 세 등분으로 나눠졌다. 무대 가까운 곳이 가장 비쌌다. 비싸다고 해도 겨우 5홍콩 달러로, 당시 1홍콩 달러는 약 60엔 정도이며 미국 1달러가 360엔인 시대였다고 기억된다.

창 하나 없고 당연히 객석엔 냉방설비도 없다. 객석은 어두운 채,

무대만이 몹시 밝고 그곳에는 화장하기 전의 배우들이 무공武功연습을 하고 있었다. 무대 오른편 장면 즉 악사석에서는 '티티티티티' '테케테케테케테' '짱띠 짱띠' '따라리라리라리라라라리라라라' 하고 악기가 울리고 있었다.

무대 위에는 낡은 카펫이 한 장 있었다. 상당히 연대가 지난 것 같고, 온통 보푸라기가 일었다. 그 위에서 무공연습을 하고 있었다. 먼지가 잇달아 일어난다. 아니 이것이 내내 동경해왔던 경극인가 하고 생각하자 환멸이 느껴졌다.

다만 소란한 음악을 들으면서, 무대 위에서 먼지를 일으키며 하는 연습을 잠시 보고 있자니 곧 음악이 뚝 그쳤다. 무대에서 배우들이 사라지고, 그때까지 피어오르던 먼지도 사라졌다. 아니 원래의 카펫으로 돌아간 것이다.

주변을 둘러보자, 어느 샌가 불이 켜져 있던 객석도 무대에 가까운 쪽부터 채워져 있었다.

잠시의 정적이 있고나서, '테케테케테케테케' 하고 단피고가 울렸다. 구룡구九龍口 안쪽에서 '와' 하고 소리를 지르자, 얼굴 한가운데를 하얗게 칠한 축이 등장한다. 삼분의 일도 채워지지 않았지만, 객석에서는 일제히 박수를 쳤다.

무슨 말이야. 어디가 재미있다는 건가. 전혀 모르면서도, 뭔가 재미있는 것을 말하여, 손님을 웃기고 있다는 정도는 그저 알았다.

하나의 작품이 끝나자, 또 다음이 이어졌다. 이번에는 구룡구 안쪽에서 '오오 홍' 하는 소리가 났다. 노생의 등장이다. 단피고 뒤에 경호가 연면히 울리며 연주됐다. 배우가 노래하기 시작한다. 그러자 이번에는 객석에서 '좋다' 하는 추임새 소리. 배우의 노래에 맞춰 간간이 경호가 높다졌다 낮아졌다 길어졌다 짧아졌다 하는 그 연주의 절묘

함에 객석에서는 '좋다!'

관객과 배우, 객석과 무대가 일체가 되어, 제6극장 전체가 하나의 생물 같이 약동하기 시작했다.

무엇을 노래하는지, 무어라 떠드는지, 어떤 대사를 말하는지, 어떤 노랫말이 불려지는지 그런 것은 전혀 알 수 없었다. 다만 저 먼지 이는 무대가 일순간에 빛이 나고, 돋보이지 않는 배우에게 운명의 바람이 몰아치고, 무대 위에 '초지상적'이라고 밖에 표현할 수 없는 세계가 출현한 것에 놀랐다. 아니 정확히 표현하면, 무대 위에서 반복된 어린 배우의 천진한 경극 흉내에 '초지상적' 광휘의 세계를 느낀 자신에 놀라야 할 것이다.

이것이 경극과의 최초의 만남이었다.

그 다음날 혼자서 제6극장에 가봤다. 어제 미국인이 했던 것같이 표를 사고 희단을 한 장 받고, 어두운 좌석에 앉아서, 먼지 이는 무대의 연습을 바라보고, 소란한 장면의 개장 징소리를 듣자니… 곧 무대가 어두워졌다. 잠시 있다가 극장 전체가 밝게 불이 켜지며, 무대에 순간 빛이 모아졌다. '얏!' 하는 소리. 그러자 무대는 '초지상적'.

다음 날도 또 다음날도 이렇게 하고 있을 때 대만계 서점에서 『희고대전戲考大全』[2]이란 두꺼운 책을 발견했다. 표지를 넘겨보니까 '명가평극 비본名家平劇秘本'이라고 쓰여 있는 게 아닌가. 목차에는 경극의 극목이 쭉 나와 있다. 경극의 극본이었던 것이다.

그날부터 이 『희고대전』을 가지고 제6극장을 다니기 시작했다. 희단에서 그날의 작품을 조사한다. 『희고대전』에 그것이 있으면 미리 봐서 줄거리와 대사를 읽어 둔다. 그러자 구두 밖을 긁던 느낌이었던 무대

2) 胡菊人, 『戲考大全』(全五冊), (上海書店, 1990).

가 조금 가까워진 것을 느꼈다.

다음으로 산 것이 카세트이다. 매일 눈을 맞춰 어느새 친숙해진 아저씨들 대부분이 카세트를 들고 있었다. 그 중에는 무대의 좌우 조명기구의 전기 콘센트를 뽑아 녹음하고 있는 대담한 사람조차 있을 정도였다. 연극이 끝난 밤 11시가 지나면, 놀이기구 손님도 없어져 어둡고 텅 빈 유원지를 지금 막 녹음한 경극을 큰 볼륨으로 들으면서 집으로 걸어 돌아가는 모습은 뭐라 말할 수 없이 행복해 보이고 부러웠다. 그래서 카세트를 산 것이다. 한 달 하숙비인 홍콩 200달러 이상 돈을 썼다.

그날부터 『희고대전』과 카세트를 들고 다니게 되었다. 아저씨들도 '어이 일본인, 마침내 샀구먼!' 하는 얼굴로 이쪽을 보고 있는 것이다.

유유히 카세트를 무대 끝 쪽에 놓았다. 그리고 『희고대전』을 펼친다. …

다음은 '좋다!' 하는 추임새도. 이것을 '규호叫好'라고 하지만, 언젠가 작은 소리로 '좋다!' 하고 해봤다. 그러자 그것이 아저씨들의 '규호'와 일치했다. 그 이후에는 일사천리로 '규호'를 연발했다.

이런 밤이 3개월 정도 지나자, 어느 틈인지 내 자리도 정해졌다. 물론, 아저씨들의 자리는 '지정석'이다. 언젠가 표 판매소에 가자, 'A11' 하고 가리키지 않아도, 'A11'의 표가 쑥 눈앞에 나왔다. 이때부터 나도 아저씨들과 같은 '지정석'이 되었다.

그런 가운데 이 유원지에는 객가客家 요리 레스토랑이 있고, 그 입구로 들어가면 무료로 제6극장에 올 수 있다는 것을 어느 아저씨가 가르쳐 주었다. 그래서 곧 그 아저씨의 가르침을 따랐다. 그런데 제6극장을 다니고부터 1년 반 정도 지나자, 언젠가부터 표 판매소에서 요금을 내지 않아도 표를 건네받게 된 것이다.

이래서 완전히 아저씨들과 한패가 된 것이다.

여름엔 천정이 무너지는 듯한 선풍기만이 유일한 냉방장치. 이런 여름 연극을 보는 데는 뭐라 해도 찬 맥주가 좋다. 그래서 과감하게 맥주를 사서, 아저씨들에게 한턱 쏘았다. 그러자 다음날, 아저씨들로부터 답례의 맥주가 왔다. 이윽고 객석 맨 앞줄에서 찬 맥주를 왼손에 들고 '좋다!' 하고 소리 지른다. 난방 같은 건 없고, 콘크리트 바닥에서 냉기가 발을 타고 올라오는 겨울의 연극관람. 여기에는 뜨거운 소흥주. 이것 또한 여름과 같다. 소흥주를 꿀꺽 마시고 '좋다!' 하고 소리치면 더없이 행복한 한 순간이다.

가을과 봄에 주고받는 것은 담배다. 담배 갑에서 서서히 한 개비를 꺼내서는 건네주고 건네받는데, 태어나서부터 담배를 입에 댄 적이 없기 때문에, 가을과 봄의 '선물교환'만은 사양했다.

그런데 연극을 공연하는 것은 춘추희극학교 학생들이었다. 그 옛날 상해에서 무공을 전문으로 하는 단 가운데 도마단刀馬旦으로 날렸던 분이 분국화粉菊花 여사였다. 항상 분 여사와 함께 있던 두 방향으로 얹은 머리의 이국상李國祥씨와는 과연 부부였을까. 그것에 대해서는 잠시 제쳐놓자. 어쨌든 그녀의 학생들은 몇 년간 수업을 받고 나서, 영화나 노래 세계에 진출하거나, 대만 경극무대에 서거나 했다. 영화 『이어 오브 더 드래건』이나 『마지막 황제』로 인기를 끌었던 존 론도 이 학교를 졸업했을 것이다. '그날'을 위해 10살 전후부터 20세 미만의 학생들은 오전에는 학교에서 연습하고, 오후에는 제6극장 무대에 섰다. 이른바 마련량 등이 배운 부련성과반富連成科班의 홍콩판인 것이다.

교장인 분 여사의 지도는 엄격하다. 무대가 시작되기 전의 연습 때가 되면 가만히 있지 않는다. 상해시절은 어쨌든 그 당시는 이미 60세는 훨씬 넘었을 것이다. 마치 법정에서 거세한 목소리를 지르며 변명에 힘써 자신을 체포한 공산당 간부를 나쁘게 욕하고 있던 때의 강청을 방불케 학생을 욕했다. 그러고 보니 분 교장의 얼굴은 어딘지 강청을 닮았다. 무대가 시작되면 장면의 뒤에서 무서운 눈으로 지켜본다. 그리고 무대가 끝나자마자 잘못한 학생을 두들겨 팬다. 아니 '타희', 즉 '때리지 않으면 재목이 안 된다'라는 게 딱 어울리는 말이다. 하지만 아무리 때려도 되지 않는 재목도 있었던 것 같다.

이 학교는 구룡의 번화가 뒷골목에 있었다. 그 주변에는 적당한 값의 술집이나 음식점이 많았다.

그날 밤 연극이 끝나고 나서, 식사를 하려고 희극학교 부근의 상해요리점에 들어가자, 제6극장에서 늘 만나게 되어 알게 된 검장 할아버지가 혼자서 식사를 하고 있었다. '아 아까는 실례했습니다. 식사하세요.' 하고 인사하면서, 주머니를 찾으니 꽤나 여유가 있었다. 그래서 요리점 주인에게 살짝 말했다.

저 할아버지에게 요리 하나 보내줘요! 그리고 계산은 이쪽에서 할 테니.

잠시 있자니, 검장 할아버지가 내게로 오셨다.

아, 잘 먹었소.
아닙니다. 또 뵙지요.

이렇게 하고 나니 약간 일본 씨름인 스모 선수 후원자가 된 기분이다.

그리고 근처의 계산대 바로 갔다. 계산대 한쪽에는 아까 분粉 교장으로부터 몹시 꾸중을 들은 배우가 맥주를 마시고 있었다. 그래서 '아까는 힘들었겠어요. 뭐 한 잔' 하면서 큰 잔을 한 잔 보내줬다. 여기서도 후원자 기분….

당시는 문화대혁명의 중기였다. 가장 달아올랐을 때의 열광은 일단 떨어졌지만, 아직 혁명현대연극 일색인 시대이고, '혁명현대' 넉자를 뺀 경극은 이미 중국에서는 영원히 보지 못하는 것이 아닌가라고 이야기되던 때였다. 사실 홍콩 중국계 영화관에서는『지취위호산』에서 시작하는 일련의 '양판희' 밖에 상영하지 않았다. '사회주의적 권선징악'이라는 종류의 스토리는, 한 번 보면 두 번 다시 볼 생각이 없어진다. 하지만 적어도 배우만은 본바닥이다. 그곳에서 그 본바닥 배우의 기예를 맛보려고, 몇 번이나 그 중국계 영화관에 갔다. 그런 가운데 스토리는 놔두더라도, 혁명현대경극의 창과 장면에는 압도당하고, 그 매력에 빠져버렸다. 압도적인 성량, 드라마틱한 창강, 원기가 솟아나오는 노랫말, 지금도 의기소침해지면, 집사람이나 근처의 폐를 생각지 않고, 볼륨을 크게 해서 혁명현대경극 레코드를 듣는다.

혁명현대경극 같은 건 경극이 아니라는 이야기를 듣고 있었지만, 실제로 감상해보면 경극의 예술로는 뛰어나다. 그래서 자료로 쓰려고 양판희만이 아니라 혁명현대경극 레코드도 사 모았다.

마지막으로 본 양판희의 영화가『두견산』이다. 중국계 신문 등에서는 '대호평 상영 중'이라고 썼지만, 가보면 큰 극장은 손님 한 두 명뿐이었다. '아아 이것으로 문화대혁명도 끝인가!' 하고 느꼈다. 그 당시 영화관 사람에게 부탁해서 받은『두견산』포스터는 지금도 내 책상 주변을 장식하고 있다.

홍콩은 신기한 거리이다. 희극 팬은 한층 더 신기하다.

어느 날 제6극장 단골의 한 명이 주신방 테이프를 갖고 와서 들려주었다. 주신방은 문화대혁명에서 비판받았던 명배우이다. 그런 배우의 테이프가 있을 리 없을 텐데 하고 말하자, 그 아저씨는 구룡의 모처에 가면 팔고 있다고 한다. 곧장 그 모처에 간 것은 말할 것도 없다.

아르바이트로 번 돈의 태반은, 레코드·테이프·경극관극을 위한 대만여행비·경극 관련 서적구입에 썼다. 가끔 '한턱 쓰는 후원금'은 매일 제6극장에 다니며 썼다. 당연히 식비는 아주 절약해야 하는, 이렇게 경극에 빠진 매일을 보내고 있자니, 어느새 건강에 이상이 왔다. 유학당초 80킬로그램의 체중은, 어느새 70킬로를 거쳐 60킬로 이윽고 50킬로 전후. 30 몇 킬로그램이나 빠졌다. 희미 다이어트라고 하면 말은 좋아 보이지만, 완전히 영양실조상태였다. 일본에서 가져온 바지는 헐렁헐렁하고, 혁대는 조금 더 있으면 두 번 돌릴 수 있을 정도가 되었다. 하지만, 새로운 바지나 혁대를 사려는 생각도 안 들었다. 아니 그럴 여유가 없었다. 어떻든 경극 경극, 제6극장 제6극장 하는 매일이었다.

'제정신'이 든 때 같은 경우는 이대로 괜찮을까, 뭣 때문에 유학왔는가 하고 반성해 보았지만, 저녁이 되면 근질근질 들썩들썩해지고, 어느 틈엔지 12호 노선버스를 타고 있었다. 이 버스 종점은 물론 제6극장이 있는 여원이었다.

그 때의 생활을 생각해보면, 대학 연구실을 나오는 것이 저녁 때. 6시에서 9시까지 일본어학교에서 아르바이트. 수업을 마치면, 학생의 질문 같은 것엔 일체 대답하지 않고 학교를 달려 나와 12호 버스에 뛰어올랐다. 9시가 지났기에 버스는 빠르다. 3~40분이면 도착하는 여원, 객가 요리 레스토랑 입구를 빠지면 순식간에 제6극장이다.

잽싸게 '지정석'으로 간다. 카세트를 무대 가장자리 쪽에 놓아두고 앉는다. 숨을 좀 돌리고 나서 좌우의 나이 든 희극 팬들에게 '니하오'를 한다. 그러면 10시 전후인데, 그리고 약 1시간이 지나면, 막이 내린다. 녹음한 테이프를 들으면서 또 버스를 탄다. 이것이 구룡으로 돌아가는 막차. 도중에 내려 늦은 저녁식사를 한다. 새우가 듬뿍 든 운탄면雲呑麵과

데친 계절 야채에 감 소스를 듬뿍 친 유채油菜다. 이것이 네 계절 내내 고정메뉴다. 겨울 추울 때는 때로 닭고기가 든 연잎 찰밥(糯米鷄)이다. 식사가 끝나면 구룡의 번화가에서 농촌으로 가는 미니버스를 잡아탄다. 어둠 속을 3~40분 달린다. 여기서 '내려요' 하고 소리친다.

차는 밭 가운데 있는 도로에 멈춘다. 그곳에서 농로를 잠시 걸어가는데 주변은 깜깜한 어둠. 잠시 걸으면 하숙집 입구. 녹슨 철문을 끼익 하고 밀고 마당을 통해 그곳에서 방으로 들어간다. 물론 미니버스를 내려서 여기까지 조금 전에 제6극장에서 막 녹음한 테이프를 듣는다. 물론 볼륨은 최대로 올리고. 때로는 칠흑같이 어둡거나 때로는 별 가득한 하늘로 제6극장의 '명배우의 미성'이 승화돼 간다. 아니 '초지상적'으로!?

방에 돌아오면, 그날 무대의 잘된 것을 회상하면서 '오늘의 극평'을 노트에 적는다. 그러면 이미 새벽 한 시가 넘는다. 이 노트를 펼치면, 지금도 당시 무대가 살아나서 신기하다.

24시간은 아니라도, 매일이 경극중심의 생활이었다. 이렇게 되고 보니 유학의 목적은 무엇이었는지 반성하기도 하고, 제6극장에 다니는 것도 주 1회나 2회로 줄이자 하고 생각하지 않은 것도 아니었다. 하지만 중국고대사 연구의 대가인 고힐강顧頡剛의 다음과 같은 문장을 만나고부터는 그런 유약한 기분은 깨끗이 버리게 되었다.

> 북경에 있는 배우의 극은 거의 다 보고 다녔다. 매일 등교는 하지만, 2시간째가 끝나는 경우에는 이미 동안문東安門 바깥 광고판에 각 극장 프로그램이 붙여진 것을 알고 있기 때문에, 휴식 10분 간에 예과豫科가 있는 곳인 역학관譯學館에서 달려가 살펴보고, 오후에 보러갈 연극을 골랐다. 학교 수업은 오후에는 비교적 적었고, 설사 수업이 있더라도 나는 빼먹

> 었다. 이렇게 연극광이 된 2년 남짓 되는 사이에, 내 개인이 방종해지고, 학교 성적이 떨어진 것은 말할 것 없다. 그러나 전혀 뜻하지 않게, 이 방종한 생활 가운데서 어엿한 학문상의 수확을 얻고 있었다. (이쪽의 수확은 최근 몇 년 고대사를 변론하게 되면서 아주 도움이 되었다.) 〈중략〉 북경에 와서부터 연극광이 되었으니까, 독서인의 오만을 억누르고, 민중의 사상에 접근해 가지 않고는 배길 수 없다.[3]

이것이다 하고 쾌재를 부른 것은 말할 것도 없다. 용기백배했다.

고힐강의 '연극광'은 '2년 남짓' 이니까 나의 연극광 생활은 이제 막 시작했을 뿐이다. 언젠가 경극 안에서 뭔가 새로운 발견이 가능할 것임에 틀림없다고 믿고서, 제6극장 출입을 계속했음은 물론이다.

여기까지 왔으면, 이제 전진할 수밖에 없다. 경호라도 켜보자 하고 중국계 백화점에서 경호를 사왔다.

하숙집에 가지고 돌아와서, 그날 밤 제6극장이 끝난 뒤, 한밤중 1시 넘어서까지 연습하기 시작했다.

'기-기-' '끼잉기-' '기기기기' 하는 닭 죽이는 소리가 딱 맞는 비유라고 감탄하면서, 매일 계속했다.

마침 한여름의 일이었다. 에어컨도 선풍기도 없다. 창을 활짝 열어도 바람이 들어오지 않는다. 덥기만 하다. 앉아있어도 땀이 쏟아진다. 그래도 매일 밤 닭 죽이는 소리. 그러자 때때로 '아'라든지 '거'라고 지르는 소리가 들린다. 이상한 일이라고 생각은 하면서도 닭 죽이는 소리는 이어진다. 그러고 있는 중에 그런 음도 없어졌다. 당연히 신경 쓰지 않고 계속되는 닭 죽이는 소리.

옆방에 하숙하고 있는 분은 다부진 몸에 털이 많은 광동 인이다. 영화음악 관련 일을 하고 있다고 한다. 나이는 서른 전후.

---

3) 顧頡剛,『古史辨自序』(河北教育出版社, 2001) 36-37쪽. (原註)

가끔 아침에 얼굴을 마주치지만, 아주 졸리는 듯 맑은 기운이 느껴지지 않는다. 어찌된 일인가 하고 하숙집 주인에게 물어보았다.

그 녀석은 너의 이상한 음악 때문에 불면증에 걸려버렸다.

시끄러워 창을 꽉 닫는다. 그러자 너무 더워서 잘 수 없다. 창을 열면 시끄러워서 잠을 잘 수 없다. '아'라든지 '거'라는 것은 그의 작은 저항의 표현이라고 한다. 그리고 주인은, '몸은 다부져도, 그 녀석은 마음이 소심해서 너에게 불평도 못하고 괴로워하고 있다.'고 했다.

물론 그날부터 경호의 '연주'는 중단하지 않을 수 없었다.

그럴 때의 일이니까 지금부터 20년쯤 전의 일로 마침 마련량의 기예에 정성을 쏟을 무렵이었다. 그에게 열중한 나머지 『차동풍借東風』 무대를 꿈에 보았다.

'하늘에서 바람과 구름이 일어나니 호랑이와 용이 뛰어 오르는 도다'[4] 하고 화창하면서도 입안에 머뭇거리는 듯한 이황[5] 도판(二黃 倒板[6])이 구룡구 안에서 들려온다.

'양驤(Xiang)'을 다 부르자 단피고가 나오고, 징이 울린다. 그러자 승복을 입고, 보검을 든 마련량이 분장한 공명이, 금동을 데리고 구

---

4) 원문은 '天塹上風雲會虎躍龍驤'이다.

5) 이황二黃: 이황은 희곡강조戲曲腔調의 하나. 청초 취강吹腔·고발자高拔子가 휘반에 들어와 만들어진 것으로 과거에는 대부분 호북湖北의 황강黃岡·황피黃陂로 생각했다. 그래서 이황이라고 칭했다. 이황은 또 의황강宜黃腔이라고 여긴 학설도 있으나 확실한 근거는 없다. 경극京劇·한극漢劇·휘극徽劇 등의 극종等劇种에서 이황은 서피강조와 함께 피황으로 불린다.

6) 도판倒板: 희곡판식으로 '도판導板'으로도 쓴다. 대개 분노憤怒·격앙激昂·비통悲痛의 감정을 표현하는 데 쓴다.

룡구에 모습을 나타낸다.

그 찰나, 순간을 놓치지 않고 장내는 일제히 '좋다!' 하는 추임새가 나왔다. 물론 객석에 있는 나도 큰 소리로 '좋다!'

장면에 맞춰 무대중앙에까지 나온 공명은, 유유히 칠성단에 올라 둔갑술을 써서 동풍을 부르기 시작한다.

'단을 설치하고 동풍에게 주랑을 도와주라고 제를 올린다'[7]하고 회룡강回龍腔 가락으로 부른다. 그러자 무대 위에서 바람이 몰아치는 느낌이 드니 신기하다. 그것이 기예의 힘, 역시 마련량 무대가 아니면 볼 수 없는 지극한 기예라고 하는 것일 게다.

최후의 '랑郞(Lang)'은 늠름한 울림 속에서도, 반쯤 가볍게 독특한 윤기를 머금고 노래 부른다. 그리고 '랑郞'의 마지막 소리가, 마지막 높이까지 승화되었다가 일전하여 달콤하고 부드럽게 원판으로 시작된다.

> 조조는 천시天時를 이용하여 병사와 장군이 많도다. …
> 다만 동풍이 불어 전함에 불이 붙어 한이로세.
> 조조 진영의 병사와 장군들은 도망할 곳이 없구나![8]

이 사이에 실로 십여 분, 달콤하고 매끄럽고 감칠맛 나고 유창하다는 의미인 '첨甛 윤潤 감酣 창暢' 넉자로 평가되는 마련량의 목소리에 깊이 감동했다. 하지만 그 대상代償이던가. 눈뜨고부터 잠시 후 머릿속에서 경호 소리가 사라지지 않았다. 꿈은 꿈대로 기분 좋았지만, 머릿속에 그 날카로운 소리가 언제까지나 남아있으니까, 역시 약간 괴롭다.

그로부터 20년 정도 지난 지금도, 꿈에 본 마연량의 『차동풍』 무대는

---

7) 원문은 '設壇台祭東風相助周郞'이다.

8) "曹孟德占天時兵多將廣…嘆只嘆東風起火燒戰船, 曹營兵將無處躱藏."

잊을 수 없고, 기억의 어딘가에 확실히 남아 있다. 하지만 그것은 꿈속에서의 무대였고 어디까지나 꿈이었다. 꿈은 꿈이고 현실 무대는 아니었다. 한 번이라도 좋으니까 마연량이 실연하는 것을 듣고 싶었다.

여기까지 오면, 그야말로 병이 깊어 치료할 방법이 없다는 '병입고맹病入膏肓'의 지경이다. 역시 이 길도 또 그렇게 간단히 그만둘 수 있는 것이 아니다.

이윽고 제6극장 매일 출근도 마지막을 맞이하게 되었다. 춘추희극학교의 사정인지, 여원 경영방침이 바뀌었는지는 모르지만, 제6극단이 폐쇄되어 버렸다.

이제 슬슬 홍콩 생활도 정리할 때가 된 것일까. 레코드·테이프·극본 등 내 청춘의 추억과 함께 일본으로 가지고 왔다.

안정을 되찾은 그곳은 다다미 6장 방. 벽에는 혁명현대경극『두견산』포스터….

어느 일요일 점심 때가 지날 무렵이었다.

유유히 경호를 꺼내, 그리고 한곡을 켜기 시작했다. 결코 닭 죽이는 소리는 아닐 터였다. 스스로도 꽤 감탄했다. 경호를 이 정도 켤 수 있는 일본인은 많이 없을 것이다. 그러자 다음은 자신의 반주에 노래로 이어지는 것이 자연의 흐름이다. 열중하기를 3~40분이 지났다.

바로 '초지상적'인 시간을 즐기고 있던 그 때 '윙윙윙' 하는 순찰차 소리가 들렸다. 부근에 사고가 났을까 하고 켜던 손을 멈추자, 순찰차는 우리 집 바로 밑에 멈췄다. 그리고 경찰의 큰 호출소리. 도대체 뭔 일인가 하고 계단을 내려가 보았다.

실례합니다. 2층에서 뭘 했는지요?

실은 경호라는 중국 악기를 연주했는데…뭔가 잘못이라도?
2층에서 그걸 보여주지 않겠어요?

나의 경극의 성城엔 경찰관이라고 해도 한발자국도 들여보내지 않는다.

보여드릴 것까지는 없구요. 도대체 뭣 때문에 그래요?
그러니까, 그것이 말이지요, 참으로 말하기 어려운데, 근처에서 고충신고가 들어와서요.
저도 취미라서요.
취미라고는 해도, 타인에게 소음이 되는 수도 있어요. 피아노 살인사건 같은 시끄러웠던 사건도 있었고 말이지요, 알겠습니까?

'네, 알겠습니까?' 라는 말을 듣자, 도대체 어떻게 해야 좋을 지 몰랐다. 경호로 반주하며 노래하는 것을 그만두라는 말인가. 참으로 야만적인 이야기라고 생각했지만, '피아노 살인사건'이 있었다는 말을 듣고는 내심 편하지 않았다. 당시 아파트 옆방의 피아노 연주가 원인이 돼 일어난 사건이 화제였던 무렵이었다. '경호 살인사건'에 휩싸이기라도 하면 곤란하다.

역시 자신에게는 취미라도 타인에게는 소음에 지나지 않을 지도 모른다. 일본의 작가 아쿠다가와(芥川)는 아니지만, '문외한에게는 결코 미감과 쾌감을 주는' 것은 아닌 것 같다. 하지만 희미戱迷 즉 연극광 입장에서는 누가 뭐래도 그것은 '절대 미이고, 무상의 쾌감'이기 때문에 '저 소란한 곳이 좋아'라고 말하는 것이다. 하지만, 여기는 우선 창이 아닌 경호를 집어넣어야 하는 것이 아닐까.

그날 밤의 일이었다. 계단 아래의 한 집이 돌아왔다. 실은 이러저러했다고 낮의 전말을 이야기하고, '이 주변 인간은 문화라는 것을 이해하려고 하지 않는다. 모처럼 이곳에 중국문화 진수를 들려주려고 하고 있는데, 참으로 예의 없는 이야기'라고 말했다. 그러자 곧바로 이런 대답이 돌아왔다.

그건 문화도 음악도 아니야, 소음이야 소음!

순간 몸이 얼어붙는 것을 느꼈다. 어쩌면 경찰에 알린 것이 이 집인가. 역시나 남에게는, 그것은 '절대 미'도 '무상의 즐거움'도 아닌가보다.

그 다음 일요일이다. 이불을 꺼낸 붙박이 장 속으로 들어갔다. 소리가 바깥으로 새어 나가지 않도록 문을 닫고, 회중전등 빛을 의지해서 경호를 켜봤다. '타라라-라-. 라-라-라-리라리-라-리-리-리라라리-라리' 하고, 여기까지는 상태가 좋았으나, 20분이 지나자, 과연 '절대 미', '무상의 쾌감'이라 할지라도 머리가 울리는 것 같았다. 30분. 마침내 머리가 멍하고 울리기 시작했다. 아니 '소란한 곳이 좋아'라고 하고 있을 수 없었다. 오로지 '소란할' 뿐이었다.

여기에 이르러서는 생리적 한계를 지났다고 인정하지 않을 수 없었다. 경호 연주 단념을 결의하지 않을 수 없었다.

그 때 이래로 나의 경호는 봉인된 채로 있다.

지금 오로지 레코드·테이프·CD·비디오 등으로 경극을 즐기고 있지만, 가끔 경호를 끄집어내서, 닭 죽이는 소리라도 내볼까하는 유혹도 생긴다.

어찌 됐든 도대체 왜 희미의 길에 빠졌던 걸까. 지금에 와서도 알 수 없다. 피가 만들어낸 나쁜 장난이라고 밖에 말할 길이 없다. (극종劇終)

좋은 연극은 아직 무대 뒤에: 호희환재희대好戲還在戲台

맺음말을 대신하여

우연한 기회에 빠져버린 경극과의 교제가 거듭되면서, '경극이 무대라는 공간에 그려내려는 세계에는, 어쩌면 중국인의 사고가 응축돼 있는 것이 아닌가. 평소 품고 있는 의문의 하나인 '화華의 장치'를 풀어내는 실마리가 경극 속에 감춰져 있지 않을까. 경극이란 연극을 해부하여 중국인의 사고를 드러내 볼 수 있지는 않을까.'라는 생각이 들었다.

경극을 여로 모로 살펴보는 것이, 과연 일본에 영원한 과제인 '중국'을 풀어내는 계기가 되는 것은 아닐까? 만약 이것이 가능하다면 이제까지 걸어온 나의 어정쩡한 희미 인생도 전혀 쓸모없는 것은 아닐 것이다. 뭔가 유익함도 찾아낼 수 있을 것이다.

고힐강의 흉내를 내려는 대단한 결의는 아니지만, 이런 기분을 품고 이 책을 쓰기 시작했다. 이 책만으로 목표가 달성되었다고는 생각하지 않는다. 경극이란 연극과의 격투는, 지금 개장 징소리가 막 울려 퍼진 참이다.

이 책을 쓰면서 많은 분들의 협력을 얻었다. 홍콩 이택삼 씨에게는 누구보다 감사하지 않을 수 없다.

저 배우 레코드를 찾아줘요.
이런 테이프 없어요?

실로 제멋대로 부탁했다. 알고 나서 25년 이래 계속 폐를 끼쳐왔다. 앞으로도 협력을 바랍니다.

작년 여름 홍콩에 들렸을 때, 이씨가 '마련량의 자제분에게 시간을 내도록 할 테니까 만나지 않겠어요?' 하고 안내해 주었다. 생각할 것도 없이 '부탁합니다' 하고 말했다. 그리고 며칠 후 이씨와 지정된 홍콩의 동라만銅鑼灣에 있는 북경요리점에 갔다. 가게는 붐볐지만 가장 안쪽 자리에 한 사람, 60대 신사가 등을 곧게 펴고 앉아 있었다. 계란형의 곱고 좋은 얼굴이었다. 아무리 봐도 마련량의 얼굴이었다. 멀리서 봐도 한눈에 그렇게 알았다. 저 얼굴에 화장을 하고 무대의상을 입으면, 어디로 봐도 꿈에 본 마련량이다. 마련량의 생애에 관한 실례되는 질문에도 정중하게 대답해 주었다. 일본에 돌아온 후, 그때까지 써두었던 마련량에 관한 원고를 보내자, 얼마 있다가 빨간색으로 고쳐진 원고에 덧붙여서, 손으로 쓴 〈마련량 연표〉와 몇 장의 귀중한 무대사진(劇照)을 보내왔다. 자제분의 가르침과 자료제공이 없었다면, 아마 이 책의 제4장은 쓸 수 없었을 것이다. 마련량의 모습을 전해준 마호중馬浩中(숭정)씨에게도 감사하지 않을 수 없다.

그리고 나를 여원에 데리고 간 미국인 박사, 더욱이 여원 제6극장에서 많은 작품을 보여준 홍콩 춘추희극학교 학생들인 왕금성王金聲·왕대위王大衛·왕설연王雪燕·맹경해孟景海·노숙분盧淑芬, 그리고 분국화粉菊花 교장에게도 감사하고 싶다. 많은 작품을 반복해서 보고 들을 수 있었던 것은 그들의 날마다의 연기가 있었기 때문이다. 제6극장에 계속 다닌 아저씨들, 상당수는 이미 돌아가셨겠지만, 그분들에게도 감사하고 싶다. 제6극장에서 아저씨들과의 교유가 없었다면, 예전의 상해나 북경에서의 희미戲迷들과 경극의 관계, 연극극장에서의 경극을 즐기는 방법 등을 실제로 체험하지 못했을 것이다.

돌이켜보면, 내가 경극과 교제하기 시작한 것이, 마침 25년 전의 일이다. 그로부터 사반세기 경극에 대한 동경은 지금도 그때 그대로이다. 그래서 이 책은 나와 경극과의 25년에 걸친 '교유록'이기도 하다.

그런데 앞으로 사반세기 후에 나의 경극에 대한 생각은 어떤 형태가 될까. 지금 품고 있는 '야망'의 하나는 조그맣더라도 좋으니까 연구기능을 갖춘 경극박물관을 건설하고 싶다는 것이다. 가지고 있는 팸플릿·희단(프로그램 안내지)·포스터·악기·의상·비디오·카세트 테이프·레코드·CD·관계서적 등을 보다 충실하게 정리해 보면서 요즘 하루 종일 경극 세계에 젖어있다. 이것을 능가하는 행운은 이 세상에 그렇게 많지는 않을 것이다.

지금부터 25년 후, 글쎄 내 경극 박물관은 완성되어 있을까.

마지막으로 이 책의 편집을 담당했던 신조사출판부 키무라(木村達哉) 씨에게 감사하고 싶다. 키무라 씨의 따뜻한 질타와 격려가 없었다면, 아마 경극에 대한 나의 생각을 이러한 형태로 정리할 수 없었을 것이다. 정말 감사합니다.

히이즈미 카쓰오(樋泉克夫)

역자 후기

이 책은 저자의 말대로 "경극이라는 세계에 비친 중국인의 사고방식을 이해" 하는 동시에, 경극이라는 연극을 통해서 중국 근현대의 "각 시대의 사회상을 선명하게 그려내고자" 하는 의도에서 쓴 중국 길라잡이다.

역자는 1995년 무렵 동경에 들렀던 차, 우연하게 한 서점에서 이 책을 발견하였다. 그때 이래 지금까지 18년 동안 서가에 꽂아 둔 채 세월을 보냈던 셈이다. 다행히도 이번에 신아사의 독려로 일본어에도 일본문화에도 문외한인 처지임에도 한 글자 한 문장씩 사전을 찾아가며 번역하는 한편, 원저서에는 없지만 독자 제위의 이해의 편의를 위해 가능한 한 주석을 첨가시켜 역서로 출간하게 되었다.

이 책은 제목처럼 경극만을 위한 책이 아님을 금방 알 수 있다. 중국문화를 제대로 알려면 중국의 문화의 정수를 담고 있는 중국 희곡을 알아야 한다는 것이 평소 역자가 가지고 있는 소신이다. 본 역서 『경극과 중국인』은 일차적으로 바로 경극과 관련한 핵심적인 내용들을 구체적이고 알기 쉽게 설명하고 있는 안내서로서 역할을 해내고 있다. 나아가 중국 근현대사를 통해 전개된 정치, 사회, 역사, 문화 제반에 걸쳐 전개된 상황을 연극과 관련하여 서술함으로써 중국문화의 진수를 아는 지름길은 다름 아닌 중국연극에 있다는 점을 명징하게 서술해내고 있어, 교양서로의 품격을 지닌 저작물이라 하겠다. 이 책은 특히 저자의 경극에 대한 열정과 사랑 그리고 저자가 직접 발품을 판 결과물이란 점에서 어느 저작물 못지않게 의미 있고 가치 있다고 여겨진다.

번역하는 과정에서 개인적으로 중국을 안다고 하면서도 겉만 보기 십상이었고 제대로 본 것이라도 해도 잘못 이해하고 있는 경우가 허다했음을 통감하지 않을 수 없었다. 그간 중국문화와 중국희곡을 공부해온 처지임에도 저자가 이 책에 쏟아 부은 내공과 통찰력에 대해서 번역하는 내내 부끄러운 마음을 금할 수 없었다. 히이즈미 카쓰오 선생의 역저를 번역함에 오역의 가능성을 각오하고 감행하게 된 것은 바로 이 책이 가진 이러한 미덕과 강점들을 그냥 지나칠 수 없었던 이유에서였다.

이 책에서 다루고 있는 내용은 지금으로부터 18년 전까지의 일을 다루고 있다. 그럼에도 불구하고, 그 당시의 견해 내지 관점은 오늘에 이르기까지 여전히 같은 맥락으로 읽을 수 있으리 만큼 중국의 역사나 사회 그리고 정치에 이렇다 할 큰 변화나 크나큰 대전변이 일어나지 않지 않았나 생각된다. 따라서 이 책에서 다루고 있는 18년 전의 상황을 단순히 과거의 일만으로 치부할 수 없고 오늘의 중국을 가늠하고 평가하는 잣대로도 여전히 유효하고 타당할 수 있다는 생각을 갖게 하는 것 역시 이 책이 지닌 강점의 하나라 생각된다. 따라서 중국과 중국문화에 관심을 가지고 있는 독자들에게 일독을 권한다.

『경극과 중국인』의 번역서를 한국에서 출판할 수 있도록 다방면으로 애를 쓰신 신아사 여러분께 감사의 말씀을 드린다. 특히, 생면부지임에도 이 책의 한국어 번역을 흔쾌히 허락해주신 원저자인 히이즈미 카쓰오 선생께 감사의 인사를 드린다.

같은 대학에서 평생을 동료로 지내온 일문과 박창기 교수에게도 감사의 마음을 전한다. 박교수는 이 번역서의 첫 번째 독자로 일독을 하고 잘못된 곳을 지적해 주셨다. 또한 이 책을 처음부터 끝까지 꼼꼼하게 읽고 여러 매끄럽지 못한 표현을 지적해 준 전북대 중문과 장은수 선생에게도 감사의 말을 전한다.

2013. 10. 역자 씀

저자

히이즈미 카쓰오 樋泉克夫

1947년 일본 산리현山梨縣 출생.
홍콩 중문대학中文大學 신아연구소新亞研究所, 중앙대학대학원中央大學大學院 박사과정을 거쳐 일본 외무성 전문조사원으로 주태국 일본대사관에 근무, 국제개발센터 연구고문, 경응의숙대학慶應義塾大學 중앙대학中央大學 비상근非常勤 강사 역임.

주요 저서

『화교 커넥션』(신조선서新潮選書), 『화교의 도전 - 돈과 피의 단결이 세계를 통제한다』(Japan Times) 등이 있다.

역자

정원지鄭元祉

서울대 대학원 중문과 박사과정 졸업
중국희곡 및 공연문화 전공
대만 중흥대학, 중국 소주대학 교환교수
중국 남경대학, 중산대학 방문학자
한국중국희곡학회장 역임
현 전북대학교 중어중문과 교수

주요 저서
『중국전통극의 공연과 문화』 (2010, 신아사) (공저),
『판소리의 공연예술적 특성』 (2004, 민속원) (공저) 등이 있다.
그외 주요논문으로는 <시서관념의 연원과 전개> <송대 원소 공연활동> 등이 있다.

경극京劇과 중국인

초판 1쇄 발행 _ 2014년 3월 1일

역　자・정 원 지
발행인・정 현 걸
발　행・신 아 사
인　쇄・예지인쇄
주　소・서울특별시 은평구 통일로 59길4(122-826)
전　화・(02) 382-6411 팩스・(02) 382-6401
홈페이지・www.shinasa.co.kr
E-mail・shinasa@daum.net
출판등록・1956년 1월 5일(제 9-52호)

ISBN: 978-89-8396-801-2(93720)

정가 14,000원